JN063495

転換期の生命保険法人契約論

―新・中小企業と生命保険法人契約―

法令出版

はじめに

　本書は、筆者が連載中（2020年10月10日現在）の以下３紙誌をベース
に、加筆修正及び書き下ろしたものである。

連載中３紙誌
『法令解釈通達以後の生命保険法人契約』　「税務会計」　税務経営研究会
『保険業の過去・現在と不明の未来』　　　「税経通信」　税務経理協会
『法人保険 新時代の提案ポイント』　　　　「保険情報」　保険社

　生命保険法人契約は令和元年法令解釈通達により相当の影響を受けた。
その問題の本質は何か？　さらにこの方向性は今後何をもたらすだろう
か？
　本書は、上記の問題を、①生命保険のリスクマネジメントにおける位置
づけ　②（事例としての）生命保険商品の数値的シミュレーションによる
徹底した検証により明らかにしようとしたものである。更にこの①及び②
をもとに、生命保険法人契約の加入行動における保険税務の位置づけを結
論としている。
　その結果は、保険税務が「含み資産（含み益を織り込んだ解約返戻金）」
効果による「インセンティブ」から、加入行動に「中立」の時代へ転換し
たとの認識である。
　さてすると次なる問題は何だろうか？　保険税務の観点でいうと、養老
保険法人契約の契約形態別税務間の不整合問題及び「契約者変更プラン」
があげられる。これは方向性から推測される課題である。本書は、これら
の問題についても筆者の見解を示している。
　次に生命保険本来の意義という観点からいうと、今後リスクマネジメン
トにおける生命保険法人契約の位置づけが明確になり、改めてその制約し
た範囲が明瞭になるという問題があげられる。一方で、この制約された範
囲については、これまで実は注力されてこなかった分野であるという認識
が浮上する。これについても筆者の見解を示した。

最後に、前著『中小企業と生命保険法人契約』（2019年３月）について
触れておきたい。

当該書籍については、高評価をただいた一方で「実務的アプローチが不足
している・実務がわかっていない」というご指摘をいただいた。本書で
は、このご指摘を受けて（ご指摘をいただいた方の方向性とは逆になる
が）記述について気を付けることに留意した。この点について説明してお
きたい。

　筆者は確かに過去、生命保険会社の社員であった。その間、営業推進の
立場でもあったし、現場にいて担当していたりしたこともある。その意味
で実務にいたことのある人間である。しかし、これらの経験は既に10年以
上前の話である。保険会社退職以降、筆者は「中小企業における生命保険
法人契約」を含めて、保険加入行動を俯瞰的に検証すること、さらにそれ
らの社会的意義について研究するために大学院に進み、最終的に博士（政
策学）の学位をえた。その意味で、筆者は実務から離れており、また、実
務的なあるいは推進的な視点から書籍を著してしないことを明確にすべき
と思った。前著で指摘をいただいたことを私なりに解釈すると、中途半端
に実務的な色彩が記述ににじみ出ていたためと思う。一番避けるべきは、
実務にいない人間が「実務がわかったようなふりをする」記述である。前
著はその点で、そのような色彩が残っていたのだと思う。

　今回の「転換期の生命保険法人契約論」は、実務に取り入るような視点
で記述していない。徹底した数値検証や税務解釈の論理に徹した。その意
味で実務の方を含めて読者の方への問題提起にはなったと思う。筆者の意
図は、令和元年法令解釈通達以後の生命保険法人契約の社会的意義と方向
性である。「マクロの方向性」と「ミクロの行動」はともに重要な視点で
ある。その意味で本書は前者に徹した。転換期の今、これが重要な視点と
考えたためである。本書が、生命保険法人契約の社会的意義を改めて考え
る機会となれば幸いである。

2020年10月

　　　　　　　　　　　　　　　　　　　　　小山　浩一

目　次

第Ⅲ部　経営者の必要保障をどう考えるか

第Ⅵ部　おわりに

第Ⅰ部

生命保険法人契約の概要

第1章

令和元年「法令解釈通達」以後の生命保険法人契約

　本書では、中小企業における生命保険法人契約の意義や位置づけを整理していく。対象が「生命保険法人契約」というと、法令解釈通達、中でも令和元年6月28日に発遣された「法人税基本通達等の一部改正について（法令解釈通達）（定期保険及び第三分野保険に係る保険料の取扱い）」の理解やその影響問題に焦点が当たりやすい。しかし、ここでの狙いは、法令解釈通達そのものではなく（もちろん必要なのでそれも取り上げるが）、それを前提とした中で、そもそも中小企業経営者が生命保険を法人契約で利用することにより、何が実現できるのかを明確にすることにある。

　生命保険法人契約によって「実現できる何か」の一部は、税務に影響を受ける。しかし、それほど大きく受けない部分も存在する。これらを明らかにしていこう。

保険税務の位置づけ問題

　消費者行動論の概念で整理すると、消費者が商品・サービスを購入する理由は、自分の「現状」と「理想とする状態」との差を認識し、その差を解消するためである。この考え方（工程）を中小企業における生命保険法人契約の話に適用すると、どうなるだろうか。

　生命保険は人を対象とした保険である。このため、人に関わって生ずるリスク（人的リスク）が企業に存在する場合に、その対処のために生命保険法人契約を利用する。これを前提に、上記の工程を適用して整理すると以下のようになる。

　中小企業経営者が自身の「企業における人的リスクや対処の現状」と「その対処に関わる理想とする状態」の差を認識する。差が放置できないほどの大きさであるなら、生命保険法人契約によって差を解消する。さて、問題は次である。もしこのような流れであれば、保険税務はどこに位置づけられるだろうか？　生命保険を人的リスクへの対処手段と位置づけ

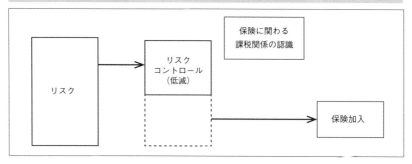

図表1－1　課税関係が中立の場合

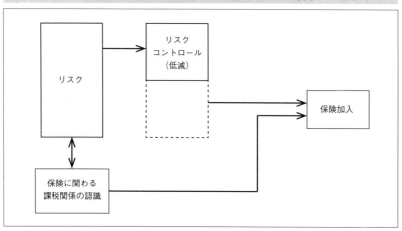

図表1－2　課税関係が影響を与える場合

　ると、この工程、特に差の認識という初期段階において税務は登場しない。したがって、このような形で生命保険法人契約が利用されると、これに関わる税務は、結果として適用されるだけである。ここでは中小企業経営者が生命保険を法人契約で利用する意思決定において税務は影響を与えない。いわば中立である。これに対してもう一つの考え方がある。すなわち生命保険法人契約を利用するかどうかの意思決定に保険税務が影響を与える、とする考え方である。

　上記図表1－1は中立な場合のプロセスを、図表1－2は影響を与える場合のプロセスをそれぞれ示している。

　図表1－2の場合、保険税務は生命保険法人契約を利用するかどうかを決める際のインセンティブとして位置づけられる。ここでは税務は結果で

はなく、原因の一つとして初期工程で登場する。「保険税務は中立か、インセンティブか」は重要な保険税務の位置づけ問題といえる。今般の法令解釈通達がこの位置づけに変化をもたらす可能性もある。本書では、この位置づけ問題を確認していく。

所得の計算における原則的考え方

　企業における当年度の所得計算に関する原則的考え方は、もともと法人税法第22条により規定されている。この規定を原則として、様々な売上げや費用に類するものの解釈がなされ、実際の運営が行われている。この原則的規定の適用について個別領域に関する通達等が出されている場合がある。このうち、生命保険については、相当程度の問題を抱えたなかで、令和元年に法令解釈通達が発遣された。

　法人税法第22条は、各事業年度の所得の金額の計算について規定したものである。

（法人税法第22条）
① 内国法人の各事業年度の所得の金額は、当該事業年度の益金の額から当該事業年度の損金の額を控除した金額とする。
② 省略
③ 内国法人の各事業年度の所得の金額の計算上当該事業年度の損金の額に算入すべき金額は、別段の定めがあるものを除き、次に掲げる額とする。
　一　当該事業年度の収益に係る売上原価、完成工事原価その他これらに準ずる原価の額
　二　前号に掲げるもののほか、当該事業年度の販売費、一般管理費その他の費用（償却費以外の費用で当該事業年度終了の日までに債務の確定しないものを除く。）の額
　三　当該事業年度の損失の額で資本等取引以外の取引に係るもの
④・⑤　省略

　条文にあるように「損金の額に算入すべき金額」は（益金の額と同様）「当該事業年度の費用」である。これが原則である。逆に言うと、当該事業年度を超えた（次年度以降の）費用は、長期の前払費用として資産に計

上することになる。

生命保険の保険料と生命保険法人契約に関わる資産計上ルール

　生命保険は、保険期間が長期にわたる（1年を超える）。さらにその保険期間における死亡率（及び保険事故の対象となる要因の発生率）を平準化して、毎年同額の保険料（平準保険料）が設定されている。保険期間の全期にわたって保険料を支払う形態を、全期払いという。この全期払いにおける当年の保険料は、保険契約上はその期の保険料である。次年度以降分を前もって収めることを前納というが、当年の保険料だけを納めれば、保険契約上は、その時期の保険料を納めただけの話になる。

　ところが、これを税務上の費用として当年分と考えてよいかというと、話は別である。なぜなら、平準払保険料方式をとっているために、当年の保険料であっても、その中に次年度以降の前払部分が織り込まれているからである。そこで、税務取扱いにおいては当年の保険料を「当年分の損金の額」と、「前払部分として資産に計上する額」に分ける必要が生ずる。例として、50歳男女の10年間の死亡率をみてみよう。図表1−3に死亡率表（抜粋）を示す。

図表1−3　50歳男女死亡率（抜粋）

年齢	生保標準生命表2018（死亡保険用）		第22回完全生命表	
	男性	女性	男性	女性
50	0.00285	0.00197	0.00266	0.00148
51	0.00311	0.00211	0.00293	0.00162
52	0.00337	0.00225	0.00323	0.00178
53	0.00364	0.00241	0.00355	0.00193
54	0.00391	0.00256	0.00391	0.00208
55	0.00422	0.00270	0.00432	0.00221
56	0.00458	0.00284	0.00475	0.00233
57	0.00500	0.00300	0.00518	0.00245
58	0.00546	0.00317	0.00560	0.00259
59	0.00597	0.00338	0.00609	0.00279

　標準生命表は、公益社団法人日本アクチュアリー会が算出したもので、生保会社の保険料計算上の基準となる数値である（標準責任準備金の算出等にも使用される）。第22回完全生命表は、平成27年の国勢調査に基づく数値である。

　50歳男性が10万人いると、1年間に285（266）人が死亡する（カッコの前は生保標準生命表2018、カッコの中は第22回完全生命表に基づく数値。以下同じ）。女性の場合、10万人いると1年間に197（148）人死亡する。10年目の59歳になると、男性は1年間で597（609）人、女性では338（279）人が死亡する。

　当たり前の話だが、契約から契約の終期までの間、死亡率は年々上昇する。この死亡率に応じた保険料を、自然保険料という。これに対して、死亡率を平準化して、毎年同額の保険料として設定する方式を、平準保険料方式という。この平準保険料方式では、保険期間の前半においてはその時期の自然保険料より多い額を保険料として受け取る。この超過部分は、平準保険料が保険期間の後半において自然保険料より少ない額となる時期の支払いのために積み立てられる。これを責任準備金という。保険を途中で解約した場合には、この責任準備金を基準に解約返戻金が支払われることになる。

　以上のことからわかるように、平準保険料方式を採る生命保険を法人契約で利用すると、全期払いの当年保険料であっても、一定期間、前払保険料が織り込まれている。このため、ケースによっては資産に計上する必要が生ずる。ところが前払保険料は、個々の契約単位には不明である。

法令解釈通達の原則的考え方

　生命保険に加入する年齢、保険期間、保険金の設定（定額や逓増、あるいは一定期間災害重視型など）によって、当年の危険保険料（当年の費用として損金算入できる部分）と前払保険料の構成は異なる。そこで簡便法として、通達によりその取扱いルールが提示される。簡便法なので、実際の保険契約における前払保険料の構成とはずれが生ずる。このずれが大きくなければ、通達は変更されず、ルールとして維持される。しかし、再三ルールが変わってきたことはご存じのとおりである。直近では、令和元年

6月28日に法令解釈通達が改正され、ルールが変更されている。

　令和元年6月の法令解釈通達改正の際、パブリックコメントに対する見解をまとめた「別紙1　御意見の概要及び国税庁の考え方」（以下「別紙1」という）が添付され、この中で国税庁は次のように述べている。

「　支払保険料の中に含まれる前払部分の保険料の額は、保険契約者には通知されず、把握できないことから、今般の改正では、保険契約者が把握可能な指標で、前払部分の保険料の累積額に近似する解約返戻金に着目し、解約返戻率に基づいて資産計上すべき金額を算定することとしています。」（「別紙1」4頁最上段回答）

　法令解釈通達においては「解約返戻金＝前払部分の保険料の累積額に近似する」ものとされていることがわかる。この前提により、解約返戻率を基準として資産計上部分が確定する。また当年の損金に算入される額がその残額として確定する。

　解約返戻金が「前払保険料の累積額に近似する」としても、保険商品によってその近似する度合いは異なる（例えば「低解約返戻タイプ」などの特約）。いわば原則とのずれである。今般の法令解釈通達は、「別紙1」に示される考え方によってそこに明確な考え方を示した。実際の前払保険料が契約者には不明のため、簡便法として通達（今般ルール）によるが、

「　国税庁としては、予測可能性の確保等の観点から、支払保険料の損金算入時期の取扱いについて、御意見のように、長期的に持続可能なものとすることが望ましいと考えています。その一方で、保険会社各社の商品設計の多様化、長寿命化その他の経済環境等の変化などに伴い、その取扱いの見直しが必要と認められた場合には、適時適切に対応していく必要があると考えています。国税庁としては、御意見のような保険商品やその利用実態も含め、保険商品全般の実態を引き続き注視し、必要に応じて取扱いの適正化に努めてまいりたいと考えています。」（「別紙1」2頁最下段回答。下線は筆者）

　令和元年法令解釈通達によりルールを示したが、本来の原則から大きく

ずれが生じたような実態があれば（「保険商品の実態を引き続き注視……」）、
国税庁は、今後もその適正化に努めるとの方針を示している。

本書の構成

　次章以降では、まず生命保険の商品の基本となる考え方を確認する。次
に中小企業における経営者の人的リスクについて整理する。その上で、保
険会社の商品例を使い、内容を確認していく。これにより保険税務の位置
づけ（加入行動に中立かインセンティブか）を確認しよう。

　次に、一般従業員を対象とした法定外福利厚生と退職給付について整理
する。この法定外福利厚生と退職給付に関わる生命保険商品及び少額短期
保険商品の内容を検討し対応関係を整理する。

　以上により生命保険法人契約の中小企業における意義と保険税務の位置
づけ（インセンティブか中立か）を明らかにすることとしたい。

第2章
生命保険の基本的概念

　本章では、生命保険の基本について整理する。一部については税務上の規定と関連づけて取り上げる。これは従来の概念と法令解釈通達（令和元年6月28日）以後との相違を理解するためである。

　まず初めに生命保険の基本となる分類を取り上げる。本稿のテーマは「中小企業における生命保険法人契約」なので、主に死亡保険に関わる領域が中心である。

　次に、保険料の払込期間としての全期払いと短期払いについて整理する。税務上の規定に関する理解において、この問題は若干、誤解のある領域と思える。

保険の分類

　保険の概念上の分類は、細かく多岐にわたる。まず全体的な区分としては「生命保険」と「損害保険」、「その他（傷害保険・疾病保険）」の三つが存在する。「その他」は更に、「傷害疾病損害保険契約」と「傷害疾病定額保険契約」に分けられる。図表2－1に保険分類を示す。

図表2－1　保険分類概念図

	人保険		物（物財）保険
	生命	その他（傷害・疾病）	
損害保険	－	傷害疾病損害保険契約	損害保険契約
生命保険	生命保険契約	傷害疾病定額保険契約	－

（出典）日本損害保険協会HPより筆者作成

　このうち、生命保険契約及び傷害疾病定額保険契約が、中小企業における「生命保険法人契約」として本書において主に取り上げられる対象である。したがって、本稿における「生命保険」という用語の使い方は、一般

的に用いられる慣用表現として、図表2－1における「生命保険契約」と「傷害疾病定額保険契約」の双方を表す包括的な表現となっている。ただし、税務上の規定等については、例えば「定期保険と第三分野保険」など、図表2－1にある下位概念として区別して表現することはある。

死亡保険と生存保険

　生命保険は、死亡保険と生存保険に分かれる。

　名称が表すとおり、死亡保険は被保険者の死亡の際に保険金が支払われるものである。これに対して生存保険は、被保険者が一定期間生存していた時に保険金が支払われる。それぞれ概念的には単純である。

　まず死亡保険から見ていこう。

死亡保険

　死亡保険については期間の定め方でさらに分類される。期間の定め方は「一定の期間」か「被保険者の生涯にわたる」かに区分される。図表2－2に死亡保険分類を示す。

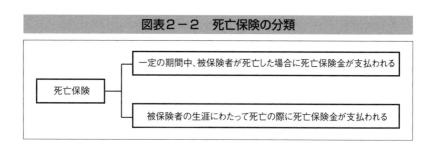

図表2－2　死亡保険の分類

　「一定の期間中に被保険者が死亡した場合に死亡保険金が支払われる」生命保険を、「定期保険」と呼ぶ。定期保険の保険料は、被保険者の（性別・年齢別の）保険期間中における死亡率に規定される。

　「被保険者の生涯にわたって死亡の際に死亡保険金が支払われる」生命保険を、「終身保険」と呼ぶ。終身保険も保険期間中の死亡率によって保険料が規定されるが、人間は最終的にすべての人が死亡するので定期保険とは性格が相当異なる商品となる（後述する）。

「定期保険」商品区分による税務上規定の変更

　定期保険は、「一定の期間において被保険者が死亡した場合に死亡保険金が支払われる」生命保険である。保険料はこの保険期間における死亡率に規定される。この死亡率は年齢にともなって上昇する。例えば期間10年の定期保険であれば、当初の時期と終期を迎える時期とでは、被保険者の死亡率は変わっている（年々上昇する）。

　死亡率に応じた保険料を自然保険料といい、この形態では保険料は毎年上昇する。これに対して、期間中の死亡率を平準化して保険料設定する方式を、平準保険料方式と呼ぶ。図表2-3に平準保険料方式のイメージを示す。

図表2-3　定期保険における平準保険料方式イメージ

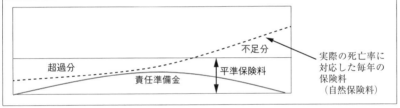

　図表2-3のとおり、平準保険料方式の場合、設定された平準保険料は、保険期間の前半においてその時期の死亡率に規定された自然保険料より多額となる。このため、その期間においては超過分が生ずる。

　これに対して保険期間の後半になると、平準保険料は自然保険料を下回り、不足分が生ずる。前半に生じた超過分を責任準備金としてとっておき、保険期間の後半における不足分を補う。したがって平準保険料方式の場合、保険期間の前半においては当年の保険料であっても前払い部分が織り込まれていることになる。

　しかし、税務上の取扱いについては、法人税法基本通達により以下のように規定されている。

（定期保険及び第三分野保険に係る保険料）

９－３－５　法人が、自己を契約者とし、役員又は使用人（これらの者の親族を含む。）を被保険者とする定期保険（省略）又は第三分野保険（省略）に加入してその保険料を支払った場合には、その支払った保険料の額（省略）については、９－３－５の２《定期保険等の保険料に相当多額の前払部分の保険料が含まれる場合の取扱い》の適用を受けるものを除き、次に掲げる場合の区分に応じ、それぞれ次により取り扱うものとする。

(1)　保険金又は給付金の受取人が当該法人である場合　その支払った保険料の額は、原則として、期間の経過に応じて損金の額に算入する。

(2)　保険金又は給付金の受取人が被保険者又はその遺族である場合　その支払った保険料の額は、原則として、期間の経過に応じて損金の額に算入する。ただし、役員又は部課長その他特定の使用人（これらの者の親族を含む。）のみを被保険者としている場合には、当該保険料の額は、当該役員又は使用人に対する給与とする。

　定期保険については、契約者が法人となり、死亡保険金の受取人が当該法人である場合、保険料は損金に算入される。平準保険料においては前払保険料が織り込まれているが、その額が多額でなければ、（理論上、前払保険料が織り込まれていても）そこまで目くじら立てないという規定となっている。しかし定期保険において保険期間を延ばしていくと、死亡率の上昇が大きくなるため、平準保険料における前払い部分は増大する。いわば目くじら立てるレベルになる場合があるということになる。

　令和元年の法令解釈通達改正以前は、この期間のあり方に着目し、定期保険を「定期保険」と「長期平準定期保険」に分類していた。前払保険料ウェイトの大小を、この期間区分によって判別していたと考えられる。

　しかし、同改正によってこの税務上の定期保険商品による分類は廃止となっている（ただし、同改正の適用開始時期の前までの契約については、それまでの区分が適用されるため、この分類は存在する）。

ピーク時解約返戻率による税務上区分

　生命保険法人契約の保険料の取扱いについては、平準保険料における前払保険料部分を、本来、資産計上する必要がある。ところが、個々の保険契約単位ではその額が不明のため、簡便法として通達による方式を採って

いる。このため、前払保険料のウェイトを判別するために、従来、定期保険については保険期間の長短（長期平準と定期保険）や、保険金額の高低（逓増定期保険）などによっていたが、これを解約返戻率による判別基準に改めた。すなわち、「解約返戻金＝前払保険料の累積額に近似する」ものとして想定し、規定化されたのである。税務上、この考え方に沿って四つに区分されている。図表2−4に税務上の区分を示す。

図表2−4　定期保険及び第三分野保険における税務上の区分

	ピーク時解約返戻率
定期保険及び第三分野保険	85％超
	85％以下
	70％以下
	50％以下

区分の基準を「期間」ではなく「解約返戻率」に変更しているため、「定期保険及び第三分野保険に係る保険料」として二つの分野共通のものとなっている。

養老保険

死亡保険の一つである終身保険を理解するためには、先に養老保険を取り上げる必要がある。そこで養老保険を整理しておこう。養老保険は保険期間中の死亡保険と、保険期間満了時における満期保険金が支払われる生存保険を組み合わせたものである。このため生死混合保険といわれる。図表2−5に養老保険のイメージ図を示す。

図表2−5　養老保険（イメージ）

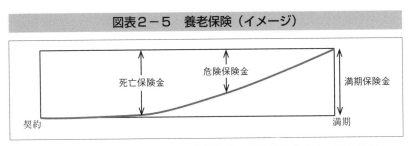

※　あわせて217頁「図表21−1　養老保険の保険料構成イメージ」参照。

　養老保険の保険料は、満期保険金支払いのための保険料と、死亡保険のための保険料により構成される。前者は積み立てられていくお金なので、次第に増大する。すると死亡保険金と積み立てられた額の差（危険保険金）は減少していく。

　養老保険の（当年の）危険保険料は、「危険保険金×死亡率」である。すると保険期間の当初は、積み立てられたお金が少ないので危険保険金が大きい（養老保険の保険金額に近い）。しかし、この時期の被保険者の死亡率は低い。後半になると死亡率は上昇するが、その時期には積み立てられた額が大きくなるため危険保険金が小さくなる。

終身保険

　終身保険は、死亡保険と生存保険の分類では死亡保険の一つである。しかし人間は最終的に必ず死亡する。このため終身保険は死亡保険ではあるが、保険の構造的には長期の養老保険に近い。このため、長期にわたって解約返戻金が増大する。税務上の取扱いについても「定期保険」ではなく「養老保険」に準じた扱いとなっている。

保険期間と保険料支払期間

　保険期間はその保険契約の期間である。これに対して保険料の支払いは、保険期間の全期間にわたる「全期払い」と、保険期間より短く設定する「短期払い」とに分けられる。

　定期保険及び第三分野保険における全期払いの場合、その保険料（平準保険料）における前払い部分がどの程度を占めるのかは、先に見たとおり、解約返戻率に準じて判断される。解約返戻率が低ければ（具体的には50％以下であれば）、全額損金に算入できる。

　これに対して短期払いでは、全期払いにおける平準保険料が全額損金に算入できるものであっても、将来の保険料を前払いしてしまうため、解約返戻率の高低を基準にせず、取り扱う必要がある。すなわち、短期払保険料を全期払いにおけるものと同じように年換算し、計算上の全期払保険料を算出して税務上の処理を行うことになる。

　年換算保険料は「短期払保険料×払込期間÷保険期間」となる。がん終

身保険の場合には、保険期間を到達年齢116歳として計算することが明示されている。

　以上を整理すると、全期払いの場合、平準保険料による前払い部分の額は解約返戻率を基準に簡便的に算出する。この基本となる考え方は「解約返戻金＝前払保険料の累積額に近似」である。

　これに対して短期払いは、まず年換算保険料を算出し、それを超える部分については、（解約返戻金と無関係に）前払保険料として処理することになる。これは税務における期間損益の考え方に沿った処理となっている。これまでがん終身保険の短期払いについては、解約返戻金がない（少額の）場合に、支払保険料を損金算入することが認められてきたが、今般の通達改正によりその取扱いは廃止されている。本来の原則に沿った考え方が貫徹されたといえる。

第3章
中小企業経営者の想定するリスク分類と対処方法

経営者の想定するリスク

　そもそも保険は、リスクの対処手段である。そこで保険利用を検討する前に、まず対象となるリスクについて考える必要がある。

　経営者が経営活動に従事している中で、どのようなリスクが想定されるだろうか？　中小企業の特徴として、一般に企業活動における経営者への依存度が高いことがあげられる。依存の内容については、業務そのもの（経営者個人の技術力や営業力等）や裏づけとなる資金調達（信用）など、様々な側面が考えられる。いずれにしろ経営者が経営活動に従事できないような事態が生じた場合の影響は、大企業とは比較できないほど大きいと考えられる。もちろん、同業・同程度規模の企業であっても、後継者の存在の有無等によって、一律に同じ影響があるとはいえない。しかし、一般に中小企業は大企業に比して経営者個人への経営依存度が高い点が特徴としてあげられる。この観点から中小企業においては経営者に関わる人的リスクが想定される。

　中小企業における経営者に関わる人的リスクは、企業の存続に関わるリスクである。例えば、経営者が突然、事故により死亡してしまったという事態を考えてみよう。突然の経営者の死亡によって、それまでの企業活動自体継続することが難しくなるかもしれないし、資金調達や支払いに関わるルール変更の要求などが生ずるかもしれない。

　さて、我々のこの想定は、「経営者の人的リスクは企業活動へ影響を与える」との前提に立っている。つまり、この想定における最終的な問題は、企業の存続リスクということになる。このことから、我々は企業の存続リスクそのものを検討する必要性について認識できる。

　ここでいう企業の存続リスクは、経営者の人的リスクが要因にならない場合も含まれる。例えば、取引先が急に倒産し、資金の回収ができなくなってしまった、というような事態である。このような場合、経営者は元

気で通常に経営活動に従事していたわけであり（人的リスクは生じていない）、企業の存続リスクは、人的リスクと別の枠組みとして検討できる。

　以上のような人的リスクと企業の存続リスクは重なる場合もあるし、重ならない場合もある。したがって、両者の組み合わせが想定されるリスク分類ということになる。これらは双方とも、経営者にとっては重要な懸念事項と考えられる。

　懸念事項というのは、そもそも明確に認知し対処を考えている場合もあれば、そうでない場合もある。これらリスク認知と対処行動については、別途、検討する必要がある（本章では扱っていない）。ここではまず、以上述べてきた「経営者の人的リスク」と「企業の存続リスク」の二つの分類とその組み合わせを、経営者が想定するリスク（分類）と理解して整理していこう。

経営者の人的リスクと企業の存続リスク

　中小企業経営者は今、元気に経営活動に従事している。この場合、将来に向けて想定できるリスクが生ずる対象は、ここまで見てきたように単純化すると二つあることになる。一つは経営者自身である。もう一つは経営する企業である。

　経営者自身を対象として単純に「通常の状態」と「リスク」の二つに分けると「経営者が経営活動に従事できる／経営者が経営活動に従事できない」という２択に設定できる。実際にはリスクは連続した概念なので、「有無」ではなく「大小」である。つまり、「経営者は健康状態に問題があるが、なんとか経営活動に従事している」というような中間的な状態も存在する。しかし、ここでは問題を単純に整理するために２択で考えておこう。これが経営者の人的リスクである。

　次に、企業自体を対象として同様に考えると「企業活動は通常状態である／企業活動は危機的である」という二つの状態を想定できる（これも連続的な概念なので中間的状態は存在する）。これが企業の存続リスクである。

　この経営者の人的リスクと、企業の存続リスクのそれぞれを組み合わせると、図表３－１のようになる。

図表3-1　経営者／企業の想定事態の組み合わせ

想定する経営者の状態 ＼ 想定する企業の状態	企業活動は通常状態	企業自体が危機的事態
経営活動に従事している	今の視点（第二象限）	経営者は経営活動に通常に従事しているが、企業の存続が危うい事態（第一象限）
経営活動に従事できない	経営者は経営活動に従事できないが、企業自体は通常の状態にある（第三象限）	経営者が経営活動に従事できないために、企業の存続が危うい事態（第四象限）

　図表3-1の象限別に、ここから整理してみよう。

　整理するにあたって、前提条件を確認しておくこととしたい。現時点では経営者は元気に経営活動に従事している。さらに企業自体も通常の状態にあり、特に経営上危機的な状態ではない（第二象限）。

　この現時点の状態が前提である。この前提条件（第二象限）から、将来のリスクの可能性を分類し（第一、第三、第四の各象限）、その可能性のためにどのような準備をしておきたいかを整理することとする。

経営者は経営活動に従事しているが、企業が危機的事態（第一象限）

　将来の可能性として、経営者は元気に経営活動に従事しているが、何らかの理由で企業自体が危うい状態になってしまう、というリスクを考えてみよう。例えば、取引先の倒産により資金回収ができず、資金繰りに支障をきたしてしまった場合や、また大災害によって企業設備が被害を受けてしまい、企業活動が通常の形で継続できず経営状態が悪化してしまった場合などが、ここでの想定リスクである。

　このようなリスクが発現してしまうと、一番の問題は資金繰りであろう。経営者としては、経営する企業がどのような状態でも維持していけるようにしておきたいと考える。

　リスクの要因が大災害の場合には、「災害時発動型の予約保証」が考えらえる。これは予約保証なので、その間、大地震など想定上の災害が生じ

た場合、資金調達が円滑に（保証されて）行うことができる。

　企業存続に問題が生ずるのは、大災害の場合だけではない。要因は様々であると同時に複合的な場合もある。それぞれは軽微でも、複合することで企業存続リスクが生じてしまうような場合もあり得る。取引先倒産による影響があった場合、それ自体は大きな取引ではなかったとしても、その時期に大型設備投資をして資金状況に余裕がなかったというようなこともあるかもしれない。いずれにしろ要因が複合的であったり、大災害以外の場合だったりということがあり得る。

　このようなことから、リスク要因を限定せずに、様々なリスクが発現した際に資金が調達できる方法を模索したいという考え方が成り立つ。この場合、もっとも裁量余地があるのは自己資金である。

経営者が経営活動に従事できないために、企業が危機的事態（第四象限）

　次に経営者が何らかの理由で経営活動に従事できない、そのため企業活動に支障をきたしてしまうというリスクが考えられる。言い方を変えると、企業活動に支障が生ずる事態のうち、その要因が経営者の人的リスクによるものがこの第四象限ということになる。

　この場合、その後の経営に従事する後継者や代行者が安定的に決まっていることが必要といえる。しかし、例えば経営者が経営活動に従事できないと売上げそのものに響く（売上減少）とか、直接的に資金繰りに悪影響があるような場合もある。このような場合に備えて、当座の資金繰りに問題が起きないような資金的準備が必要である。特に経営者の死亡や長期の就業不能を想定した場合、当該経営者が経営活動に従事できない状態が固定することになるので、当座の資金繰りの問題を解消しつつ、後継者による経営の安定化までの対策が必要になる。

　結局のところ、経営者が経営活動に従事できない理由によって対策は相違することになる。経営者の将来の健康上の問題や災害（事故）を想定すると、一般的には生命保険による準備が考えられる。

　他方、例えば東日本大震災の例では、出張先で震災にあい、経営者本人は元気でいるが、一時的に会社へ戻れないとか、諸外国へ進出した企業における誘拐リスクの問題など、経営者が経営活動に従事できない要因は様々に想定できる。その要因によって経営活動に従事できない状態がどの

程度の期間続くのかが変わってくるため、対応策はその要因によっても相違することになる。

経営者は経営活動に従事できないが、企業自体は通常状態（第三象限）

　企業が安定的に事業を継続している状態で、経営者が経営活動に従事できない（状態になってしまった）という想定を考えてみよう。事態の要因にもよるが、当該経営者の退職が、一つの問題となると考えられる。就業不能の状態が長期に続く場合や、死亡してしまった、というような場合には経営者の退職金（死亡退職金を含む）について検討する必要が生ずる。

　退職金は、退職後の経営者やその家族の生活資金の財源となる。これが一般的な理解である。これは経営者でも一般従業員でも、退職金の位置づけに（金額の多寡に相違はあるとしても）変わりはない。

　しかし中小企業の場合、経営者は自身の個人資産を事業利用していることが考えられる。この結果、自身の退職は、個人資産の配置問題の意味をもつ場合がある。退職後も企業に自身の個人資産を提供しつづける場合なども（形はともかく）あり得るとすると、退職金支給は必須条件となると考えられる。

　このため、「経営者は経営活動に従事できないが、企業自体は通常状態」を表す第三象限は、経営者が退職しても企業への影響がないという想定ではあるが、間接的には企業への影響が生ずる場合も含まれる。したがってこの第三象限は、経営者の退職後の生活資金問題とともに、企業経営のその後の安定に影響を与える側面のあるリスク分類と考えられる。

企業のリスクとその対処方法

　以上、前章から概観したような想定リスク（図表３−１）に対処する方法は、特段、生命保険に限定されないし、される必要もない。「災害時発動型予約保証（（BCP特別保証））」などによる対処方法も存在している。

　他方、現状、生命保険法人契約の利用が様々に行われている状況を鑑みると、生命保険はこれらリスクへの備えとして役立っているとみることもできる。

　ここで、少し俯瞰して企業のリスクマネジメントの全体像を確認してお

きたい。最終的に生命保険法人契約がどのような位置づけで利用されているか、あるいはその可能性があるかを明確にするためである。

　リスクについてはその発生可能性を低めたり、被害損失を低減したりするように事前に対処することが行われている。この領域がリスクコントロールである。他方、リスクが発現した場合、そのロスに関する資金手当等がリスクファイナンスである。リスクファイナンスの一手段として保険が利用される。図表3－2にリスクマネジメントの概観を示す。

図表3－2　リスクマネジメントの概観

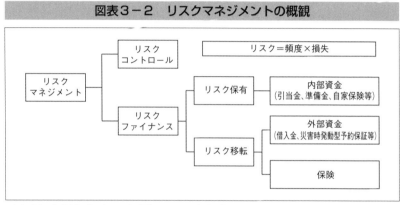

（出典）久保英也（2019）「『リスク移転』第32回リスク研究学会シンポジウム
　　　資料」より筆者抜粋

　リスクを認識しても、リスクコントロールによって低減を図りつつそれを受け入れ（保有し）、内部資金で手当てする方法がある。これを「リスク保有」という。リスク保有に対応するリスクファイナンスは「内部資金」による。結局、リスクといっても多種多様であるため、リスクの特性によってはこの「内部資金」による方法も重要な対処法といえる。この場合、企業（法人）は現預金で対応する、あるいは引当金等により準備するなどが該当する。「内部資金」の充実のために運用等を考えることもあり得る。

　これに対し、リスク移転の一手段としての「保険」は、契約者（ここでの対象は法人企業）が保険料を支払うことで、リスクを保険者に移転する。保険者（主に保険会社）は、契約者の共同財産として資産を管理する。保

険事故が生ずれば、共同財産から保険給付が行われる。保険料は、損失額に対して発生可能性の大小によりその額が決まる（付加保険料を除く）。

経営者の想定リスク分類別対処方法

　さて、ここまで見てきた経営者の想定リスク分類とその対処方法を、上記『企業のリスクとその対処方法』の項で述べた「リスク保有―内部資金」、「リスク移転―生命保険」の対応関係で整理してみよう。すると、面白いことがわかるはずである。すなわち、保険を「リスク移転」手段としてではなく、「内部資金」の充実のために利用する場合がある点である。

経営者は経営活動に従事しているが、企業が危機的事態（第一象限）

　前章で述べたように、この第一象限においては、リスク要因を限定せずに様々なリスクが発現した際に資金が調達できる方法を模索したいという考え方が成り立つ。この場合、もっとも裁量余地があるのは自己資金である。しかし、現預金を多額に滞留させておくことは、資金効率上好ましいともいえない。そこでこれらを考えると、会社の財務上、含み益があり、かつそれが現金化しやすい状態で確保することが考えられる。いわば財務的余力である。

　結局のところ第一象限については、含み資産（含み益の織り込まれた資産）をもつことで、企業に不測の事態が生じた際にその含み資産を活用し対処することが考えられる。この場合、不測の事態は様々である（取引先の倒産や、急激な経営環境の悪化、パートナーとの取引関係の悪化等々）。

　複数の不特定のリスクを移転することはできない（発生率が特定できない）ので、結局内部資金で対処する。その場合の一つとして含み資産が想定される。この第一象限は「リスク保有―内部資金」による対処が想定できる。

経営者が経営活動に従事できないために、企業が危機的事態（第四象限）

　これについては、先に「経営者の将来の健康上の問題や災害（事故）を想定すると、一般的には生命保険による準備が考えられる」と整理した。すなわち、経営者が経営活動に従事できない要因が、経営者の健康状況の

悪化による就業不能や死亡と想定すると、保険に加入しておいて保険金の給付で経済的損失や影響をカバーすることが考えられる。したがって、この第四象限は、経営者が経営活動に従事できない要因を経営者の健康上の問題（による就業不能や死亡）と想定した場合、「リスク移転―保険」による対処と想定できる。

経営者は経営活動に従事できないが、企業自体は通常状態（第三象限）

　経営者が経営活動に従事できない状態が長期的な場合、企業自体が通常の状態であれば、経営者がもっとも退職しやすい環境にあるともいえる。この場合、退職金の支給が問題となることは前述した。

　ここでの問題は、経営者が経営活動に従事できない要因によって対処方法が分かれる点である。すなわち、年齢的に退職する（本人は健康状態に問題がない）場合と、就業不能や死亡等によって退職する場合とである。

　本人の健康上に問題がない状態（保険事故にならないという意味である）での退職であれば、その際の退職金の財源確保は内部資金によることになる。すなわち「リスク保有―内部資金」による対処と整理できる。

　これに対して、経営者が就業不能や死亡により退職する場合には、企業（法人）があらかじめ生命保険に加入しておき、保険金を受け取ることで退職金財源を確保できる。すなわち「リスク移転―保険」による対処と整理できる。

　これら想定分類別リスクと対処方法を図表３－３に示す。

図表３－３　リスク保有・移転別対処方法と経営者の想定リスク分類対応

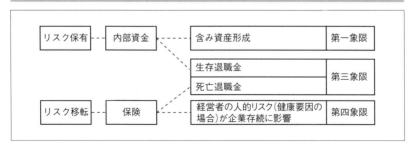

　上図の左側は、リスクマネジメントの基本的考え方を示している。この
うち、リスク移転に関する対処方法として「保険」がある。右側は経営者
の想定事態別リスク分類であり、その分類ごとに対応方法を示している。
このうち、第一象限と第三象限の一部（生存退職金）については、「内部
資金」が対応している。

　以上のことから、我々が検討する「経営者保険」は、リスクマネジメン
ト概念における「リスク移転」としての「保険」だけでなく、「リスク保
有」の対処手段としての「内部資金」の準備手段となっていることに気づ
く。

第4章
経営者を対象とした生命保険法人契約をどう評価するか

　経営者の想定リスク分類とその対処方法を、リスクマネジメントの概念（「リスク保有―内部資金」「リスク移転―保険」）と関連づけ、前章において整理した。この結果、生命保険法人契約が、「保険」でありながら「リスク移転」手段としてではなく「内部資金」の充実のために利用される場合がある可能性を指摘した。

　本章では、それを含めて、生命保険法人契約の効果をどう評価するかについて明確化したい。この後、商品別に効果検証するためである。

リスクマネジメント概念と経営者の想定リスク分類との関係

　経営者の想定するリスク分類については、以下の三つを規定した。

　①　経営者は経営活動に従事しているが企業が危機的事態（第一象限）

　②　経営者が経営活動に従事できないために企業が危機的事態（第四象限）

　③　経営者は経営活動に従事できないが、企業自体は通常状態（第三象限）

　この想定されたリスク分類に対する準備方法を、リスクマネジメントの枠組みとの関係で整理すると、図表4－1のとおりとなる。

図表4－1　リスク保有・移転別対処方法と経営者の想定リスク分類対応

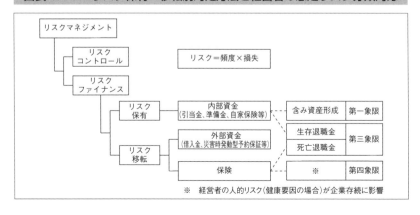

　以下に、象限別の主要な目的と対処手段を整理し、保険商品の効果検証基準を整理しよう。

含み資産形成（第一象限）

　ここで想定している「経営者は元気だが企業が危機的事態」の要因は様々である。取引先の倒産、急激な経済変調、自社の信用毀損（例えば販売商品の不具合の責任）等々、企業が危機的事態となる要因は様々考えられる。このような「様々な要因」という複数の不特定なリスクに対応することはできるのだろうか。

　一般的に考えると、まずそれら不特定のリスクを認識し、リスクコントロールの観点から損失規模や頻度を下げる努力をする。しかし、リスクが不特定なので個々に分解して考えるというよりも、全体として概観する形で対応しなければならない。その上でこれら不特定のリスクを受け入れる（リスクの保有）。

　そして、それら不特定のリスクの一部が発現した場合には、リスクファイナンスの一つである内部資金で対応する。内部資金は、その時点の現預金等をあらかじめ準備しておく、あるいは可能であれば含み資産を形成しておく。含み資産（含み益が織り込まれた資産）は財務的な余力である。この財務的な余力は中小企業経営者にとって、様々な事態に対処できるいわばツールである。

　以上の観点からいうと、生命保険法人契約をこの観点（含み資産）で評価するためには、実額ベースでは保険料（累計）、解約返戻金、含み益、また率ベースでは解約返戻率、含み益率（対保険料）が目安となる。

　含み益は「解約返戻金－資産計上累計額」で算出される。含み益率は「含み益÷保険料累計額」である。

　「資産計上の額」は、保険料に係る税務上の規定（「資産計上ルール」）により決まる。

「含み益率」に関する３種類の定義

　話を進める前に、「含み益率」についてここで整理しておきたい。現在、

生命保険法人契約についての議論上、取り上げられる「含み益率」は３種類存在している。

　最初の定義は、

> 含み益率＝
> 　（解約返戻金－資産計上累計額）÷当該時点における保険料累計

というものである。

　これは筆者が「中小企業と生命保険法人契約」(法令出版，2019)において定義したもので、本書においてもこの定義によっている。この定義の主旨は、保険料累計のうちどれだけが含み益になっているかを比率的に測定することである。

　この定義の場合、便利なのは、解約返戻率と直接（数字をそのままにして）含み益率の大きさを対比できることにある。例えば、返戻率90％で、その時点の含み益率が18％であれば、数字をそのままにして90％返戻率のうち18％部分が含み益と解釈できる。

　次に、

> 含み益率＝
> 　（解約返戻金－資産計上累計額)÷当該時点における損金算入保険料累計

というものである。

　この定義の主旨は、含み益を作り出すことに、それまで損金算入した保険料累計がどれだけ貢献したか測定するものと理解できる。

　最後に、

> 含み益率＝
> 　（解約返戻金－資産計上累計額）÷資産計上累計額

というものである。

　この定義の主旨は、バランスシート上認識された資産に対してどれだけプラスの資産を持つかを測定することにあると考えられる。

　それぞれの定義はそれぞれに意義を持つ。これを性格づけすると、第１番目の筆者の定義は、生命保険商品の視点である。第２番目の定義は生命

保険と税務上定義の視点を複合したものと評価できる。最後の定義は企業
視点の定義である。企業自体のその時点における評価という観点では３番
目の定義が最も適切である。これに対して支払保険料の貢献割合の測定と
いう観点から動的に商品評価する意味では、１番目が適切と考えられる。
これは、筆者の目的が商品の効果検証なのでそれに沿った定義ということ
である。２番目の定義は、税務上の規定の変化を追う場合に適切な定義と
思われる。いずれにしろ生命保険法人契約の議論の際、「含み益率」の用
語が出てきた場合、そこでの定義を確認するようにしてほしい。

　なお、本書における「含み益率」は、１番目の定義「含み益率＝（解約
返戻金－資産計上累計額）÷当該時点における保険料累計」による。

生存退職金（第三象限）

　第三象限では、経営者の退職金の問題が浮上した。このうち、一定年齢
において生存退職を想定した場合の対処（資金準備）は、内部資金によ
る。経営者本人が元気なうちに退職すると考えた場合、当然、人的リスク
の移転手段としての生命保険では保険事故が想定されないので（経営者保
険＝定期保険系商品という想定）、退職時点における解約返戻金及び含み益
を利用することになる。この点では、解約返戻金、含み益、返戻率、含み
益率が評価のポイントということになる。

死亡退職金（第三象限）

　経営者の死亡退職あるいは就業不能による退職の場合、経営者保険の保
険金給付を財源として退職金を支払う。この想定は、リスクファイナンス
におけるリスク移転としての保険利用の典型的パターンである。この点で
の評価は、保険金、保険料累計との関係が主な評価のポイントである。

経営者の人的リスクにより企業が危機的事態（第四象限）

　死亡退職金と同様、経営者保険の保険金給付事由となる人的リスク（死
亡や就業不能など）を想定する。この場合、給付された保険金を財源とし

て企業の資金繰りに充当し、事業継続のリスクに対応する。これもリスクファイナンスにおけるリスク移転としての保険利用の典型的パターンといえる。この点での評価は、保険金、保険料累計との関係、さらに税務上の取扱いがポイントとなる。税務上の取扱いはすべてにおいていえるが、特にこの項目で問題となる可能性が強い。すなわち、保険金を企業（法人）が受け取った場合、保険料の損金算入の状況により、益金となる部分が規定される。益金となる額は課税対象である。他方、給付された保険金を財源として借入金の返済に充当することを考えると、当然のことながら、借入金の返済は損金に算入されない。したがって、名目上の保険金額だけでなく、課税後の実質受取額について考慮する必要がある。

　以上、みてきた項目が、主な保険商品の効果検証基準といえる。次章以降で保険商品を税務上で区分し、区分ごとにその基準から保険商品の効果を検証していこう。

第II部

税務区分別生命保険法人契約（商品）の効果検証

第5章
返戻率50%以下区分

　本章から、生命保険法人契約に関する商品別効果を検証していく。その上で指標別に評価を行ってみたい。

　定期保険及び第三分野保険については、法人契約（ここでは特に断りのない限り、法人受取）の場合、解約返戻率に応じて保険料の資産計上ルール（逆にいうと損金算入ルール）が設定されている（令和元年6月28日「法令解釈通達」）。返戻率に応じた区分は、図表5－1のとおりとなっている。

図表5－1　資産計上ルール

	ピーク時解約返戻率
定期保険及び第三分野保険	85％超
	85％以下
	70％以下
	50％以下

　そこで、この区分別に商品を検討していこう。まず、ピーク時返戻率「50％以下」区分の商品を取り上げる。

第1節　概要

定期保険及び第三分野保険に係る保険料の取扱い

　定期保険及び第三分野保険に係る保険料については、法人税基本通達9－3－5において、以下のように規定されている。

（定期保険及び第三分野保険に係る保険料）

９−３−５　法人が、自己を契約者とし、役員又は使用人（これらの者の親族を含む。）を被保険者とする定期保険（省略）又は第三分野保険（省略）に加入してその保険料を支払った場合には、その支払った保険料の額（省略）については、９−３−５の２《定期保険等の保険料に相当多額の前払部分の保険料が含まれる場合の取扱い》の適用を受けるものを除き、次に掲げる場合の区分に応じ、それぞれ次により取り扱うものとする。

(1)　保険金又は給付金の受取人が当該法人である場合　　その支払った保険料の額は、原則として、期間の経過に応じて損金の額に算入する。

(2)　保険金又は給付金の受取人が被保険者又はその遺族である場合　　その支払った保険料の額は、原則として、期間の経過に応じて損金の額に算入する。ただし、役員又は部課長その他特定の使用人（これらの者の親族を含む。）のみを被保険者としている場合には、当該保険料の額は、当該役員又は使用人に対する給与とする。

　上記通達中の(1)にあるように「９−３−５の２《定期保険等の保険料に相当多額の前払保険料が含まれる場合の取扱い》の適用を受けるものを除き」、契約者が法人であって、死亡保険金の受取人が当該法人である場合、保険料は期間の経過に応じて損金に算入される。そして、前払保険料が相当多額に含まれているかどうかを判別する基準は、「ピーク時解約返戻率が50％超か、以下か」による。

　50％以下の区分の場合、ここでの定期保険及び第三分野保険については「毎年の保険料」と「対価としての保障」という便益とが対応関係をもって期間を経過していくと想定されている。だからこそ、毎年の保険料は全額損金に算入される。

　本章では、この「保険料が全額損金に算入される」（すなわち「解約返戻率50％以下」区分の）商品をみていくこととする。

10年定期保険の例

　まず、保険期間10年の定期保険の例をみてみよう。

〔10年定期保険〕

設定条件：：50歳男性／保険金１億円／保険期間10年（全期払い）

図表5-2　10年定期保険推移

経過年数	1	2	3	4	5
保険金	100,000,000	100,000,000	100,000,000	100,000,000	100,000,000
保険料	469,700	469,700	469,700	469,700	469,700
保険料累計	469,700	939,400	1,409,100	1,878,800	2,348,500
損金算入保険料	469,700	469,700	469,700	469,700	469,700
解約返戻金	—	—	—	—	—
返戻率	0	0	0	0	0

経過年数	6	7	8	9	10
保険金	100,000,000	100,000,000	100,000,000	100,000,000	100,000,000
保険料	469,700	469,700	469,700	469,700	469,700
保険料累計	2,818,200	3,287,900	3,757,600	4,227,300	4,697,000
損金算入保険料	469,700	469,700	469,700	469,700	469,700
解約返戻金	—	—	—	—	—
返戻率	0	0	0	0	0

　保険期間10年の間に被保険者が死亡した場合、１億円が支払われる。年払保険料は46万9,700円である（ある会社の例）。この保険は解約返戻金がない（少額の場合があるが、無視できるほどに小さい）。

　したがって、加入目的は死亡保障の確保そのものといえる。

返戻金が生ずる例①─生活障害保障定期保険

　次に、上記と同様、全額損金に参入されるが、解約返戻金がピーク時返戻率で50％に近い（税務上区分では損金算入できる50％以下のケース）商品をみてみよう。

〔生活障害保障定期保険〕

設定条件：50歳男性／保険金（死亡・生活障害）１億円／保険期間23年

図表5−3　生活障害保障定期保険（ピーク時返戻率50%以下）推移

経過年数	1	2	3	4	5	6
死亡・生活障害保険金	100,000,000	100,000,000	100,000,000	100,000,000	100,000,000	100,000,000
保険料	1,543,400	1,543,400	1,543,400	1,543,400	1,543,400	1,543,400
保険料累計	1,543,400	3,086,800	4,630,200	6,173,600	7,717,000	9,260,400
解約返戻金	200,000	1,140,000	2,040,000	2,910,000	3,730,000	4,510,000
損金算入保険料	1,543,400	1,543,400	1,543,400	1,543,400	1,543,400	1,543,400
損金算入保険料累計	1,543,400	3,086,800	4,630,200	6,173,600	7,717,000	9,260,400
資産計上累計	0	0	0	0	0	0
含み益	200,000	1,140,000	2,040,000	2,910,000	3,730,000	4,510,000
返戻率	12.96%	36.93%	44.06%	47.14%	48.33%	48.70%
含み益率	12.96%	36.93%	44.06%	47.14%	48.33%	48.70%

経過年数	7	8	9	10	11	12
死亡・生活障害保険金	100,000,000	100,000,000	100,000,000	100,000,000	100,000,000	100,000,000
保険料	1,543,400	1,543,400	1,543,400	1,543,400	1,543,400	1,543,400
保険料累計	10,803,800	12,347,200	13,890,600	15,434,000	16,977,400	18,520,800
解約返戻金	5,240,000	5,920,000	6,540,000	7,100,000	7,520,000	7,860,000
損金算入保険料	1,543,400	1,543,400	1,543,400	1,543,400	1,543,400	1,543,400
損金算入保険料累計	10,803,800	12,347,200	13,890,600	15,434,000	16,977,400	18,520,800
資産計上累計	0	0	0	0	0	0
含み益	5,240,000	5,920,000	6,540,000	7,100,000	7,520,000	7,860,000
返戻率	48.50%	47.95%	47.08%	46.00%	44.29%	42.44%
含み益率	48.50%	47.95%	47.08%	46.00%	44.29%	42.44%

経過年数	13	14	15	16	17	18
死亡・生活障害保険金	100,000,000	100,000,000	100,000,000	100,000,000	100,000,000	100,000,000
保険料	1,543,400	1,543,400	1,543,400	1,543,400	1,543,400	1,543,400
保険料累計	20,064,200	21,607,600	23,151,000	24,694,400	26,237,800	27,781,200
解約返戻金	8,100,000	8,220,000	8,210,000	8,050,000	7,700,000	7,130,000
損金算入保険料	1,543,400	1,543,400	1,543,400	1,543,400	1,543,400	1,543,400
損金算入保険料累計	20,064,200	21,607,600	23,151,000	24,694,400	26,237,800	27,781,200
資産計上累計	0	0	0	0	0	0
含み益	8,100,000	8,220,000	8,210,000	8,050,000	7,700,000	7,130,000
返戻率	40.37%	38.04%	35.46%	32.60%	29.35%	25.66%
含み益率	40.37%	38.04%	35.46%	32.60%	29.35%	25.66%

経過年数	19	20	21	22	23
死亡・生活障害保険金	100,000,000	100,000,000	100,000,000	100,000,000	100,000,000
保険料	1,543,400	1,543,400	1,543,400	1,543,400	1,543,400
保険料累計	29,324,600	30,868,000	32,411,400	33,954,800	35,498,200
解約返戻金	6,330,000	5,260,000	3,880,000	2,140,000	0
損金算入保険料	1,543,400	1,543,400	1,543,400	1,543,400	1,543,400
損金算入保険料累計	29,324,600	30,868,000	32,411,400	33,954,800	35,498,200
資産計上累計	0	0	0	0	0
含み益	6,330,000	5,260,000	3,880,000	2,140,000	0
返戻率	21.59%	17.04%	11.97%	6.30%	0.00%
含み益率	21.59%	17.04%	11.97%	6.30%	0.00%

（ある会社の例）

　図表５－３の生活障害保障保険は、図表５－２でみた定期保険とは期間が相違するため単純対比できないが、それを考慮したうえで構造的な対比を行っておこう。まず実額ベースである。

　実額ベースのそれぞれの商品について視覚的に確認する。図表５－４に10年定期保険、図表５－５に生活障害保障定期保険を示す。

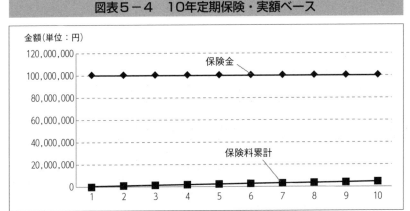

図表５－４　10年定期保険・実額ベース

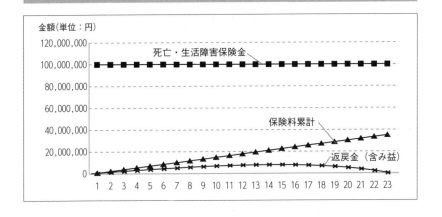

図表５－５　生活障害保障型定期保険・実額ベース

　10年定期保険の場合、極めてシンプルな折れ線グラフになる。死亡保険金は１億円で水平な線を示す。保険料は累計で最終的に469万7,000円（46万9,700円×10年）である。保険料累計の線は低い位置で右に上昇しているが、その傾斜の角度は緩い。このため、保険金の線と保険料累計の線は離

れた位置にある（保険金１億円⇔保険料累計469万7,000円）。解約返戻金はな
いので、グラフ上に解約返戻金の線は現れない。

　次に期間23年の生活障害保障定期保険をみよう。保険料累計の線と保険
金額の線の距離が、先に見た10年定期保険より近い位置にある。期間が長
い分、平準保険料が高くなるためである。累計保険料は最終的に3,549万
8,200円である。

　この商品の場合には、解約返戻金がある（ピーク時返戻率は経過６年で
48.70％）。また、保険料が全額損金算入されているため、「返戻金＝含み
益」となる。ここでいう「含み益」は、解約返戻金と資産計上累計額との
差である。

　次にこの生活障害的保険について率ベースのシミュレーションを図表５
－６に示す。

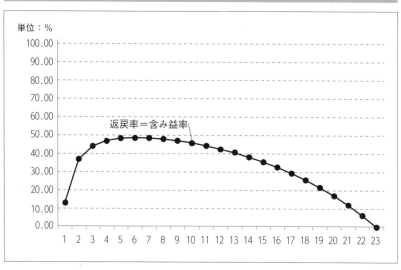

図表５－６　生活障害保障型定期保険・率ベース

　ここで取り上げている税務上の区分が「ピーク時返戻率50％以下」であ
るため、保険料は全額損金算入されている。したがって、解約返戻率はそ
のまま含み益率〔＝(解約返戻金－資産計上累計)÷保険料累計〕である。

　「返戻率＝含み益率」の線は、経過６年がピーク（48.70％）だが、その
後経過13年まで40％台を維持している。この保険の場合、保険期間を延ば

す（23年）ことで平準保険料が高くなる（期間10年の定期保険と対比して）。中小企業経営者がこの保険料の高さを受容するとすれば、その要因は何だろうか？　可能性としては３点考えられる。

①　保障が長期に維持される。

②　解約返戻金の存在によって実質的にその期間における保障コストが低下する。このため、表面上の保険料より低く評価（認識）できる。

以上の２点は死亡保障に関わるものである。したがって、これまで整理してきた想定リスク分類でいえば、経営者死亡による事業継続のリスク及び死亡退職金準備の手段として妥当かどうかに関わる。

ついで、

③　「返戻金＝含み益」（及び「返戻率＝含み益率」）

であり、その水準が企業の危機的事態に対する余力として、また生存退職金準備の対処手段として妥当かどうかに関わる。

返戻金が生ずる例②―重大疾病保障保険

全損区分において解約返戻金のピークが50％近傍になる商品事例をもう一つみる。前節と商品の性格が異なるためである。その上で、返戻金のないタイプとあるタイプ（更にその中で区分）の評価をみていく。

ここでのもう一つの例をみよう。重大疾病保障保険である。この保険は重大疾病を要因とした場合の保険金（重大疾病による診断確定などを保険事故とする）は１億円だが、それ以外の要因による死亡については死亡給付金（責任準備金相当）が給付される。返戻率から全額損金の例である。

〔重大疾病保障保険〕
設定条件：50歳男性／保険期間23年／保険金（重大疾病）１億円

図表5－7　重大疾病保障保険推移

経過年数	1	2	3	4	5	6
重大疾病保険金	100,000,000	100,000,000	100,000,000	100,000,000	100,000,000	100,000,000
死亡給付金	1,450,000	2,750,000	4,000,000	5,180,000	6,300,000	7,330,000
保険料	2,211,300	2,211,300	2,211,300	2,211,300	2,211,300	2,211,300
保険料累計	2,211,300	4,422,600	6,633,900	8,845,200	11,056,500	13,267,800
解約返戻金=含み益	0	1,280,000	2,710,000	4,080,000	5,380,000	6,600,000
損金算入保険料	2,211,300	2,211,300	2,211,300	2,211,300	2,211,300	2,211,300
損金保険料累計	2,211,300	4,422,600	6,633,900	8,845,200	11,056,500	13,267,800
資産計上累計	0	0	0	0	0	0
含み益	0	1,280,000	2,710,000	4,080,000	5,380,000	6,600,000
返戻率	0.00%	28.94%	40.85%	46.13%	48.66%	49.74%
含み益率	0.00%	28.94%	40.85%	46.13%	48.66%	49.74%

経過年数	7	8	9	10	11	12
重大疾病保険金	100,000,000	100,000,000	100,000,000	100,000,000	100,000,000	100,000,000
死亡給付金	8,280,000	9,110,000	9,820,000	10,400,000	10,840,000	11,130,000
保険料	2,211,300	2,211,300	2,211,300	2,211,300	2,211,300	2,211,300
保険料累計	15,479,100	17,690,400	19,901,700	22,113,000	24,324,300	26,535,600
解約返戻金=含み益	7,720,000	8,740,000	9,640,000	10,400,000	10,840,000	11,130,000
損金算入保険料	2,211,300	2,211,300	2,211,300	2,211,300	2,211,300	2,211,300
損金保険料累計	15,479,100	17,690,400	19,901,700	22,113,000	24,324,300	26,535,600
資産計上累計	0	0	0	0	0	0
含み益	7,720,000	8,740,000	9,640,000	10,400,000	10,840,000	11,130,000
返戻率	49.87%	49.41%	48.44%	47.03%	44.56%	41.94%
含み益率	49.87%	49.41%	48.44%	47.03%	44.56%	41.94%

経過年数	13	14	15	16	17	18
重大疾病保険金	100,000,000	100,000,000	100,000,000	100,000,000	100,000,000	100,000,000
死亡給付金	11,260,000	11,210,000	10,980,000	10,550,000	9,910,000	9,030,000
保険料	2,211,300	2,211,300	2,211,300	2,211,300	2,211,300	2,211,300
保険料累計	28,746,900	30,958,200	33,169,500	35,380,800	37,592,100	39,803,400
解約返戻金=含み益	11,260,000	11,210,000	10,980,000	10,550,000	9,910,000	9,030,000
損金算入保険料	2,211,300	2,211,300	2,211,300	2,211,300	2,211,300	2,211,300
損金保険料累計	28,746,900	30,958,200	33,169,500	35,380,800	37,592,100	39,803,400
資産計上累計	0	0	0	0	0	0
含み益	11,260,000	11,210,000	10,980,000	10,550,000	9,910,000	9,030,000
返戻率	39.17%	36.21%	33.10%	29.82%	26.36%	22.69%
含み益率	39.17%	36.21%	33.10%	29.82%	26.36%	22.69%

経過年数	19	20	21	22	23
重大疾病保険金	100,000,000	100,000,000	100,000,000	100,000,000	100,000,000
死亡給付金	7,890,000	6,460,000	4,690,000	2,560,000	
保険料	2,211,300	2,211,300	2,211,300	2,211,300	2,211,300
保険料累計	42,014,700	44,226,000	46,437,300	48,648,600	50,859,900
解約返戻金=含み益	7,890,000	6,460,000	4,690,000	2,560,000	0
損金算入保険料	2,211,300	2,211,300	2,211,300	2,211,300	2,211,300
損金保険料累計	42,014,700	44,226,000	46,437,300	48,648,600	50,859,900
資産計上累計	0	0	0	0	0
含み益	7,890,000	6,460,000	4,690,000	2,560,000	0
返戻率	18.78%	14.61%	10.10%	5.26%	0.00%
含み益率	18.78%	14.61%	10.10%	5.26%	0.00%

（ある会社の例）

　死亡給付金と解約返戻金の差は、契約から経過9年まで「死亡給付金＞解約返戻金」であるが、それ以降「死亡給付金＝解約返戻金」となる。

　これは、解約の場合、解約控除されるため、その期間における差と考えられる。保険料は年払い221万1,300円であり、保障内容からみて（前節でみた商品対比では）相対的に高くみえる。返戻率が50％近傍なので、保険料が高い分だけ解約返戻金は実額では高くなる。

　図表5－8に実額ベースの推移グラフを示す。

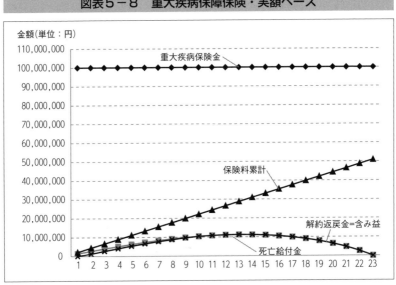

図表5－8　重大疾病保障保険・実額ベース

　保険料累計と保険金額の折れ線の位置関係は、前節でみた生活障害保障型定期保険より近い。これは表面上の保険金が1億円で同額だが（給付事由は異なる）、重大疾病保障保険の年払保険料が高いためである（重大疾病保障保険221万1,300円＞生活障害保障型定期保険154万3,400円）。

　年払保険料が高い理由は、保険期間23年間における発生率の推移の相違と考えられるが、具体的にはその経過別の発生率が公表されていないのでわからない（生命保険では原価がわからないことが時に問題視されるが、要因の一つはこの要因別発生率が公表されていないことによる）。解約返戻金は、実額ベースでは経過13年における1,126万円が最大である。この金額は、（全損タイプなので）そのまま含み益である。

次に重大疾病保障保険の率ベースのグラフを図表5-9に示す。

図表5-9　重大疾病保障保険・率ベース

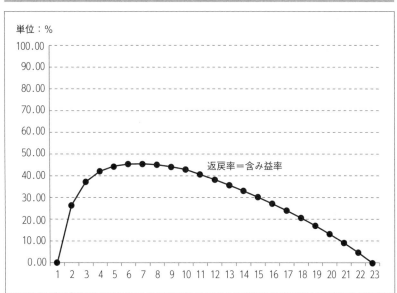

　返戻率のピークは経過7年・49.87％である。その後、経過12年まで40％台を維持する。

　実額ベースでは、解約返戻金の最大は経過13年・1,126万円であったが、率で見た場合の最大とは時期的にずれがある。

　この保険の評価については、まずこの商品固有の問題がある。すなわち、重大疾病保険金（診断確定による支払い等）と死亡給付金とが区分された保障の問題である。これについては客観的判断というより、個々の加入者の志向性の問題と思われる。重大疾病の際に診断確定により保険金が出ると、（ここでは法人契約法人受取なので）事業継続リスクへの対処あるいは生存退職金に充当できる。しかし、それ以外の要因による死亡の場合には死亡給付金となり、金額的には（保険金1億円と対比すると）低額である。

　前節でみた商品と共通する問題は、期間10年より長期にわたる保障（保険期間23年）、保険料の高さと解約返戻金の推移（それによる保障コストの評価）である。

全損タイプの商品分類

　ここまでみたように、全額損金タイプの保険については、「期間10年程度で返戻金がないタイプ（低廉な保険料による高額保障の確保）」と、「期間が20年超（ここで取り上げた事例では期間23年）で返戻率50％（以下）に近い水準を持った商品」の、大きく二つに分けられる。

　後者はさらに、商品が「保険料が相対的に高いため実額ベースで解約返戻金が高い商品」と「それ以外」とに分けられるようである。これらを共通の評価軸で検討してみよう。図表5－10にリスクマネジメントの全体像で位置づけた指標別評価基軸を示す。

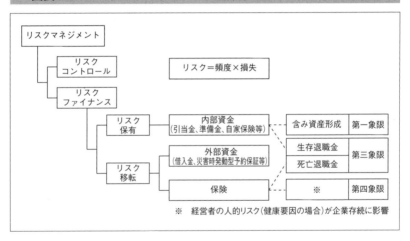

図表5－10　リスクマネジメント全体像における指標別評価基軸

　評価軸の一つは「リスク移転―保険」の観点である。内容的には保険（の機能）を想定した「経営者の人的リスクが企業存続に影響」という事業継続リスクへの備え、及び死亡退職金の準備である。

　もう一つは「リスク保有―内部資金」の観点である。内容的には「経営者は通常に経営活動に従事しているが企業は危機的事態」に備えた含み資産形成、及び生存退職金の準備である。

　以上の2軸が共通の評価軸となる。

第2節　リスク移転─保険

　被保険者である経営者が死亡した場合を想定してみる。この場合、事業の継続性に疑義がもたれる場合や、実際に影響があることを考慮して金銭的な事前の準備を平準化して行う。これが保険である。この場合、同じ保険金であれば保険料は安いほど良い。この観点では、保険料は保障コストなので当然である。

　保険期間10年と23年の商品を単純比較できないが、企業経営における期間想定を考え、ここでは「10年間の保障を1億円確保する」ということだけ考えて、まずは保険料を単純比較する。前節及び本節で取り上げた50歳男性の例でみると、

> 期間10年・定期保険（年払保険料46万9,700円）
> 　　　＜　期間23年・生活障害保障型定期保険（年払保険料154万3,400円）
> 　　　　　＜　期間23年・重大疾病保障保険（年払保険料221万1,300円）

となり、保険料で比較すれば当然、期間10年の定期保険に軍配が上がる。

　続いて、解約返戻金を考慮した実質的な保障コストという観点を導入してみよう（この考え方自体に問題があるが、それについては後述する）。

　期間10年の定期保険には解約返戻金がないので、年払保険料46万9,700円が毎年の支払い（コスト）となる。次に期間23年の生活障害保障型定期保険及び重大疾病保障保険をみる。両者とも期間23年だが、これを「返戻率が最大となるまでの期間」と考えてみよう。返戻率が最大となるまでの間に死亡等保険事故が生じれば、保険金が支払われる。返戻率が最大となる時期を迎えれば、そこで解約する。この想定であれば計算上、それまでの実質的な保障確保のためのコストを計算できる。生活障害保障型定期保険の返戻率が最大となる時期は、経過6年である。重大疾病保障保険の場合には経過7年である。保障コスト（年あたり）は、

$$\left(\text{年払保険料} \times \frac{\text{返戻率最大と}}{\text{なるまでの年数}} - \text{解約返戻金} \right) \div \frac{\text{返戻率最大と}}{\text{なるまでの年数}}$$

で算出できる。図表5－11に、保障コスト計算結果を経過10年まで示す。

図表5-11　保障コスト計算結果

【生活障害保障型定期】

経過年数	1	2	3	4	5
死亡・生活障害保険金	100,000,000	100,000,000	100,000,000	100,000,000	100,000,000
保険料	1,543,400	1,543,400	1,543,400	1,543,400	1,543,400
保険料累計	1,543,400	3,086,800	4,630,200	6,173,600	7,717,000
解約返戻金	200,000	1,140,000	2,040,000	2,910,000	3,730,000
①保険料累計－解約返戻金	1,343,400	1,946,800	2,590,200	3,263,600	3,987,000
②計算上保障コスト（①/経過年数）	1,343,400	973,400	863,400	815,900	797,400

経過年数	6	7	8	9	10
死亡・生活障害保険金	100,000,000	100,000,000	100,000,000	100,000,000	100,000,000
保険料	1,543,400	1,543,400	1,543,400	1,543,400	1,543,400
保険料累計	9,260,400	10,803,800	12,347,200	13,890,600	15,434,000
解約返戻金	4,510,000	5,240,000	5,920,000	6,540,000	7,100,000
①保険料累計－解約返戻金	4,750,400	5,563,800	6,427,200	7,350,600	8,334,000
②計算上保障コスト（①/経過年数）	791,733	794,829	803,400	816,733	833,400

【重大疾病保障保険】

経過年数	1	2	3	4	5
重大疾病保険金	100,000,000	100,000,000	100,000,000	100,000,000	100,000,000
死亡給付金	1,450,000	2,750,000	4,000,000	5,180,000	6,300,000
保険料	2,211,300	2,211,300	2,211,300	2,211,300	2,211,300
保険料累計	2,211,300	4,422,600	6,633,900	8,845,200	11,056,500
解約返戻金	0	1,280,000	2,710,000	4,080,000	5,380,000
①保険料累計－解約返戻金	2,211,300	3,142,600	3,923,900	4,765,200	5,676,500
②計算上保障コスト（①/経過年数）	2,211,300	1,571,300	1,307,967	1,191,300	1,135,300

経過年数	6	7	8	9	10
重大疾病保険金	100,000,000	100,000,000	100,000,000	100,000,000	100,000,000
死亡給付金	7,330,000	8,280,000	9,110,000	9,820,000	10,400,000
保険料	2,211,300	2,211,300	2,211,300	2,211,300	2,211,300
保険料累計	13,267,800	15,479,100	17,690,400	19,901,700	22,113,000
解約返戻金	6,600,000	7,720,000	8,740,000	9,640,000	10,400,000
①保険料累計－解約返戻金	6,667,800	7,759,100	8,950,400	10,261,700	11,713,000
②計算上保障コスト（①/経過年数）	1,111,300	1,108,443	1,118,800	1,140,189	1,171,300

　計算結果をみると、生活障害保障型定期保険は、経過6年で保障コスト79万1,733円である。それ以降、年あたり保障コストは増大する。経過10年でみると保障コストは83万3,400円である。これは返戻率が最大の時期を経過すると、それ以降、解約返戻金の増加より保険料の増加が大きくなるためである。同様に重大疾病保障保険をみると、返戻率が最大となる時期は経過7年である。保障コストは110万8,443円となる。以降、上昇し、経過10年では保障コストは117万1,300円である。

　以上のことから、リスク移転としての保険の観点（死亡退職金の準備や経営者死亡時の事業継続リスクへの対処としての保険利用）からすると、保険料について「解約返戻金を考慮した実質的な保障コスト」という視点を導入しても、

期間10年定期保険（年払保険料46万9,700円）

　　＜　生活障害定期保険（期間6年・年あたり保障コスト79万1,733円）

　　　　＜　重大疾病保険（期間7年・年あたり保障コスト110万8,443円）

となり、10年定期保険が保障コストとして最も低い結果となっている。

　保険期間は契約上、生活障害定期保険、重大疾病保険ともに23年である。しかし、解約返戻金と保険料累計の差をコストと考える場合、返戻率が最大となる期間を過ぎると割高になる。したがって、この観点ではそこで解約することを考慮せざるを得ない。保険期間について期間満了までこの契約を継続するためにはこれと別の視点が必要である。

第3節　リスク保有―内部資金

　税務区分上、保険料を全額損金に算入できる範囲は、解約返戻率50％以下の定期保険及び第三分野保険である。この範囲の保険は「期間10年程度で解約返戻金のないもの」と「比較的長期で返戻率が50％近くなるもの（さらにその中で区分）」の二つに分かれる。

　この中で、前節では「リスク移転―保険」に関わる領域について検討した。その結果、保障コストの視点〔（年払保険料×返戻率最大となるまでの年数－解約返戻金）÷返戻率最大となるまでの年数〕により算出しても「期間

10年程度で返戻金のないもの」が、最も効果的に保障を確保できることが確認できた。

　本節では、「リスク保有―内部資金」の手段として、含み資産形成の領域について確認しよう。

対象となるリスク分類

　保険契約であるかどうかに関わらず、含み資産（含み益が織り込まれた資産）は企業の財務的余力といえる。したがって、企業経営が不安定化した際、対処財源となる。対処が必要になると想定される事態は「経営者は通常に経営活動に従事しているが、企業の存続が危機的」という場合である。またもう一つ、経営者の生存退職金の支払いという場合も考えられる。どちらも現金が必要であると同時に、含み益を表面化して赤字部分の解消余力を必要とする可能性がある。

　生命保険は人的リスクの対処手段である。ところが上記の事態では人（被保険者となる経営者と考えよう）に保険事故が生じていない。したがって、保険金給付を想定できないので、なんらかのお金をこの保険契約から引き出す必要がある。そのために解約ということになる（貸付もあり得るが、その基準はいずれにしろ返戻金である）。解約により返戻金（及びそのうちの一定範囲の含み益）を利用して対処する。

　以上のことから「リスク保有―内部資金」の準備手段として保険が利用されている形態となる。

　我々が対象としている税務区分は、今「保険料が全額損金」の範囲である。したがって返戻率は50％以下である。一方、この返戻金は（保険料を全額損金に算入しているので）そのまま含み益となる。この点について以下、検証して行こう。なお、この検討の内容の場合、返戻金の生じない「期間10年程度の返戻金のない定期保険」は対象とならない。

返戻率及び返戻金最大の範囲の検証

　対象となる保険は、前章までみてきた期間23年の生活障害保障型定期保険及び重大疾病保険である。両保険について返戻率及び返戻金が最大とな

る時期の数表を図表 5 － 12に示す。

図表 5 － 12　返戻率及び実額最大値該当時期数表

	生活障害保障型定期		重大疾病保障	
	返戻率最大	含み益率最大	返戻金実額最大	含み益額最大
経過年数	6	14	7	13
死亡・生活障害保険金	100,000,000	100,000,000	100,000,000	100,000,000
死亡給付金	—	—	8,280,000	11,260,000
保険料	1,543,400	1,543,400	2,211,300	2,211,300
保険料累計	9,260,400	21,607,600	15,479,100	28,746,900
解約返戻金	4,510,000	8,220,000	7,720,000	11,260,000
損金算入保険料累計	9,260,400	21,607,600	15,479,100	28,746,900
含み益	4,510,000	8,220,000	7,720,000	11,260,000
返戻率	48.70%	38.04%	49.87%	39.17%
含み益率	48.70%	38.04%	49.87%	39.17%

　生活障害保障型定期保険の返戻率が最大となる時期は経過 6 年で、返戻金451万円、返戻率48.7％である。また実額で返戻金が最大となる時期は経過14年で、返戻金822万円、返戻率38.04％である。

　重大疾病保険の場合、返戻率最大となる時期は経過 7 年で、返戻金772万円、返戻率49.87％である。また実額で返戻金が最大となる時期は経過13年で、返戻金1,126万円、返戻率39.17％である。

　両者とも保険料を100納め、それを返戻率50以下（かつ近傍まで）に下落させたうえで、その水準（50％以下近辺）の含み益を確保することになる。

　両保険の相違は、（ここで検討している含み資産の観点では）規模の相違である。すなわち保険金あたりの保険料が高ければ、返戻率が近似（最大で48.70％と49.87％）しているので、実額の相違となる。したがって、率的にみると大きな相違はないと考えられる。

意味をどう見出すか？

　ここで、含み資産の形成の観点で意味があるかどうかをみるために、含み資産を作らない場合と対比してみよう。保険料として支払わず、現預金に残す。この場合、現預金に残したままではわかりにくいので、定期預金に預け入れたと仮定しよう（金利は無視）対比表を図表 5 － 13に示す。

図表5-13　生活障害保障型定期保険と預金との比較

生活障害保障型定期				預金		
	返戻率最大時点	返戻額最大時点				
経過年数	6	14	経過年数	6	14
保険料累計	9,260,400	21,607,600	預金累計	9,260,400	21,607,600
損金算入保険料累計	9,260,400	21,607,600	損金算入額	0	0
［参考］ 保険料累計×（1-0.3）	6,482,280	15,125,320	―	―	―
解約返戻金	4,510,000	8,220,000		9,260,400	21,607,600
含み益	4,510,000	8,220,000	含み益	0	0
返戻率	48.70%	38.04%	残存率	100%	100%
含み益率	48.70%	38.04%	含み益率	0	0
課税後： 返戻金×（1-0.3）	3,157,000	5,754,000	課税後 （預金時点が課税後）	9,260,400	21,607,600

　生活障害保障型定期保険の場合、経過6年で保険料累計926万400円を支払う。その段階で解約すると451万円、返戻率は48.7％となる。返戻金を受け取った場合、課税が生ずるが、その際、損を埋める形になっていれば課税対象額は変化する。最下段に課税後を表示したが、あくまで参考値である。これに対して現預金から定期預金に預け入れても新たに課税されるわけではない。現預金の段階で課税後のお金と考えると、定期預金累計は926万400円そのものが最終的に残るお金である（金利は無視）。

　さて、両者を比較すると、経過6年段階で生活障害保障型定期保険では926万400円支払い、これを解約すると48.7％戻る。これに対して預金に同額を預けておけば100％残る。したがって、経過6年で現金を確保したいのであれば預金が有利である（48.7％＜100％）。

　ところが含み益という観点でみると、生活障害保障型定期保険は保険料を全額損金に算入しているので、48.7％は含み益である。これに対して預金の場合、課税後の残存部分が預金として置かれているので、含み益は0である（48.7％＞0％）。

　以上をみると、経過6年でお金を多く残したい（含み益である必要がない）のであれば、（「リスク移転―保険」機能を一切無視するとして）預金に置いたほうが良い。しかし、支払保険料を50％程度失っても、ある段階（この場合経過6年）で含み益を作る必要があるということになると、生活

保障型定期保険を選択することになる。実額最大の場合でも基本的には同様である。また、重大疾病保障保険の場合も考え方は同様である。

期間10年定期保険と預金の組み合わせ

　次に、生活障害保障型定期保険と「10年定期保険＋預金の組み合わせ」を比較してみよう。比較表を図表5−14に示す。

図表5−14　生活障害保障型定期保険と「期間10年定期保険＋預金」との比較

	生活障害 保障型定期	10年定期 保険	預　金			10年定期 ＋預金
経過年数	返戻率最大時点 6年	6年	経過年数	6年		6年
保険料累計	9,260,400	2,818,200	預金累計		6,442,200	9,260,400
損金算入保険料累計	9,260,400	2,818,200	損金算入額		0	2,818,200
〔参考〕 保険累計×（1−0.3）	6,482,280	1,972,740	—			8,414,940
解約返戻金	4,510,000	0	税引き後累計		6,442,200	6,442,200
含み益	4,510,000	0	含み益		0	0
返戻率	48.70%	0.00%	残存率 （合算ベース）		100.00%	69.57%
含み益率	48.70%	0.00%	含み益率		0.00%	0
課税後 返戻金×（1−0.3）	3,157,000	0.00%	課税後の現預金を定期 預金に区分しただけ		6,442,200	6,442,200

　この場合、経過6年段階をみると、以下のようになる。

　10年定期保険の保険料累計は、281万8,200円である。生活障害保障型定期保険との差額分644万2,200円を預金に置く（両者合計で926万400円）。その結果、経過6年での残高（預金は損金算入されないので課税後のお金と考える）は、644万2,200円である。この644万2,200円を分子、「10年定期保険料6年分＋預金累計＝926万400円」を分母として比率を出すと、69.57％となる。この結果は生活障害保障型定期保険の返戻率48.70％より高い。

　生活障害保障型定期保険は、保険料を全額損金算入しているので、返戻金451万円はすべて益金である（含み益が解約により表面化）。したがってその段階で損金に算入できる同程度のものがなければ課税される。課税後の残存率を70％と仮定すると税引き後の額は315万7,000円である。これに

対して10年定期保険と預金の組み合わせは預金が課税後の金額になっているので、644万2,200円はすでに課税関係が終了しているものと考えられる。この点は明らかな相違点である。経過6年段階で返戻金と同程度の損金となる部分が確保できないのであれば、損金算入を減らし、先に課税関係を終了させる「10年定期保険と預金の組み合わせ」が有利である。特に預金の場合、中途での利用が可能であり保険のような拘束性がない。逆に赤字余地の解消として益金が必要な場合には、生活障害定期保険が有利ということになる。

　なお、付随して死亡事故が生じた場合であるが、生活障害保障型定期保険では1億円が保障される（検討しているケース）。これに対して10年定期保険と預金の組み合わせでは、10年定期保険で1億円の保険金が支給され、預金のほうはその段階の預金残高が存在していることになる。この点は相違点といえる。

　結局、生活障害定期保険の場合、含み益を作るためにここまで失う（返戻率48.70％ということは51.30％を失う）ことの妥当性であり、経営者の許容可能性である。率で見る限り、効率的ではない。これに対して「10年定期保険＋預金」の場合、現金準備の効率性は相対的に良いが、含み益形成には全く役立たない（繰り返しになるが、ここでは「リスク保有─内部資金」の観点で、含み資産形成の効率性を検討した結果を述べている）。

第6章
返戻率50%超70%以下区分

　前章で、「全額損金」に位置づけられる生命保険法人契約商品の検証を行った。本章では「60%損金」区分を確認していく。すなわち「保険料全額損金」以外の領域に入る。まず最初に、国税庁の税務区分（4区分）に関わる位置づけを整理しておこう。

第1節　概要

生命保険法人契約（経営者保険分野）税務区分と位置づけ

　定期保険及び第三分野保険については、法人契約（ここでは特にことわりのない限り、法人受取）の場合、解約返戻率に応じて保険料の資産計上ルール（逆にいうと損金算入ルール）が設定されている（令和元年6月28日「法令解釈通達」）。全期払のケースで見た場合、区分は図表6-1のとおりとなっている。

図表6-1　資産計上ルール

	ピーク時解約返戻率
定期保険及び第三分野保険	85%超
	85%以下
	70%以下
	50%以下

　この4区分について国税庁は大きく二つに分けている。すなわち、前章まででみた「解約返戻率50%以下」は、定期保険及び第三分野保険の原則として保険料は全額損金に算入される。これに対し、それ以外（最高解約返戻率50%超）の「定期保険等の保険料に相当多額の前払部分の保険料が含まれる場合」については、一定割合を資産に計上した上で最終的に取り

崩して損金算入する。

　この二つ目の区分は更に二つに分類されている。一つは「最高解約返戻率50％超70％以下」と「最高解約返戻率70％超85％以下」の2区分であり、一つの分類として位置づけられる。

　この分類（「最高解約返戻率50％超70％以下」と「最高解約返戻率70％超85％以下」の2区分）において、資産計上の割合は、最高解約返戻率に基づいた計算によって算出された値となっていない。あらかじめ「40/100」「60/100」と税務区分の設定条件ごとに決められた割合となっている。また資産計上期間についても「保険期間の40/100」相当の期間とし、取り崩し開始についても「保険期間の75/100相当期間経過後から保険期間の終了の日まで」として決められている。国税庁はこの2区分については、従来と同様の簡便な取り扱いをしたとしている（前掲「別紙1　御意見の概要及び御意見に対する国税庁の考え方」3頁上段部分参照）。

　これに対して「最高解約返戻率85％超」区分については、実際の該当保険商品固有の前払保険料のあり方にフォーカスして数値を算出する方式となっている。すなわち最高解約返戻率に基づく資産計上割合（逆に言うと損金算入割合）の算出、最高解約返戻率となる年度（「解約返戻金の増加額÷年換算保険料相当額」＞「年換算保険料相当額×70/100」までの期間を含む）までの資産計上期間の設定、資産計上取崩し期間については最高解約返戻金となる時期からの取崩しである。言い換えればこの「最高解約返戻率85％超」は、前段の2区分のような簡便な方法ではなく、該当商品固有の内容により算出される値による取り扱いと位置づけられる。

最高解約返戻率50超70％以下区分の保険商品の事例

　ここから具体的な商品事例をみていこう。まず商品の概要である。

〔生活障害定期保険〕
設定条件：50歳男性／保険期間34年／保険金1億円／
　　　　　年払保険料271万2,800円／最高解約返戻率69.12％

　図表6－2に保険期間推移を示す。

図表6－2　生活障害保障定期保険（ピーク時返戻率50％超70％以下）推移

経過年数	1	2	3	4	5	6
死亡・生活障害保険金	100,000,000	100,000,000	100,000,000	100,000,000	100,000,000	100,000,000
保険料	2,712,800	2,712,800	2,712,800	2,712,800	2,712,800	2,712,800
保険料累計	2,712,800	5,425,600	8,138,400	10,851,200	13,564,000	16,276,800
解約返戻金	610,000	2,730,000	4,830,000	6,910,000	8,960,000	10,980,000
損金算入保険料	1,627,680	1,627,680	1,627,680	1,627,680	1,627,680	1,627,680
損金算入保険料累計	1,627,680	3,255,360	4,883,040	6,510,720	8,138,400	9,766,080
資産計上累計額	1,085,120	2,170,240	3,255,360	4,340,480	5,425,600	6,510,720
含み益	-475,120	559,760	1,574,640	2,569,520	3,534,400	4,469,280
返戻率	22.48%	50.31%	59.34%	63.68%	66.05%	67.45%
含み益率	-17.51%	10.32%	19.35%	23.68%	26.06%	27.46%

経過年数	7	8	9	10	11	12
死亡・生活障害保険金	100,000,000	100,000,000	100,000,000	100,000,000	100,000,000	100,000,000
保険料	2,712,800	2,712,800	2,712,800	2,712,800	2,712,800	2,712,800
保険料累計	18,989,600	21,702,400	24,415,200	27,128,000	29,840,800	32,553,600
解約返戻金	12,970,000	14,930,000	16,860,000	18,750,000	20,440,000	22,090,000
損金算入保険料	1,627,680	1,627,680	1,627,680	1,627,680	1,627,680	1,627,680
損金算入保険料累計	11,393,760	13,021,440	14,649,120	16,276,800	17,904,480	19,532,160
資産計上累計額	7,595,840	8,680,960	9,766,080	10,851,200	11,936,320	13,021,440
含み益	5,374,160	6,249,040	7,093,920	7,898,800	8,503,680	9,068,560
返戻率	68.30%	68.79%	69.05%	69.11%	68.49%	67.85%
含み益率	28.30%	28.79%	29.06%	29.12%	28.50%	27.86%

経過年数	13	14	15	16	17	18
死亡・生活障害保険金	100,000,000	100,000,000	100,000,000	100,000,000	100,000,000	100,000,000
保険料	2,712,800	2,712,800	2,712,800	2,712,800	2,712,800	2,712,800
保険料累計	35,266,400	37,979,200	40,692,000	43,404,800	46,117,600	48,830,400
解約返戻金	23,680,000	25,200,000	26,640,000	27,990,000	29,230,000	30,340,000
損金算入保険料	1,627,680	2,079,803	2,712,800	2,712,800	2,712,800	2,712,800
損金算入保険料累計	21,159,840	23,239,643	25,952,443	28,665,243	31,378,043	34,090,843
資産計上累計額	14,106,560	14,739,557	14,739,557	14,739,557	14,739,557	14,739,557
含み益	9,573,440	10,460,443	11,900,443	13,250,443	14,490,443	15,600,443
返戻率	67.14%	66.35%	65.46%	64.48%	63.38%	62.13%
含み益率	27.15%	27.54%	29.25%	30.53%	31.42%	31.95%

経過年数	19	20	21	22	23	24
死亡・生活障害保険金	100,000,000	100,000,000	100,000,000	100,000,000	100,000,000	100,000,000
保険料	2,712,800	2,712,800	2,712,800	2,712,800	2,712,800	2,712,800
保険料累計	51,543,200	54,256,000	56,968,800	59,681,600	62,394,400	65,107,200
解約返戻金	31,320,000	32,140,000	32,810,000	33,280,000	33,540,000	33,560,000
損金算入保険料	2,712,800	2,712,800	2,712,800	2,712,800	2,712,800	2,712,800
損金算入保険料累計	36,803,643	39,516,443	42,229,243	44,942,043	47,654,843	50,367,643
資産計上累計額	14,739,557	14,739,557	14,739,557	14,739,557	14,739,557	14,739,557
含み益	16,580,443	17,400,443	18,070,443	18,540,443	18,800,443	18,820,443
返戻率	60.76%	59.24%	57.59%	55.76%	53.75%	51.55%
含み益率	32.17%	32.07%	31.72%	31.07%	30.13%	28.91%

経過年数	25	26	27	28	29	30
死亡・生活障害保険金	100,000,000	100,000,000	100,000,000	100,000,000	100,000,000	100,000,000
保険料	2,712,800	2,712,800	2,712,800	2,712,800	2,712,800	2,712,800
保険料累計	67,820,000	70,532,800	73,245,600	75,958,400	78,671,200	81,384,000
解約返戻金	33,280,000	32,640,000	31,580,000	30,010,000	27,820,000	24,850,000
損金算入保険料	2,712,800	3,579,830	4,446,860	4,446,860	4,446,860	4,446,860
損金算入保険料累計	53,080,443	56,660,273	61,107,133	65,553,993	70,000,853	74,447,713
資産計上累計額	14,739,557	13,872,527	12,138,467	10,404,407	8,670,347	6,936,287
含み益	18,540,443	18,767,473	19,441,533	19,605,593	19,149,653	17,913,713
返戻率	49.07%	46.28%	43.12%	39.51%	35.36%	30.53%
含み益率	27.34%	26.61%	26.54%	25.81%	24.34%	22.01%

経過年数	31	32	33	34
死亡・生活障害保険金	100,000,000	100,000,000	100,000,000	100,000,000
保険料	2,712,800	2,712,800	2,712,800	2,712,800
保険料累計	84,096,800	86,809,600	89,522,400	92,235,200
解約返戻金	20,910,000	15,720,000	8,920,000	0
損金算入保険料	4,446,860	4,446,860	4,446,860	4,446,907
損金算入保険料累計	78,894,573	83,341,433	87,788,293	92,235,200
資産計上累計額	5,202,227	3,468,167	1,734,107	0
含み益	15,707,773	12,251,833	7,185,893	0
返戻率	24.86%	18.11%	9.96%	0.00%
含み益率	18.68%	14.11%	8.03%	0.00%

（ある会社の例）

　最高解約返戻率が70％以下なので、保険料の60/100を損金に算入する（40/100を資産に計上する）。資産計上期間は保険期間の40/100相当の期間である。計算すると13.6年である。資産計上取崩し開始の時期は、保険期間の75/100相当期間経過後である。25.5年となる。

　具体的にみてみると、各年の損金算入保険料は1〜13年まで162万7,680円、14年目のみ207万9,803円（端数処理が生ずる年。特定の月まで60/100損金、残期間分が全額損金）となる。15〜25年目まで保険料は期間の経過に応じて損金算入となるため、全期払いの年払保険料271万2,800円が全額損金に算入される。

　26年目のみ357万9,830円（端数処理が生ずる年）、27〜34年まで444万6,860円（最終34年目が100円単位で異なるが、これは累計額の端数処理のためである）となる。

　図表6－2の保険期間推移には、それ以外に資産計上累計額、解約返戻金、含み益（＝解約返戻金－資産計上累計額）、解約返戻率、含み益率（含み益÷保険料累計）を示した。保険料の40％について保険期間の40/100相当の期間、資産計上するため、解約返戻金と含み益は異なる値となるため

である。

実額ベースに関する確認

　保険金、保険料累計、解約返戻金、含み益について、実額ベースの相互
の関係を把握するため図表６－３にグラフを示す。

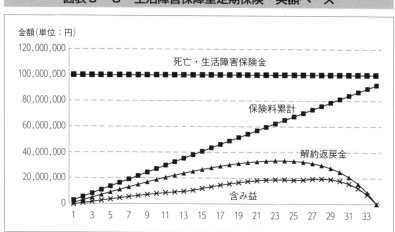

図表６－３　生活障害保障型定期保険・実額ベース

　実額ベースでみると解約返戻金は経過24年まで増加する。以降、減少し
保険期間の終期には０となる。含み益は「解約返戻金－資産計上額」であ
る。資産計上累計額は保険期間の開始から経過14年まで増加し、額として
1,473万9,557円となる。その後、経過25年まで同額で推移する。このため、
含み益は経過14年以降、増大（解約返戻金が増加、資産計上累計額が同額推
移するため）する。解約返戻金は経過25年から減少を始めるが、資産計上
累計額の取崩額がその減少を上回る時期があるため、含み益の最大額は経
過28年の1,960万5,593円である。それ以降、減少し、最終的にゼロとなる。
　図表６－３でみると明らかなように、保険金と保険料累計の距離が保険
期間の後半になると近い位置となる。一方、解約返戻金は実額ベースで経
過25年から減少を始める。

率ベースによる確認

　解約返戻金及び含み益に関する対保険料での率ベースグラフを、図表6－4に示す。

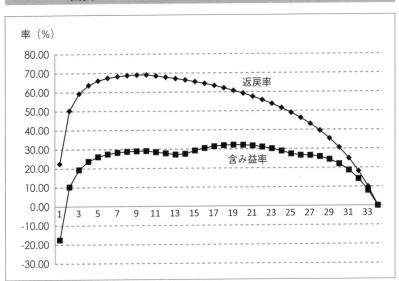

図表6－4　生活障害保障型定期保険・率ベース

　解約返戻率は経過10年で最大69.11％である。以降なだらかに減少し経過19年程度まで60％台を維持している。これに対して含み益率は、資産計上累計額の取崩しがすぐには始まらないため、経過19年における32.17％が最大である。経過16年から23年まで含み益率は30％台を維持する。以降減少し、保険期間の最終において0となる。

第2節　リスク移転―保険

評価機軸と税務区分

　前節では、税務区分において「保険料60％損金」に該当する商品の概要をみた。本節では、この商品のうち「リスク移転―保険」の観点検証に入

ることとする。まず、商品の評価範囲を整理しておこう。図表６−５に、リスクマネジメント全体像と指標別評価軸を示す。

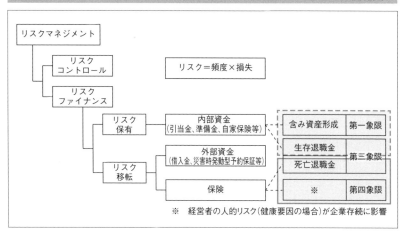

図表６−５　リスクマネジメント全体像における指標別評価軸と評価範囲

※　経営者の人的リスク（健康要因の場合）が企業存続に影響

　この商品は、最大返戻率が「50％超70％以下」である。このため、保険料は60％損金の区分になる。当然、解約返戻金や含み益（「解約返戻金−資産計上累計額」）が生ずるので、これを期待した加入があり得る。するとリスクマネジメントの全体像からは、図表６−５の右下にある実線で囲んだ部分が保障目的の加入と位置づけられ、点線で囲んだ部分が解約返戻金及び含み益を目的とした加入と位置づけられる。

　実線で囲んだ保障目的の加入は、保険（の機能）を想定した「経営者の人的リスクが企業存続に影響」という事業継続リスクへの備え、及び死亡退職金の準備という主旨になる。

　点線で囲んだ解約返戻金及び含み益を目的とした加入は「リスク保有─内部資金」の観点である。内容的には「経営者は通常に経営活動に従事しているが企業は危機的事態」に備えた解約返戻金及び含み資産形成と生存退職金の準備という主旨になる。

事業継続リスク及び死亡退職金準備

　被保険者である経営者が死亡した場合、事業の継続性を確保するための資金の準備を平準化して行う。これが保険である。この場合、同じ保険金であれば保険料は安いほど良い。この観点では保険料は保障コストなので当然である。

　前節で実例としてあげた生活障害保障型定期保険は、保険期間34年である（50歳男性／保険金1億円／保険期間34年／年払保険料271万2,800円／最高解約返戻率69.12％）。

　例えば、全額損金かつ解約返戻金がない（ごく少額の場合を含む）保険期間10年定期保険と34年のこの商品を、（単純比較はできないものの）企業経営における期間想定を考え、ここでは「10年間の保障を1億円確保する」ということだけ考え、まず保険料を比較する。全額損金の区分でみた事例としては50歳男性の場合「期間10年・定期保険・年払保険料46万9,700円＜期間34年・生活障害保障型定期保険・年払保険料271万2,800円」となり、保険料で比較すれば、当然、期間10年の定期保険に軍配が上がる。

　次に、解約返戻金を考慮した実質的な保障コストという観点を導入してみよう。

　期間10年の定期保険には解約返戻金がないので、年払保険料46万9,700円が毎年の支払い（コスト）となる。次に期間34年の生活障害保障型定期保険をみる。実質的な保険期間については契約上の保険期間34年ではなく、これを「返戻率が最大となるまでの期間」と考えてみよう。返戻率が最大となるまでの間に死亡等保険事故が生じれば保険金が支払われる。返戻率が最大となる時期を迎えればそこで解約する。この想定であれば計算上、それまでの実質的な保障確保のためのコストを計算できる。本章の例である生活障害保障型定期保険（60％損金）の返戻率が最大となる時期は、経過10年である。保障コスト（年あたり）は、

$$\left(\text{年払保険料} \times \begin{array}{c}\text{返戻率最大と}\\\text{なるまでの年数}\end{array} - \text{解約返戻金} \right) \div \begin{array}{c}\text{返戻率最大と}\\\text{なるまでの年数}\end{array}$$

で算出する。図表6-6に保障コスト計算結果を経過12年まで示す。

図表6−6　保障コスト計算結果

経過年数	1	2	3	4	5	6
死亡・生活障害保険金	100,000,000	100,000,000	100,000,000	100,000,000	100,000,000	100,000,000
保険料	2,712,800	2,712,800	2,712,800	2,712,800	2,712,800	2,712,800
保険料累計	2,712,800	5,425,600	8,138,400	10,851,200	13,564,000	16,276,800
解約返戻金	610,000	2,730,000	4,830,000	6,910,000	8,960,000	10,980,000
①保険料累計　−解約返戻金	2,102,800	2,695,600	3,308,400	3,941,200	4,604,000	5,296,800
②計算上保障コスト（①/経過年数）	2,102,800	1,347,800	1,102,800	985,300	920,800	882,800

経過年数	7	8	9	10	11	12
死亡・生活障害保険金	100,000,000	100,000,000	100,000,000	100,000,000	100,000,000	100,000,000
保険料	2,712,800	2,712,800	2,712,800	2,712,800	2,712,800	2,712,800
保険料累計	18,989,600	21,702,400	24,415,200	27,128,000	29,840,800	32,553,600
解約返戻金	12,970,000	14,930,000	16,860,000	18,750,000	20,440,000	22,090,000
①保険料累計　−解約返戻金	6,019,600	6,772,400	7,555,200	8,378,000	9,400,800	10,463,600
②計算上保障コスト（①/経過年数）	859,943	846,550	839,467	837,800	854,618	871,967

　経過10年の解約返戻金は1,875万円である。保険料累計は2,712万8,000円となっている。保障コストは「（保険料累計2,712万8,000円−解約返戻金1,875万円）÷10年」であり、計算結果をみると83万7,800円である。それ以降、年あたり保障コストは増大する。経過12年でみると保障コストは87万1,967円となる。すなわち「（保険料累計3,255万3,600円−解約返戻金2,209万円）÷12年」の算式による。この結果は、返戻率が最大の時期を経過すると、それ以降解約返戻金の増加より保険料累計の増加が大きいことによる。

　以上のことから、リスク移転としての保険の観点（死亡退職金の準備や経営者死亡時の事業継続リスクへの対処としての保険利用）からすると、保険料について「解約返戻金を考慮した実質的な保障コスト」という視点を導入しても「期間10年・定期保険・年払保険料46万9,700円＜生活障害定期保険（保険期間34年）・期間10年・年あたり保障コスト83万7,800円」となり、10年定期保険が保障コストとして低い結果となる。

　「想定上の保険期間」を、「契約上の（ここで見ている生活障害保障型定期保険）保険期間である34年」とするものと、「返戻率が最大となるまでの期間の10年」とするものの、二つの考え方がある。解約返戻金と保険料累

計の差をコストと考える場合、返戻率が最大となる期間を過ぎると割高になる。したがって、この観点ではそこで解約することを考慮せざるを得ない。

　なお、保障コストの計算による評価を税務区分横断的に行う必要がある。これについては税務区分別の検証の後、取り上げる。

第3節　リスク保有―内部資金

　次に、解約返戻金及び含み益を目的とした加入の場合（前節図表6－5中の点線で囲んだ部分）について、商品を検証しよう。すなわち「リスク保有―内部資金」の手段としての領域である。

　以前にも取り上げたが、保険契約であるかどうかに関わらず、含み資産（含み益が織り込まれた資産）は企業の財務的余力といえる。この財務的余力は企業経営が不安定化した際、対処財源となる。対処が必要であると想定される事態は「経営者は通常に経営活動に従事しているが、企業の存続が危機的」という場合である。財務的余力の利用を考えると、もう一つ、経営者の生存退職金の支払いの場合が考えられる。これらはどちらも現金が必要であると同時に、含み益を表面化して赤字部分の解消余力を必要とする可能性がある（含み資産であっても現金化に時間がかかるものは、この観点では機動性に欠け、特に事業継続リスクの対処手段としては妥当性に欠ける）。

　以上の「リスク保有―内部資金」準備としての検証は、当該商品の解約返戻率及び返戻金が最大となる時期、また含み益及び含み益率が最大となる時期における数値的確認が必要である。図表6－7にその結果を示す。

図表6−7　返戻率・返戻金実額及び含み益率・含み益額最大該当時期数表

生活障害保障型定期				
目安	返戻率最大	含み益率最大	返戻金実額最大	含み益額最大
経過年数	10	19	24	28
死亡・生活障害保険金	100,000,000	100,000,000	100,000,000	100,000,000
保険料	2,712,800	2,712,800	2,712,800	2,712,800
保険料累計	27,128,000	51,543,200	65,107,200	75,958,400
解約返戻金	18,750,000	31,320,000	33,560,000	30,010,000
損金算入保険料累計	16,276,800	36,803,643	50,367,643	65,553,993
資産計上累計	10,851,200	14,739,557	14,739,557	10,404,407
含み益	7,898,800	16,580,443	18,820,443	19,605,593
返戻率	69.12％	60.76％	51.55％	39.51％
含み益率	29.12％	32.17％	28.91％	25.81％

　生活障害保障型定期保険の返戻率最大となる時期は、経過10年で返戻金1,875万円、返戻率69.12％である。この時の含み益率は29.12％である。また実額で返戻金が最大となる時期は、経過24年で返戻金3,356万円、返戻率51.55％、含み益率28.91％となっている。

　返戻率最大の時期でみると、保険料を100納め、それを69.12まで下落させたうえで、29.12の含み益を確保する。返戻金実額最大となる24年でみると、保険料を100納め、それを51.55まで下落させたうえで、含み益28.91を確保する。

　含み益率最大32.17％となる時期は経過19年で返戻金3,132万円、返戻率60.76％である。含み益額最大1,960万5,593円となる時期は経過28年、返戻金3,001万円、返戻率39.51％となっている。

　含み益率最大の時期でみると、保険料を100納め、それを60.76まで下落させた上で含み益32.17を確保する。

　含み益額最大となる時期でみると、保険料を100納め、それを39.51まで下落させた上で含み益25.81を確保する。

　「リスク保有─内部資金」の準備手段としてみると、当該商品は保険料累計に対して返戻率70％以下まで下落しても、含み益率を30％程度水準で確保したいという想定において成り立つ。

第7章
返戻率70%超85%以下区分

　前章では、保険料「60％損金」に位置づけられる生命保険法人契約商品の検証を行ってきた。本章では「40％損金」区分を確認していく。その前提として、税務区分（4区分）の全体像を整理しておこう。

第1節　概要

生命保険法人契約（経営者保険分野）税務区分と位置づけ

　定期保険及び第三分野保険については、法人契約（ここでは特にことわりのない限り、法人受取）の場合、解約返戻率に応じて保険料の資産計上ルール（逆にいうと損金算入ルール）が設定されている（令和元年6月28日「法令解釈通達」）。全期払のケースで見た場合の区分をその主旨の観点から図表7－1に示す。

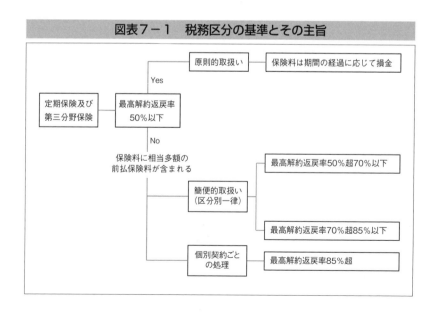

図表7－1　税務区分の基準とその主旨

　図表７－１のとおり、税務区分は上位概念として２区分である。すなわち「原則的取扱い（最高解約返戻率50％以下）」と「保険料に相当多額の前払保険料が含まれる場合（最高解約返戻率50％超）」である。

　上記上位概念の次に（中位概念として）「保険料に相当多額の前払保険料が含まれる場合」については、さらに２区分される。すなわち「簡便的取扱い（最高解約返戻率50％超85％以下）」と「個別契約ごとの処理（最高解約返戻率85％超）」である。

　中位概念の次の（下位概念として）簡便的取扱いは、さらに２区分される。すなわち「最高解約返戻率50％超70％以下」と「最高解約返戻率70％超85％以下」である。この簡便的取扱いは、該当する商品ごとではなく、一律の形で保険料の資産計上期間（保険期間の40/100までの期間）、資産計上の取崩し開始時期（保険期間の75/100相当期間経過後）が設定されている。

　前章では、この簡便的取扱いのうち「最高解約返戻率50％超70％以下」を取り上げた。本章で取り上げるのは、「最高解約返戻率70％超85％以下」の商品である。

最高解約返戻率70超85％以下区分の保険商品の事例

　本章の区分から保険商品は多様化する。すなわち令和元年２月バレンタインショックを引き起こした直接の原因である「一定期間災害保障重視型定期保険」がこの区分の返戻率に該当する商品として一部存在するためである。一方、伝統的ともいえる長期平準定期保険もこの区分に該当する商品が存在する。本章からそれらを含めて検証していこう。

　まず取り上げる商品の概要である。

〔介護・障害保障型定期保険（災害保障タイプ）〕
設定条件：50歳男性／保険期間・保険料払込期間：76歳満了・第一保険
　　　　　期間（前期期間の意）10年／保険金１億円／
　　　　　年払保険料163万3,100円／最高解約返戻率84.50％

　図表７－２に保険期間推移を示す。

図表７－２　介護・障害保障型定期保険期間推移

経過年数	1	2	3	4	5	6
災害死亡保険金	100,000,000	100,000,000	100,000,000	100,000,000	100,000,000	100,000,000
死亡・介護保障額	1,380,000	2,760,000	4,140,000	5,520,000	6,900,000	8,270,000
保険料	1,633,100	1,633,100	1,633,100	1,633,100	1,633,100	1,633,100
保険料累計	1,633,100	3,266,200	4,899,300	6,532,400	8,165,500	9,798,600
解約返戻金	440,000	2,060,000	3,670,000	5,280,000	6,900,000	8,270,000
損金算入保険料	653,240	653,240	653,240	653,240	653,240	653,240
損金算入保険料累計	653,240	1,306,480	1,959,720	2,612,960	3,266,200	3,919,440
資産計上累計額	979,860	1,959,720	2,939,580	3,919,440	4,899,300	5,879,160
含み益	-539,860	100,280	730,420	1,360,560	2,000,700	2,390,840
返戻率	26.94%	63.07%	74.91%	80.83%	84.50%	84.40%
含み益率	-33.06%	3.07%	14.91%	20.83%	24.50%	24.40%

経過年数	7	8	9	10	11	12
災害死亡保険金	100,000,000	100,000,000	100,000,000	100,000,000	—	—
死亡・介護保障額	9,650,000	11,030,000	12,410,000	13,780,000	100,000,000	100,000,000
保険料	1,633,100	1,633,100	1,633,100	1,633,100	1,633,100	1,633,100
保険料累計	11,431,700	13,064,800	14,697,900	16,331,000	17,964,100	19,597,200
解約返戻金	9,650,000	11,030,000	12,410,000	13,780,000	14,390,000	14,910,000
損金算入保険料	653,240	653,240	653,240	653,240	1,306,472	1,633,100
損金算入保険料累計	4,572,680	5,225,920	5,879,160	6,532,400	7,838,872	9,471,972
資産計上累計額	6,859,020	7,838,880	8,818,740	9,798,600	10,125,228	10,125,228
含み益	2,790,980	3,191,120	3,591,260	3,981,400	4,264,772	4,784,772
返戻率	84.41%	84.43%	84.43%	84.38%	80.10%	76.08%
含み益率	24.41%	24.43%	24.43%	24.38%	23.74%	24.42%

経過年数	13	14	15	16	17	18
災害死亡保険金	—	—	—	—	—	—
死亡・介護保障額	100,000,000	100,000,000	100,000,000	100,000,000	100,000,000	100,000,000
保険料	1,633,100	1,633,100	1,633,100	1,633,100	1,633,100	1,633,100
保険料累計	21,230,300	22,863,400	24,496,500	26,129,600	27,762,700	29,395,800
解約返戻金	15,330,000	15,660,000	15,860,000	15,520,000	15,140,000	14,680,000
損金算入保険料	1,633,100	1,633,100	1,633,100	1,633,100	1,633,100	1,633,100
損金算入保険料累計	11,105,072	12,738,172	14,371,272	16,004,372	17,637,472	19,270,572
資産計上累計額	10,125,228	10,125,228	10,125,228	10,125,228	10,125,228	10,125,228
含み益	5,204,772	5,534,772	5,734,772	5,394,772	5,014,772	4,554,772
返戻率	72.21%	68.49%	64.74%	59.40%	54.53%	49.94%
含み益率	24.52%	24.21%	23.41%	20.65%	18.06%	15.49%

経過年数	19	20	21	22	23	24
災害死亡保険金	—	—	—	—	—	—
死亡・介護保障額	100,000,000	100,000,000	100,000,000	100,000,000	100,000,000	100,000,000
保険料	1,633,100	1,633,100	1,633,100	1,633,100	1,633,100	1,633,100
保険料累計	31,028,900	32,662,000	34,295,100	35,928,200	37,561,300	39,194,400
解約返戻金	14,070,000	13,250,000	12,150,000	10,720,000	8,870,000	6,520,000
損金算入保険料	1,633,100	2,411,960	3,190,820	3,190,820	3,190,820	3,190,820
損金算入保険料累計	20,903,672	23,315,632	26,506,452	29,697,272	32,888,092	36,078,912
資産計上累計額	10,125,228	9,346,368	7,788,648	6,230,928	4,673,208	3,115,488
含み益	3,944,772	3,903,632	4,361,352	4,489,072	4,196,792	3,404,512
返戻率	45.34%	40.57%	35.43%	29.84%	23.61%	16.64%
含み益率	12.71%	11.95%	12.72%	12.49%	11.17%	8.69%

経過年数	25	26
災害死亡保険金	—	—
死亡・介護保障額	100,000,000	100,000,000
保険料	1,633,100	1,633,100
保険料累計	40,827,500	42,460,600
解約返戻金	3,610,000	0
損金算入保険料	3,190,820	3,190,820
損金算入保険料累計	39,269,732	42,460,600
資産計上累計額	1,557,768	0
含み益	2,052,232	0
返戻率	8.84%	0.00%
含み益率	5.03%	0.00%

　最高解約返戻率が85％以下なので、保険料の40/100を損金に算入する（60/100を資産に計上する）。資産計上期間は保険期間の40/100相当の期間（経過10年）である。資産計上取崩し開始の時期は、保険期間の75/100相当期間経過後（20年）である。

　具体的にみてみると、各年の損金算入保険料は1～10年まで65万3,240円、11年目のみ130万6,472円（端数処理が生ずる年。特定の月まで40/100損金、残期間分が全額損金）となる。12～19年目まで保険料は期間の経過に応じて損金算入となるため、全期払いの年払保険料163万3,100円が全額損金に算入される。その後20年目のみ241万1,960円（端数処理が生ずる年）、21～26年まで319万820円となる。

　図表7－2の保険期間推移には、それ以外に資産計上累計額、解約返戻金、含み益（＝解約返戻金－資産計上累計額）、解約返戻率、含み益率（＝含み益÷保険料累計）を示した。保険料の60％について保険期間の40/100相当の期間資産計上するため、解約返戻金と含み益は異なる値となる。

実額ベースに関する確認

　保険金、保険料累計、解約返戻金、含み益について、実額ベースの相互の関係を把握するため、次頁図表7－3にグラフを示す。

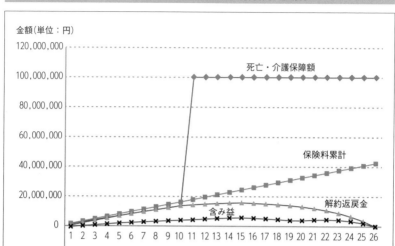

図表7-3　介護・障害保障型定期保険・実額ベース

　まず死亡保障の額であるが、この商品の場合、経過10年まで責任準備金となっている。実額としてみると、経過5年目から解約返戻金と同額である。1～4年までは「死亡保障の額（責任準備金）＞解約返戻金」となっており、一致しない。これはこの間が解約控除期間のためと考えられる。経過11年目から死亡保険金は1億円である。

　解約返戻金は経過15年、1,586万円が最大である。以降、減少し保険期間の終期には0となる。資産計上累計額は保険期間の開始から経過11年まで増加し、1,012万5,228円となる。その後、経過19年まで同額で推移する。20年目から取り崩され、最終的に0となる。

　含み益は「解約返戻金－資産計上累計額」である。経過15年、573万4,772円が最大である。これは解約返戻金が15年目まで増加するのに対して、経過11年目から資産計上累計額は同額推移するためである。その後、含み益は返戻金の減少とともに経過20年目まで減少する。額としては390万3,632円である。しかし21～22年目まで再度増加する。22年目の含み益は448万9,072円である。これは、この間において「資産計上累計額の取崩額＞解約返戻金の減少額」となるためである。その後「資産計上累計額＜解約返戻金の減少額」となるため、再び減少をはじめ、保険期間の終期に

は0となる。

率ベースによる確認

　解約返戻金及び含み益に関する対保険料での率ベースグラフを、図表7－4に示す。

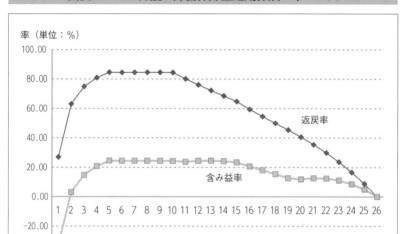

図表7－4　介護・障害保障型定期保険・率ベース

　解約返戻率は、経過5年で最大84.50％である。その後、横ばいに近い状態で減少し、経過11年まで80％台を維持している。これに対して含み益率は、経過5年で24.50％となるが、資産計上累計額の取崩しがすぐには始まらないため、経過13年における24.52％が最大である。そこから減少し（経過16年まで含み益率は20％台を維持）、保険期間の最終において0となる。

　次節から、税務区分において保険料40％損金に該当する商品の検証に入る。この税務区分に該当する商品は、最大返戻率が「70％超85％以下」である。このため、保険料は40％損金となる。当然、解約返戻金や含み益（解約返戻金－資産計上累計額）が生ずる。

　商品検証の観点では、ここまで取り上げてきたリスクマネジメントの全体像から、「保障目的の加入」と「解約返戻金及び含み益」を目的とした加入の二つが対象となる。前者は「リスク移転―保険」の観点である（第2節で解説する）。内容的には「経営者の人的リスクが企業存続に影響」という事業継続リスクへの備え、及び死亡退職金の準備という主旨に関わる商品検証である。後者は「リスク保有―内部資金」の観点である（第3節で解説する）。内容的には「経営者は通常に経営活動に従事しているが企業は危機的事態」に備えた解約返戻金及び含み資産形成と生存退職金の準備に関わる商品検証である。

第2節　リスク移転―保険

　被保険者である経営者が死亡した場合、事業の継続性を確保するための資金の準備を平準化して行う。これが保険である。この場合、同じ保険金であれば保険料は安いほど良い。その観点で商品を検証していこう。
　前節から実例としてみている介護・障害保障型定期保険（災害保障タイプ）の内容は、次のとおりである。

〔介護・障害保障型定期保険（災害保障タイプ）〕
設定条件：50歳男性／保険期間・保険料払込期間：76歳満了・第一保険
　　　　期間（前期期間の意）10年／保険金1億円／
　　　　年払保険料163万3,100円／最高解約返戻率84.50%

　効率的な死亡保障の確保という観点では、まず直接的な比較があり得る。すなわち、例えば全額損金かつ解約返戻金がない（ごく少額の場合を含む）保険期間10年定期保険と、26年のこの商品を単純比較するという方法である。これは保険商品の比較としては適切でない。しかし、企業経営における期間想定を考え、ここでは「10年間の保障を1億円確保する」ということだけ考えて「どの商品を選択すべきか」を考える視点では問題ない。するとこの商品は、第一保険期間（前期期間）が10年設定されており、その間の死亡保障の額は責任準備金である。したがって、当初10年程

度の死亡保障を確保するという主旨では、最初からこの商品は該当しない（念のため、全額損金の区分でみた事例としては、50歳男性の場合「期間10年・年払保険料46万9,700円＜期間26年・介護・障害保障型定期保険・年払保険料163万3,100円」）。

　次に、解約返戻金を考慮した実質的な保障コストという観点を導入してみよう。この商品の場合、そもそも当初10年間の死亡保障が責任準備期であるため、期間10年の定期保険と比較することが適切でない。そこで、保障コストを長期でみて、この商品自体を検討してみる。図表7－5に保障コスト計算結果を示す。

図表7－5　保障コスト計算結果

経過年数	1	2	3	4	5	6
災害死亡保険金	100,000,000	100,000,000	100,000,000	100,000,000	100,000,000	100,000,000
死亡・介護保障額	1,380,000	2,760,000	4,140,000	5,520,000	6,900,000	8,270,000
保険料	1,633,100	1,633,100	1,633,100	1,633,100	1,633,100	1,633,100
保険料累計	1,633,100	3,266,200	4,899,300	6,532,400	8,165,500	9,798,600
解約返戻金	440,000	2,060,000	3,670,000	5,280,000	6,900,000	8,270,000
①保険料累計－解約返戻金	1,193,100	1,206,200	1,229,300	1,252,400	1,265,500	1,528,600
保障コスト（①/経過年数）	1,193,100	603,100	409,767	313,100	253,100	254,767

経過年数	7	8	9	10	11	12
災害死亡保険金	100,000,000	100,000,000	100,000,000	100,000,000	—	—
死亡・介護保障額	9,650,000	11,030,000	12,410,000	13,780,000	100,000,000	100,000,000
保険料	1,633,100	1,633,100	1,633,100	1,633,100	1,633,100	1,633,100
保険料累計	11,431,700	13,064,800	14,697,900	16,331,000	17,964,100	19,597,200
解約返戻金	9,650,000	11,030,000	12,410,000	13,780,000	14,390,000	14,910,000
①保険料累計－解約返戻金	1,781,700	2,034,800	2,287,900	2,551,000	3,574,100	4,687,200
保障コスト（①/経過年数）	254,529	254,350	254,211	255,100	324,918	390,600

経過年数	13	14	15	16	17	18
災害死亡保険金	—	—	—	—	—	—
死亡・介護保障額	100,000,000	100,000,000	100,000,000	100,000,000	100,000,000	100,000,000
保険料	1,633,100	1,633,100	1,633,100	1,633,100	1,633,100	1,633,100
保険料累計	21,230,300	22,863,400	24,496,500	26,129,600	27,762,700	29,395,800
解約返戻金	15,330,000	15,660,000	15,860,000	15,520,000	15,140,000	14,680,000
①保険料累計－解約返戻金	5,900,300	7,203,400	8,636,500	10,609,600	12,622,700	14,715,800
保障コスト（①/経過年数）	453,869	514,529	575,767	663,100	742,512	817,544

経過年数	19	20	21	22	23	24
災害死亡保険金	—	—	—	—	—	—
死亡・介護保障額	100,000,000	100,000,000	100,000,000	100,000,000	100,000,000	100,000,000
保険料	1,633,100	1,633,100	1,633,100	1,633,100	1,633,100	1,633,100
保険料累計	31,028,900	32,662,000	34,295,100	35,928,200	37,561,300	39,194,400
解約返戻金	14,070,000	13,250,000	12,150,000	10,720,000	8,870,000	6,520,000
①保険料累計－解約返戻金	16,958,900	19,412,000	22,145,100	25,208,200	28,691,300	32,674,400
保障コスト（①/経過年数）	892,574	970,600	1,054,529	1,145,827	1,247,448	1,361,433

経過年数	25	26
災害死亡保険金	—	—
死亡・介護保障額	100,000,000	100,000,000
保険料	1,633,100	1,633,100
保険料累計	40,827,500	42,460,600
解約返戻金	3,610,000	0
①保険料累計－解約返戻金	37,217,500	42,460,600
保障コスト（①/経過年数）	1,488,700	1,633,100

　経過10年までは死亡保障が責任準備金であり、この間は経過を待つしか
ない。すると問題はその後である。経過11年をみてみよう。この時期の保
険料累計は1,796万4,100円である。解約返戻金は1,439万円となっている。
第一保険期間は終了しているので、11年目の死亡保障は１億円である。こ
の時期の保障コストは計算上「（保険料累計－解約返戻金）÷経過年数」で
ある。これを計算すると32万4,918円となる。

　この金額は、本書でこれまでに取り上げてきた商品としては最も低い。
しかしこれについても、他商品と同様の評価が可能かどうかは検討を要す
る。なぜなら、他の商品では、保険金が契約当初から１億円であり、その
保障が維持された中で、経過時期の保障コストが算出される。ところがこ
こで取り上げている商品の場合、経過10年まで死亡保障は責任準備金に過
ぎず、経過11年目の１年間の死亡保障だけが１億円である。これを確保す
るために11年間にわたっての累計額（保険料累計－解約返戻金）を11年で割
り算すると、32万4,918円という結果になっており、これを安いとみるか
は微妙なところである。

　その後、保障コストは経過12年で39万600円、13年で45万3,869円となっ
ている。解約返戻金の最大額は経過15年、金額は1,586万円であり、この
時期の保障コストを計算すると、57万5,767円となる。

　以上のことから、リスク移転としての保険の観点（死亡退職金の準備や経営者死亡時の事業継続リスクへの対処としての保険利用）からすると、保険料について「解約返戻金を考慮した実質的な保障コスト」という視点を導入すると、経過11〜15年未満程度までは相対的に割安にみえるが、当初10年間の死亡保障が責任準備金であることをどう考えるかによって、評価は左右される。

第3節　リスク保有―内部資金

　本節では、解約返戻金及び含み益を目的とした加入の場合について商品を検証する。すなわち「リスク保有―内部資金」の手段としての領域である。「リスク保有―内部資金」準備としての検証は、当該商品の解約返戻率及び返戻金が最大となる時期、また含み益及び含み益率が最大となる時期における数値的確認が必要である。図表7－6にその結果を示す。

図表7－6　返戻率・返戻金実額及び含み益率・含み益額最大該当時期数表

介護・障害保障型定期保険（災害保障タイプ）				
目安	返戻率最大	含み益率最大	返戻金実額最大	含み益額最大
経過年数	5	13	15	15
介護・死亡保険金	（責任準備金）6,900,000	100,000,000	100,000,000	100,000,000
保険料	1,633,100	1,633,100	1,633,100	1,633,100
保険料累計	8,165,500	21,230,300	24,496,500	24,496,500
解約返戻金	6,900,000	15,330,000	15,860,000	15,860,000
損金算入保険料累計	3,266,200	11,105,072	14,371,272	14,371,272
資産計上累計	4,899,300	10,125,228	10,125,228	10,125,228
含み益	2,000,700	5,204,772	5,734,772	5,734,772
返戻率	84.50％	72.21％	64.74％	64.74％
含み益率	24.50％	24.52％	23.41％	23.41％

　介護・障害保障型定期保険（災害保障タイプ）の返戻率最大となる時期は、経過5年で解約返戻金690万円、返戻率84.50％である。この時の含み益率は24.50％である。また実額で返戻金が最大となる時期は、経過15年で返戻金1,586万円、返戻率64.74％、含み益率23.41％となっている。
　返戻率最大の時期でみると、保険料を100納め、それを84.50まで下落さ

せたうえで24.50の含み益を確保する。返戻金実額最大となる15年でみると、保険料を100納め、それを64.74まで下落させたうえで、含み益23.41を確保する。

　含み益率最大24.52％となる時期は、経過13年で返戻金1,533万円、返戻率72.21％である。含み益額最大573万4,772円となる時期は経過15年、返戻金1586万円、返戻率64.74％となっている（この経過15年は同時に返戻金最大の時期でもある）。

　含み益率最大の時期でみると、保険料を100納め、それを72.21まで下落させた上で含み益24.52を確保する。

　含み益額最大となる時期でみると、保険料を100納め、それを64.74まで下落させた上で含み益23.41を確保する。

　「リスク保有—内部資金」の準備手段としてみた場合、当該商品は返戻率最大となる経過5年段階でみると、保険料累計に対して返戻率84.50％程度まで下落しても、含み益率を24.50％程度水準で確保したいという想定において成り立つ。それ以降については、返戻率の下落幅の大きさを受容しつつ含み益率24.5～23％程度確保したいという想定において成り立つ。

第8章
返戻率85％超区分①── 一定期間災害保障重視型定期保険

　前章では、保険料「40％損金」すなわち「最高解約返戻率70％超85％以下」区分に位置づけられる生命保険法人契約商品の検証を行ってきた。ここから、「最高解約返戻率85％超」区分を確認していこう。

　この区分については、「一定期間災害保障重視型定期保険」と「100歳満了定期保険」の二つの商品をみる。まず本章では、一定期間災害保障重視型定期保険を取り上げる。

第1節　概要

生命保険法人契約（経営者保険分野）税務区分と位置づけ

　定期保険及び第三分野保険については、法人契約（ここでは特にことわりのない限り、法人受取）の場合、解約返戻率に応じて保険料の資産計上ルールが設定されている（令和元年6月28日「法令解釈通達」）。図表8-1に税務区分の基準をを示す。

図表8-1　税務区分の基準とその主旨

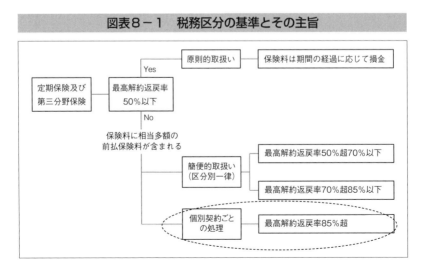

　「最高解約返戻率85％超」の区分は、「保険料に相当多額の前払保険料が
含まれる」中の、「個別契約ごとの処理」に位置づけられる（図表8－1破
線○囲み部分）。

税務上の取扱い

　「最高解約返戻率85％超」区分は「個別契約ごとの処理」なので、資産
計上に関わるルールはその計算法等が示されている。以下に整理しよう。
　まず資産計上期間である。この区分における資産計上期間は、

---

　①　最高解約返戻率となるまでの期間
　②　ただし、①の期間経過後「（年換算保険料相当額×70％）＜解約返
　　戻金増加額」となる場合、その最も遅い時期まで
　③　①及び②の期間が5年未満の場合は5年間（保険期間が10年未満の
　　場合には、その5割期間まで）

である。
　次に資産計上額であるが、当初10年間については「当年保険料（全期払
い）×最高解約返戻率×90％」の額である。10年超の期間については「当
年保険料（全期払い）×最高解約返戻率×70％」の額である。
　最後に資産計上累計額の取崩しであるが、資産計上期間が上記①及び②
の場合、解約返戻金が最も高い時期経過後から保険期間の終期までの間で
均等に取り崩す。資産計上期間が上記③の場合には、資産計上期間経過後
から保険期間の終期までの間で均等に取り崩すことになる。

最高解約返戻率85％超区分「一定期間災害保障重視型定期保険」の事例

　まず取り上げる商品の概要である。

〔一定期間災害保障重視型定期保険〕
設定条件：50歳男性／保険期間・保険料払込期間：77歳満了・第一保険
　　　　　期間5年／保険金1億円／年払保険料420万6,599円／
　　　　　最高解約返戻率89.70％

図表8-2に保険期間推移を示す。

図表8-2　一定期間災害保障重視型定期保険期間推移

経過年数	1	2	3	4	5	6
災害死亡保険金	100,000,000	100,000,000	100,000,000	100,000,000	100,000,000	—
死亡保障額(保険金)	3,871,200	7,781,200	11,730,100	15,718,600	19,747,000	100,000,000
保険料	4,206,599	4,206,599	4,206,599	4,206,599	4,206,599	4,206,599
保険料累計	4,206,599	8,413,198	12,619,797	16,826,396	21,032,995	25,239,594
解約返戻金	2,318,300	6,400,800	10,522,300	14,683,300	18,884,300	20,200,900
損金算入保険料	807,667	807,667	807,667	807,667	807,667	4,206,599
損金算入保険料累計	807,667	1,615,334	2,423,001	3,230,668	4,038,335	8,244,934
資産計上累計額	3,398,932	6,797,864	10,196,796	13,595,728	16,994,660	16,994,660
含み益	-1,080,632	-397,064	325,504	1,087,572	1,889,640	3,206,240
返戻率	55.11%	76.08%	83.38%	87.26%	89.78%	80.04%
含み益率	-25.69%	-4.72%	2.58%	6.46%	8.98%	12.70%

経過年数	7	8	9	10	11	12
災害死亡保険金	—	—	—	—	—	—
死亡保障額(保険金)	100,000,000	100,000,000	100,000,000	100,000,000	100,000,000	100,000,000
保険料	4,206,599	4,206,599	4,206,599	4,206,599	4,206,599	4,206,599
保険料累計	29,446,193	33,652,792	37,859,391	42,065,990	46,272,589	50,479,188
解約返戻金	21,494,100	22,784,000	24,073,600	25,351,500	26,422,300	27,429,500
損金算入保険料	4,206,599	4,206,599	4,206,599	4,206,599	4,206,599	4,206,599
損金算入保険料累計	12,451,533	16,658,132	20,864,731	25,071,330	29,277,929	33,484,528
資産計上累計額	16,994,660	16,994,660	16,994,660	16,994,660	16,994,660	16,994,660
含み益	4,499,440	5,789,340	7,078,940	8,356,840	9,427,640	10,434,840
返戻率	72.99%	67.70%	63.59%	60.27%	57.10%	54.34%
含み益率	15.28%	17.20%	18.70%	19.87%	20.37%	20.67%

経過年数	13	14	15	16	17	18
災害死亡保険金	—	—	—	—	—	—
死亡保障額(保険金)	100,000,000	100,000,000	100,000,000	100,000,000	100,000,000	100,000,000
保険料	4,206,599	4,206,599	4,206,599	4,206,599	4,206,599	4,206,599
保険料累計	54,685,787	58,892,386	63,098,985	67,305,584	71,512,183	75,718,782
解約返戻金	28,344,500	29,138,600	29,777,900	30,223,500	30,432,500	30,357,400
損金算入保険料	4,206,599	4,206,599	4,206,599	4,206,599	4,206,599	5,906,065
損金算入保険料累計	37,691,127	41,897,726	46,104,325	50,310,924	54,517,523	60,423,588
資産計上累計額	16,994,660	16,994,660	16,994,660	16,994,660	16,994,660	15,295,194
含み益	11,349,840	12,143,940	12,783,240	13,228,840	13,437,840	15,062,206
返戻率	51.83%	49.48%	47.19%	44.90%	42.56%	40.09%
含み益率	20.75%	20.62%	20.26%	19.65%	18.79%	19.89%

経過年数	19	20	21	22	23	24
災害死亡保険金	—	—	—	—	—	—
死亡保障額(保険金)	100,000,000	100,000,000	100,000,000	100,000,000	100,000,000	100,000,000
保険料	4,206,599	4,206,599	4,206,599	4,206,599	4,206,599	4,206,599
保険料累計	79,925,381	84,131,980	88,338,579	92,545,178	96,751,777	100,958,376
解約返戻金	29,944,100	29,129,800	27,838,400	25,964,600	23,362,000	19,820,400
損金算入保険料	5,906,065	5,906,065	5,906,065	5,906,065	5,906,065	5,906,065
損金算入保険料累計	66,329,653	72,235,718	78,141,783	84,047,848	89,953,913	95,859,978
資産計上累計額	13,595,728	11,896,262	10,196,796	8,497,330	6,797,864	5,098,398
含み益	16,348,372	17,233,538	17,641,604	17,467,270	16,564,136	14,722,002
返戻率	37.47%	34.62%	31.51%	28.06%	24.15%	19.63%
含み益率	20.45%	20.48%	19.97%	18.87%	17.12%	14.58%

経過年数	25	26	27
災害死亡保険金	—	—	—
死亡保障額(保険金)	100,000,000	100,000,000	100,000,000
保険料	4,206,599	4,206,599	4,206,599
保険料累計	105,164,975	109,371,574	113,578,173
解約返戻金	15,045,800	8,628,300	0
損金算入保険料	5,906,065	5,906,065	5,906,065
損金算入保険料累計	101,766,043	107,672,108	113,578,173
資産計上累計額	3,398,932	1,699,466	0
含み益	11,646,868	6,928,834	0
返戻率	14.31%	7.89%	0.00%
含み益率	11.07%	6.34%	0.00%

　最高解約返戻率が85％超なので、「年払保険料420万6,599円×最高解約返戻率89.7％×90％」＝339万8,932円が資産計上される（計算すると339万5,987円となるが、保険会社の設計書記載の数値を優先した。返戻額及び返戻率の端数や小数点以下の処理による相違と思われる）。資産計上の期間は、この事例では5年である。その理由は「最高解約返戻率の時期（＝5年）」「それを超えた時期における解約返戻率の増加額＜年換算保険料×70％」による。資産計上累計額の取崩開始時期は経過18年目である（解約返戻金の最高額が経過17年になるため）。

　図表8－2の保険期間推移には、それ以外に資産計上累計額、解約返戻金、含み益（＝解約返戻金－資産計上累計額）、解約返戻率、含み益率（＝含み益÷保険料累計）を示した。

実額ベースに関する確認

　保険金、保険料累計、解約返戻金、含み益について、実額ベースの相互

の関係を把握するため、図表8－3にグラフを示す。

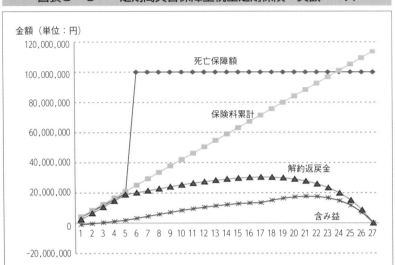

図表8－3　一定期間災害保障重視型定期保険・実額ベース

　まず死亡保障の額であるが、この商品の場合、経過5年まで責任準備金となっている。5年までの期間をみると「死亡保障の額（責任準備金）＞解約返戻金」となっており、一致しない。これは、この間が解約控除期間のためと考えられる。経過6年目から死亡保険金は1億円である。解約返戻金は経過17年、3,043万2,500円が最大である。以降、減少し保険期間の終期には0となる。資産計上累計額は、保険期間の開始から経過5年まで増加し、1,699万4,650円となる。その後、経過17年まで同額で推移する。18年目から取崩され、最終的に0となる。

　含み益は「解約返戻金－資産計上累計額」である。経過21年、1,764万1,604円が最大となっている。この要因は次のような関係による。まず解約返戻金が17年目で最高額となり、その後減少する。資産計上累計額の取崩しも経過18年目から始まる。この両者の関係が経過21年まで「解約返戻金の減少額＜資産計上取崩し額」となるため含み益が増大している。22年目以降、逆転し「解約返戻金の減少額＞資産計上累計の取崩し額」となり、含み益が減少する。22年目の含み益は1,746万7,270円である。前年に対して減少している。解約返戻金の減少額（経過22年目と21年目の差）は

187万3,800円、資産計上取崩し額は169万9,466円（資産計上累計額1,699万4,660円÷10年）となっている。

率ベースによる確認

解約返戻金及び含み益に関する対保険料での率ベースグラフを、図表8－4に示す。

図表8－4 一定期間災害保障重視型定期保険・率ベース

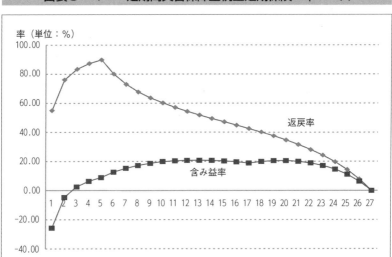

解約返戻率は経過5年で最大89.7％である。**図表8－4**のとおり、解約返戻率は、その後急激に減少し経過10年で60.27％、そのまま減少を続ける。これに対して含み益率は、経過13年で20.75％と最大となり、その後減少（経過11〜15年目まで20％台）、経過17年で18.79％となる。しかし翌年から再び増加し、経過19年20.45％、経過21年20.48％となり、翌年から再び減少をはじめ、最終的に0となって保険期間を終了する。

解約返戻率及び含み益率は対保険料における値である。このため、解約返戻金の増減推移、資産計上累計額の増減推移、その結果としての「含み益＝解約返戻金－資産計上累計額」なので、この値と保険料累計額との対比により数値が変動する。上記の数値はこの結果の値となっている。

第2節　リスク移転─保険

　前節では、税務区分において「最高解約返戻率85％超」に該当する商品の概要をみた。この区分の資産計上割合は、該当商品の最高解約返戻率を基準に算出される。したがって個別契約ごとに算出される値（最高解約返戻率×90％あるいは70％）は変動する。本節及び次節で、商品の検証を行うこととする。

　商品検証の観点は、これまで取り上げてきたリスクマネジメントの全体像から、「リスク移転─保険」と「リスク保有─内部資金」の二つの観点である。

　「リスク移転─保険」（本節で検証する）の観点は、「経営者の人的リスクが企業存続に影響」という事業継続リスクへの備え、及び死亡退職金の準備という主旨に関わる商品検証であり、保険金（保障額）の効率的確保可能な商品かどうかが主な確認事項である。

　「リスク保有─内部資金」（次節で検証する）は「経営者は通常に経営活動に従事しているが企業は危機的事態」に備えた解約返戻金及び含み資産形成と、生存退職金の準備に関わる商品検証である。主な検証は保険料累計と返戻金及び返戻率、含み益と含み益率のバランスである。

　被保険者である経営者が死亡した場合、事業の継続性を確保するための資金の準備を平準化して行う。これが保険である。この場合、同じ保険金であれば保険料は安いほど良い。この視点はここまで繰り返し取り上げてきた。

　前節において実例としてみていた一定期間災害保障重視型定期保険（災害保障タイプ）の内容は、次のとおりである。

〔一定期間災害保障重視型定期保険〕
設定条件：50歳男性／保険期間・保険料払込期間：77歳満了・第一保険
　　　　　期間5年／保険金1億円／年払保険料420万6,599円／
　　　　　最高解約返戻率89.70％

　まず、効率的な死亡保障の確保という観点で、直接的な比較を行う。こ

れは全額損金かつ解約返戻金がない（ごく少額の場合を含む）保険期間10年定期保険と、保険期間27年（50歳加入77歳満了）のこの商品を単純比較するという方法である。以前にも述べたが、保険商品の比較としてこの方法は合理的でない。しかし、企業経営における期間想定を考え、例えば「10年間の保障を１億円確保する」ということだけ考えて「どの商品を選択すべきか」を考える視点では問題ない。するとこの商品は、第一保険期間（前期期間）が５年設定されており、その間の死亡保障の額は責任準備金である。したがって、当初10年程度の死亡保障を確保するという主旨では、想定保障期間10年の半分は該当しない（念のため全額損金の区分でみた事例としては、50歳男性の場合「期間10年・年払保険料46万9,700円＜期間27年・一定期間災害保障重視型定期保険・年払保険料420万6,599円」となる）。

　次に、解約返戻金を考慮した実質的な保障コストという観点を導入しよう。この商品の場合、そもそも当初５年間の死亡保障が責任準備金であるため、期間10年の定期保険と比較することが適切でない。そこで保障コストを長期でみてこの商品自体を検討してみよう。図表８－５に保障コスト計算結果を示す。

図表８－５　保障コスト計算結果

経過年数	1	2	3	4	5	6
災害死亡保険金	100,000,000	100,000,000	100,000,000	100,000,000	100,000,000	—
死亡保障額(保険金)	3,871,200	7,781,200	11,730,100	15,718,600	19,747,000	100,000,000
保険料	4,206,599	4,206,599	4,206,599	4,206,599	4,206,599	4,206,599
保険料累計	4,206,599	8,413,198	12,619,797	16,826,396	21,032,995	25,239,594
解約返戻金	2,318,300	6,400,800	10,522,300	14,683,300	18,884,300	20,200,900
①保険料累計－解約返戻金	1,888,299	2,012,398	2,097,497	2,143,096	2,148,695	5,038,694
保障コスト(①/経過年数)	1,888,299	1,006,199	699,166	535,774	429,739	839,782

経過年数	7	8	9	10	11	12
災害死亡保険金	—	—	—	—	—	—
死亡保障額(保険金)	100,000,000	100,000,000	100,000,000	100,000,000	100,000,000	100,000,000
保険料	4,206,599	4,206,599	4,206,599	4,206,599	4,206,599	4,206,599
保険料累計	29,446,193	33,652,792	37,859,391	42,065,990	46,272,589	50,479,188
解約返戻金	21,494,100	22,784,000	24,073,600	25,351,500	26,422,300	27,429,500
①保険料累計－解約返戻金	7,952,093	10,868,792	13,785,791	16,714,490	19,850,289	23,049,688
保障コスト(①/経過年数)	1,136,013	1,358,599	1,531,755	1,671,449	1,804,572	1,920,807

経過年数	13	14	15	16	17	18
災害死亡保険金	—	—	—	—	—	—
死亡保障額（保険金）	100,000,000	100,000,000	100,000,000	100,000,000	100,000,000	100,000,000
保険料	4,206,599	4,206,599	4,206,599	4,206,599	4,206,599	4,206,599
保険料累計	54,685,787	58,892,386	63,098,985	67,305,584	71,512,183	75,718,782
解約返戻金	28,344,500	29,138,600	29,777,900	30,223,500	30,432,500	30,357,400
①保険料累計－解約返戻金	26,341,287	29,753,786	33,321,085	37,082,084	41,079,683	45,361,382
保障コスト（①/経過年数）	2,026,253	2,125,270	2,221,406	2,317,630	2,416,452	2,520,077

経過年数	19	20	21	22	23	24
災害死亡保険金	—	—	—	—	—	—
死亡保障額（保険金）	100,000,000	100,000,000	100,000,000	100,000,000	100,000,000	100,000,000
保険料	4,206,599	4,206,599	4,206,599	4,206,599	4,206,599	4,206,599
保険料累計	79,925,381	84,131,980	88,338,579	92,545,178	96,751,777	100,958,376
解約返戻金	29,944,100	29,129,800	27,838,400	25,964,600	23,362,000	19,820,400
①保険料累計－解約返戻金	49,981,281	55,002,180	60,500,179	66,580,578	73,389,777	81,137,976
保障コスト（①/経過年数）	2,630,594	2,750,109	2,880,961	3,026,390	3,190,860	3,380,749

経過年数	25	26	27
災害死亡保険金	—	—	—
死亡保障額（保険金）	100,000,000	100,000,000	100,000,000
保険料	4,206,599	4,206,599	4,206,599
保険料累計	105,164,975	109,371,574	113,578,173
解約返戻金	15,045,800	8,628,300	0
①保険料累計－解約返戻金	90,119,175	100,743,274	113,578,173
保障コスト（①/経過年数）	3,604,767	3,874,741	4,206,599

　経過5年までは死亡保障が責任準備金であり、この間は経過を待つしかない。問題はその後である。経過6年をみてみよう。この時期の保険料累計は2,523万9,594円である。この時期、解約返戻金は2,020万900円となっている。第一保険期間は終了しているので、6年目の死亡保障は1億円である。この時期の保障コストは計算上「（保険料累計－解約返戻金）÷経過年数」である。これを計算すると83万9,782円となる。この金額は10年定期保険の保険料46万9,700円より高い。期間をその後に延ばしてみても、当該商品の保障コストは割高になる。経過7年113万6,013円、経過10年167万1,449円である。以降も同様に、保障コストは時間の経過とともに上昇する。

　この要因は、当該商品の解約返戻率の推移にある。すなわち、前節でみ

たように、経過5年で返戻率89.7%となった後、急激に減少する。このため、経過6年以降、「保険料累計－解約返戻金」の額が逓増的に拡大し、年数で割った値である保障コストが増大する結果となっている。

　以上のことから、リスク移転としての保険の観点（死亡退職金の準備や経営者死亡時の事業継続リスクへの対処としての保険利用）からすると、保険料について「解約返戻金を考慮した実質的な保障コスト」という視点を導入しても割高であり、この観点で利用される余地は相当程度低い。そもそも保険金額が現れる（第一保険期間が終了する）時点では、解約返戻率の最高時期を過ぎており、保障が始まった瞬間、コスト増になる構造を持った商品と考えられる。

第3節　リスク保有─内部資金

　次に、解約返戻金及び含み益を目的とした加入の場合について商品を検証する。すなわち「リスク保有─内部資金」の手段としての領域である。「リスク保有─内部資金」準備としての検証は、当該商品の解約返戻率及び返戻金が最大となる時期、また含み益及び含み益率が最大となる時期における数値的確認が必要である。図表8－6にその結果を示す。

図表8－6　返戻率・返戻金実額及び含み益率・含み益額最大該当時期数表

一定期間災害保障重視型定期保険				
目安	返戻率最大	含み益率最大	返戻金実額最大	含み益額最大
経過年数	5	13	17	21
死亡保険金（保証額）	（責任準備金）19,747,000	100,000,000	100,000,000	100,000,000
保険料	4,206,599	4,206,599	4,206,599	4,206,599
保険料累計	21,032,995	54,685,787	71,512,183	88,338,579
解約返戻金	18,884,300	28,344,500	30,432,500	27,838,400
損金算入保険料累計	4,038,335	37,691,127	54,517,523	78,141,783
資産計上累計	16,994,660	16,994,660	16,994,660	10,196,796
含み益	1,889,640	11,349,840	13,437,840	17,641,604
返戻率	89.78%	51.83%	42.56%	31.51%
含み益率	8.98%	20.75%	18.79%	19.97%

　本章で取り上げている一定期間災害保障重視型定期保険が返戻率最大と

なる時期は、経過5年で解約返戻金1,888万4,300円、返戻率89.78％である。この時の含み益率は8.98％である。また実額で返戻金が最大となる時期は、経過17年で返戻金3,043万2,500円、返戻率42.56％、含み益率18.79％となっている。

　返戻率最大の時期でみると、保険料を100納め、それを89.78まで下落させたうえで8.98の含み益を確保する。返戻金実額が最大となる17年でみると、保険料を100納め、それを42.56まで下落させたうえで、含み益18.79を確保する。

　含み益率最大20.75％となる時期は経過13年で、返戻金2,834万4,500円、返戻率51.83％である。含み益額最大1,764万1,604円となる時期は経過21年、返戻金2,783万8,400円、返戻率31.51％となっている。

　含み益率最大の時期でみると、保険料を100納め、それを51.83まで下落させた上で含み益20.75を確保する。

　含み益額最大となる時期でみると、保険料を100納め、それを31.51まで下落させた上で含み益19.97を確保する。

　「リスク保有—内部資金」の準備手段としてみた場合、当該商品は返戻率最大となる経過5年段階でみると、保険料累計に対して返戻率89.78％程度まで下落しても含み益率を8.98％程度水準で確保したいという想定において成り立つ。それ以降については、返戻率の下落幅の大きさを受容しつつ含み益率18〜21％程度確保したいという想定において成り立つ。

　前章では、「最高解約返戻率85％超」区分における商品として、「一定期間災害保障重視型定期保険」を確認し、検証してきた。本章では、「最高解約返戻率85％超」区分の二つ目の商品として、長期定期保険」（旧来の「長期平準定期保険」に該当する条件）をみてみる。「一定期間災害保障重視型定期保険」との違いは、保険金が契約当初から最終まで一定額であり、典型的な定期保険（長期）商品であるという点である。

第1節　概要

税務上の取扱い

　前章でも取り上げたが、ここで「最高解約返戻率85％超」区分における税務処理のルールをもう一度確認しておこう。この区分は、計算方法が提示されているのみであり、実際の商品（契約例）ごとに資産計上割合が相違する。

　まず資産計上期間であるが、

> ①　最高解約返戻率となるまでの期間
> ②　ただし、①の期間経過後「（年換算保険料相当額×70％）＜解約返戻金増加額」となる場合、その最も遅い時期まで
> ③　①及び②の期間が5年未満の場合は5年間（保険期間が10年未満の場合には、その5割期間まで）

である。

　次に資産計上額についてみると、当初10年間は「当年保険料（全期払い）×最高解約返戻率×90％」の額である。10年超の期間については「当年保険料（全期払い）×最高解約返戻率×70％」の額である。

　最後に資産計上累計額の取崩しであるが、資産計上期間が上記①及び②

の場合、解約返戻金が最も高い時期経過後から保険期間の終期までの間で均等に取り崩す。資産計上期間が上記③の場合には、資産計上期間経過後から保険期間の終期までの間で均等に取り崩すことになる。

最高解約返戻率85％超区分「長期定期保険」の事例

まず取り上げる商品の概要である。

〔長期定期保険〕
設定条件：50歳男性／保険期間・保険料払込期間：100歳満了・低解約
　　　　　返戻期間15年／保険金１億円／年払保険料280万5,600円／
　　　　　最高解約返戻率93.10％

図表９－１に保険期間推移を示す。

図表９－１　長期定期保険期間推移

経過年数	1	2	3	4	5
保険金	100,000,000	100,000,000	100,000,000	100,000,000	100,000,000
保険料	2,805,600	2,805,600	2,805,600	2,805,600	2,805,600
保険料累計	2,805,600	5,611,200	8,416,800	11,222,400	14,028,000
解約返戻金	1,366,000	3,155,000	4,945,000	6,737,000	8,530,000
損金算入額	454,788	454,788	454,788	454,788	454,788
損金算入累計額	454,788	909,576	1,364,364	1,819,152	2,273,940
資産計上累計額	2,350,812	4,701,624	7,052,436	9,403,248	11,754,060
含み益	-984,812	-1,546,624	-2,107,436	-2,666,248	-3,224,060
返戻率	48.70%	56.20%	58.80%	60.00%	60.80%
含み益率	-35.10%	-27.56%	-25.04%	-23.76%	-22.98%

経過年数	6	7	8	9	10
保険金	100,000,000	100,000,000	100,000,000	100,000,000	100,000,000
保険料	2,805,600	2,805,600	2,805,600	2,805,600	2,805,600
保険料累計	16,833,600	19,639,200	22,444,800	25,250,400	28,056,000
解約返戻金	10,324,000	12,116,000	13,908,000	15,695,000	17,477,000
損金算入額	454,788	454,788	454,788	454,788	454,788
損金算入累計額	2,728,728	3,183,516	3,638,304	4,093,092	4,547,880
資産計上累計額	14,104,872	16,455,684	18,806,496	21,157,308	23,508,120
含み益	-3,780,872	-4,339,684	-4,898,496	-5,462,308	-6,031,120
返戻率	61.30%	61.70%	62.00%	62.20%	62.30%
含み益率	-22.46%	-22.10%	-21.82%	-21.63%	-21.50%

経過年数	11	12	13	14	15
保険金	100,000,000	100,000,000	100,000,000	100,000,000	100,000,000
保険料	2,805,600	2,805,600	2,805,600	2,805,600	2,805,600
保険料累計	30,861,600	33,667,200	36,472,800	39,278,400	42,084,000
解約返戻金	19,212,000	20,940,000	22,659,000	24,371,000	26,074,000
損金算入額	977,190	977,190	977,190	977,190	977,190
損金算入累計額	5,525,070	6,502,260	7,479,450	8,456,640	9,433,830
資産計上累計額	25,336,530	27,164,940	28,993,350	30,821,760	32,650,170
含み益	-6,124,530	-6,224,940	-6,334,350	-6,450,760	-6,576,170
返戻率	62.30%	62.20%	62.10%	62.00%	62.00%
含み益率	-19.85%	-18.49%	-17.37%	-16.42%	-15.63%

経過年数	16	17	18	19	20
保険金	100,000,000	100,000,000	100,000,000	100,000,000	100,000,000
保険料	2,805,600	2,805,600	2,805,600	2,805,600	2,805,600
保険料累計	44,889,600	47,695,200	50,500,800	53,306,400	56,112,000
解約返戻金	41,788,000	44,115,000	46,429,000	48,730,000	51,009,000
損金算入額	977,190	977,190	977,190	977,190	977,190
損金算入累計額	10,411,020	11,388,210	12,365,400	13,342,590	14,319,780
資産計上累計額	34,478,580	36,306,990	38,135,400	39,963,810	41,792,220
含み益	7,309,420	7,808,010	8,293,600	8,766,190	9,216,780
返戻率	93.10%	92.50%	91.90%	91.40%	90.90%
含み益率	16.28%	16.37%	16.42%	16.44%	16.43%

経過年数	21	22	23	24	25
保険金	100,000,000	100,000,000	100,000,000	100,000,000	100,000,000
保険料	2,805,600	2,805,600	2,805,600	2,805,600	2,805,600
保険料累計	58,917,600	61,723,200	64,528,800	67,334,400	70,140,000
解約返戻金	53,265,000	55,489,000	57,674,000	59,812,000	61,896,000
損金算入額	977,190	977,190	977,190	977,190	977,190
損金算入累計額	15,296,970	16,274,160	17,251,350	18,228,540	19,205,730
資産計上累計額	43,620,630	45,449,040	47,277,450	49,105,860	50,934,270
含み益	9,644,370	10,039,960	10,396,550	10,706,140	10,961,730
返戻率	90.40%	89.90%	89.40%	88.80%	88.20%
含み益率	16.37%	16.27%	16.11%	15.90%	15.63%

経過年数	26	27	28	29	30
保険金	100,000,000	100,000,000	100,000,000	100,000,000	100,000,000
保険料	2,805,600	2,805,600	2,805,600	2,805,600	2,805,600
保険料累計	72,945,600	75,751,200	78,556,800	81,362,400	84,168,000
解約返戻金	63,921,000	65,872,000	67,747,000	69,536,000	71,231,000
損金算入額	977,190	2,805,600	2,805,600	2,805,600	2,805,600
損金算入累計額	20,182,920	22,988,520	25,794,120	28,599,720	31,405,320
資産計上累計額	52,762,680	52,762,680	52,762,680	52,762,680	52,762,680
含み益	11,158,320	13,109,320	14,984,320	16,773,320	18,468,320
返戻率	87.60%	87.00%	86.20%	85.50%	84.60%
含み益率	15.30%	17.31%	19.07%	20.62%	21.94%

経過年数	31	32	33	34	35
保険金	100,000,000	100,000,000	100,000,000	100,000,000	100,000,000
保険料	2,805,600	2,805,600	2,805,600	2,805,600	2,805,600
保険料累計	86,973,600	89,779,200	92,584,800	95,390,400	98,196,000
解約返戻金	72,834,000	74,340,000	75,754,000	77,059,000	78,249,000
損金算入額	2,805,600	2,805,600	2,805,600	2,805,600	2,805,600
損金算入累計額	34,210,920	37,016,520	39,822,120	42,627,720	45,433,320
資産計上累計額	52,762,680	52,762,680	52,762,680	52,762,680	52,762,680
含み益	20,071,320	21,577,320	22,991,320	24,296,320	25,486,320
返戻率	83.70%	82.80%	81.80%	80.80%	79.70%
含み益率	23.08%	24.03%	24.83%	25.47%	25.95%

経過年数	36	37	38	39	40
保険金	100,000,000	100,000,000	100,000,000	100,000,000	100,000,000
保険料	2,805,600	2,805,600	2,805,600	2,805,600	2,805,600
保険料累計	101,001,600	103,807,200	106,612,800	109,418,400	112,224,000
解約返戻金	79,323,000	80,265,000	81,064,000	81,690,000	82,103,000
損金算入額	2,805,600	2,805,600	2,805,600	2,805,600	2,805,600
損金算入累計額	48,238,920	51,044,520	53,850,120	56,655,720	59,461,320
資産計上累計額	52,762,680	52,762,680	52,762,680	52,762,680	52,762,680
含み益	26,560,320	27,502,320	28,301,320	28,927,320	29,340,320
返戻率	78.50%	77.30%	76.00%	74.70%	73.20%
含み益率	26.30%	26.49%	26.55%	26.44%	26.14%

経過年数	41	42	43	44	45
保険金	100,000,000	100,000,000	100,000,000	100,000,000	100,000,000
保険料	2,805,600	2,805,600	2,805,600	2,805,600	2,805,600
保険料累計	115,029,600	117,835,200	120,640,800	123,446,400	126,252,000
解約返戻金	82,250,000	82,043,000	81,349,000	79,947,000	77,486,000
損金算入額	2,805,600	8,668,120	8,668,120	8,668,120	8,668,120
損金算入累計額	62,266,920	70,935,040	79,603,160	88,271,280	96,939,400
資産計上累計額	52,762,680	46,900,160	41,037,640	35,175,120	29,312,600
含み益	29,487,320	35,142,840	40,311,360	44,771,880	48,173,400
返戻率	71.50%	69.60%	67.40%	64.80%	61.40%
含み益率	25.63%	29.82%	33.41%	36.27%	38.16%

経過年数	46	47	48	49	50
保険金	100,000,000	100,000,000	100,000,000	100,000,000	100,000,000
保険料	2,805,600	2,805,600	2,805,600	2,805,600	2,805,600
保険料累計	129,057,600	131,863,200	134,668,800	137,474,400	140,280,000
解約返戻金	73,366,000	66,521,000	55,030,000	35,259,000	0
損金算入額	8,668,120	8,668,120	8,668,120	8,668,120	8,668,120
損金算入累計額	105,607,520	114,275,640	122,943,760	131,611,880	140,280,000
資産計上累計額	23,450,080	17,587,560	11,725,040	5,862,520	0
含み益	49,915,920	48,933,440	43,304,960	29,396,480	0
返戻率	56.80%	50.40%	40.90%	25.60%	0.00%
含み益率	38.68%	37.11%	32.16%	21.38%	0.00%

　最高解約返戻率が85％超なので、当初10年間、「年払保険料280万5,600円×最高解約返戻率93.10％×90％」＝235万812円が毎年、資産計上される。11年目からは「年払保険料280万5,600円×最高解約返戻率93.10％×70％」＝182万8,410円が毎年、資産計上される。資産計上の期間は、この事例では26年である。その理由は「最高解約返戻率の時期（＝16年）」及び「それを超えた時期における解約返戻率の増加額＞年換算保険料×70％」による。資産計上累計額の取崩開始時期は、経過42年目である（解約返戻金の最高額が経過41年になるため）。

　図表９－１の保険期間推移には、それ以外に資産計上累計額、解約返戻金、含み益（＝解約返戻金－資産計上累計額）、解約返戻率、含み益率（＝含み益÷保険料累計）を示した。

実額ベースに関する確認

　保険金、保険料累計、解約返戻金、含み益について、実額ベースの相互の関係を把握するため、図表９－２にグラフを示す。

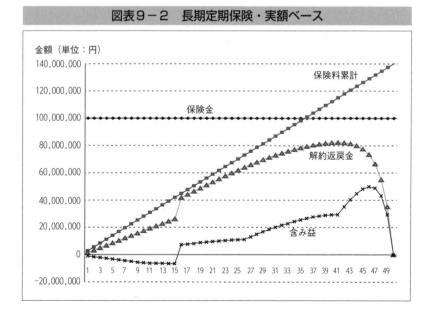

図表９－２　長期定期保険・実額ベース

死亡保険金は１億円である。保険料は年払い（全期払い）で280万5,600円、累計額でみると経過36年段階で１億100万1,600円となり、保険金額を超える。

解約返戻金は経過41年、8,225万円が最大である。以降、減少し保険期間の終期には０となる。当該事例は低解約返戻期間が15年設定されている。このため、経過16年で解約返戻金額がそれまでの水準から跳ね上がる形で増大する。

資産計上累計額は保険期間の開始から経過26年まで増加し、5,276万2,680円となる。その後、経過41年まで同額で推移する。42年目から取り崩され、最終的に０となる。

含み益は「解約返戻金－資産計上累計額」である。低解約返戻期間が15年設定されているため、含み益は経過15年までマイナス水準にある。その後（解約返戻金と同様）経過16年でそれまでの水準から跳ね上がる形状を示す。

含み益は経過46年、4,991万5,920円が最大となっている。この要因は次のような関係による。まず解約返戻金が41年目で最高額となり、その後減少する。資産計上累計額の取崩しは経過42年目から始まる。この両者の関係が経過46年まで「解約返戻金の減少額＜資産計上取崩し額」となるため含み益が増大している。47年目以降、逆転し「解約返戻金の減少額＞資産計上累計の取崩し額」となり、含み益が減少する。47年目の含み益は4,893万3,440円である。前年に対して減少している。解約返戻金の減少額（経過47年目と46年目の差）は684万5,000円、資産計上取り崩し額は586万2,520円（資産計上累計額5,276万2,680円÷９年）となっている。

率ベースによる確認

解約返戻金及び含み益に関する対保険料での率ベースグラフを、次頁図表９－３に示す。

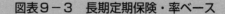

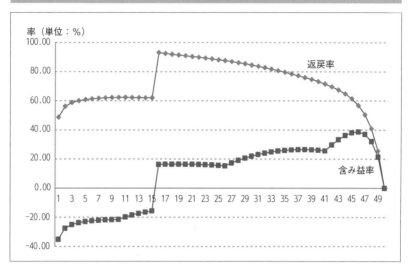

図表9－3　長期定期保険・率ベース

　解約返戻率は、低解約返戻期間15年直後である経過16年で最大93.1％である。図表9－3のとおり、解約返戻率は、その後41年程度までなだらかに減少し、以降急激に減少をはじめ最終的に0となる。

　これに対して含み益率は、経過15年までマイナス水準にあるが、直後の経過16年で16.28％となり、その後横ばいに近い微増減となる。経過41年での含み益は25.63％である。その後増大スピードを上げ、経過46年38.68％で最大となる。以降減少し最終的に0となって保険期間を終了する。

　解約返戻率及び含み益率は、対保険料累計額における値である。このため、解約返戻金の増減推移、資産計上累計額の増減推移、その結果としての「含み益＝解約返戻金－資産計上累計額」の値の増減と、それぞれの時点における保険料累計額との対比により数値が変動する。上記の数値はこの結果の値である。

　次節では、この長期定期保険の検証に入る。

第２節　リスク移転─保険

　「リスク移転─保険」の観点は、「経営者の人的リスクが企業存続に影響」という事業継続リスクへの備え、及び死亡退職金の準備という主旨に関わる商品検証である。この観点では保険金（保障額）を効率的に確保することが可能な商品かどうかが主な確認事項といえる。

　被保険者である経営者が死亡した場合、事業の継続性を確保するための資金の準備を平準化して行う。これが保険である。この場合、同じ保険金であれば保険料は安いほど良い。

　前節で実例として取り上げた長期定期保険の内容は、

> 〔長期定期保険〕
> 設定条件：50歳男性／保険期間・保険料払込期間：100歳満了・低解約
> 　　　　返戻期間15年／保険金１億円／年払保険料280万5,600円／
> 　　　　最高解約返戻率93.10％

というものである。

　効率的な死亡保障の確保という観点で、まず直接的な比較を行う。これは全額損金かつ解約返戻金がない（ごく少額の場合を含む）保険期間10年定期保険と、「50歳加入100歳満了定期保険」を単純比較するという方法である。この方法は、言い換えると、企業経営における期間想定を考え、「現時点から10年間程度の保障を１億円確保する」ということだけ考えて「どの商品を選択すべきか」を判断する視点といえる。具体的にみると、全額損金の区分でみた事例として50歳男性の場合「期間10年（年払保険料46万9,700円）＜長期定期保険（年払保険料280万5,600円）」である。両者とも死亡保険金は１億円である。１億円の死亡保障を確保するための保険料を単純比較すると、10年定期保険に軍配が上がる。

　次に、解約返戻金を考慮した実質的な保障コストという観点を導入しよう。保障コストは、「保険料累計－解約返戻金」を経過年数で除した値である。図表９－４に保障コスト計算結果を示す。

図表9-4　保障コスト計算結果

経過年数	1	2	3	4	5
保険金	100,000,000	100,000,000	100,000,000	100,000,000	100,000,000
保険料	2,805,600	2,805,600	2,805,600	2,805,600	2,805,600
保険料累計	2,805,600	5,611,200	8,416,800	11,222,400	14,028,000
解約返戻金	1,366,000	3,155,000	4,945,000	6,737,000	8,530,000
①保険料累計－解約返戻金	1,439,600	2,456,200	3,471,800	4,485,400	5,498,000
保障コスト（①/経過年数）	1,439,600	1,228,100	1,157,267	1,121,350	1,099,600

経過年数	6	7	8	9	10
保険金	100,000,000	100,000,000	100,000,000	100,000,000	100,000,000
保険料	2,805,600	2,805,600	2,805,600	2,805,600	2,805,600
保険料累計	16,833,600	19,639,200	22,444,800	25,250,400	28,056,000
解約返戻金	10,324,000	12,116,000	13,908,000	15,695,000	17,477,000
①保険料累計－解約返戻金	6,509,600	7,523,200	8,536,800	9,555,400	10,579,000
保障コスト（①/経過年数）	1,084,933	1,074,743	1,067,100	1,061,711	1,057,900

経過年数	11	12	13	14	15
保険金	100,000,000	100,000,000	100,000,000	100,000,000	100,000,000
保険料	2,805,600	2,805,600	2,805,600	2,805,600	2,805,600
保険料累計	30,861,600	33,667,200	36,472,800	39,278,400	42,084,000
解約返戻金	19,212,000	20,940,000	22,659,000	24,371,000	26,074,000
①保険料累計－解約返戻金	11,649,600	12,727,200	13,813,800	14,907,400	16,010,000
保障コスト（①/経過年数）	1,059,055	1,060,600	1,062,600	1,064,814	1,067,333

経過年数	16	17	18	19	20
保険金	100,000,000	100,000,000	100,000,000	100,000,000	100,000,000
保険料	2,805,600	2,805,600	2,805,600	2,805,600	2,805,600
保険料累計	44,889,600	47,695,200	50,500,800	53,306,400	56,112,000
解約返戻金	41,788,000	44,115,000	46,429,000	48,730,000	51,009,000
①保険料累計－解約返戻金	3,101,600	3,580,200	4,071,800	4,576,400	5,103,000
保障コスト（①/経過年数）	193,850	210,600	226,211	240,863	255,150

経過年数	21	22	23	24	25
保険金	100,000,000	100,000,000	100,000,000	100,000,000	100,000,000
保険料	2,805,600	2,805,600	2,805,600	2,805,600	2,805,600
保険料累計	58,917,600	61,723,200	64,528,800	67,334,400	70,140,000
解約返戻金	53,265,000	55,489,000	57,674,000	59,812,000	61,896,000
①保険料累計－解約返戻金	5,652,600	6,234,200	6,854,800	7,522,400	8,244,000
保障コスト（①/経過年数）	269,171	283,373	298,035	313,433	329,760

経過年数	26	27	28	29	30
保険金	100,000,000	100,000,000	100,000,000	100,000,000	100,000,000
保険料	2,805,600	2,805,600	2,805,600	2,805,600	2,805,600
保険料累計	72,945,600	75,751,200	78,556,800	81,362,400	84,168,000
解約返戻金	63,921,000	65,872,000	67,747,000	69,536,000	71,231,000
①保険料累計－解約返戻金	9,024,600	9,879,200	10,809,800	11,826,400	12,937,000
保障コスト（①/経過年数）	347,100	365,896	386,064	407,807	431,233

経過年数	31	32	33	34	35
保険金	100,000,000	100,000,000	100,000,000	100,000,000	100,000,000
保険料	2,805,600	2,805,600	2,805,600	2,805,600	2,805,600
保険料累計	86,973,600	89,779,200	92,584,800	95,390,400	98,196,000
解約返戻金	72,834,000	74,340,000	75,754,000	77,059,000	78,249,000
①保険料累計－解約返戻金	14,139,600	15,439,200	16,830,800	18,331,400	19,947,000
保障コスト（①/経過年数）	456,116	482,475	510,024	539,159	569,914

経過年数	36	37	38	39	40
保険金	100,000,000	100,000,000	100,000,000	100,000,000	100,000,000
保険料	2,805,600	2,805,600	2,805,600	2,805,600	2,805,600
保険料累計	101,001,600	103,807,200	106,612,800	109,418,400	112,224,000
解約返戻金	79,323,000	80,265,000	81,064,000	81,690,000	82,103,000
①保険料累計－解約返戻金	21,678,600	23,542,200	25,548,800	27,728,400	30,121,000
保障コスト（①/経過年数）	602,183	636,276	672,337	710,985	753,025

経過年数	41	42	43	44	45
保険金	100,000,000	100,000,000	100,000,000	100,000,000	100,000,000
保険料	2,805,600	2,805,600	2,805,600	2,805,600	2,805,600
保険料累計	115,029,600	117,835,200	120,640,800	123,446,400	126,252,000
解約返戻金	82,250,000	82,043,000	81,349,000	79,947,000	77,486,000
①保険料累計－解約返戻金	32,779,600	35,792,200	39,291,800	43,499,400	48,766,000
保障コスト（①/経過年数）	799,502	852,195	913,763	988,623	1,083,689

経過年数	46	47	48	49	50
保険金	100,000,000	100,000,000	100,000,000	100,000,000	100,000,000
保険料	2,805,600	2,805,600	2,805,600	2,805,600	2,805,600
保険料累計	129,057,600	131,863,200	134,668,800	137,474,400	140,280,000
解約返戻金	73,366,000	66,521,000	55,030,000	35,259,000	0
①保険料累計－解約返戻金	55,691,600	65,342,200	79,638,800	102,215,400	140,280,000
保障コスト（①/経過年数）	1,210,687	1,390,260	1,659,142	2,086,029	2,805,600

　まず経過10年でみてみよう。この段階の保険料累計は2,805万6,000円、解約返戻金は1,747万7,000円である。両者の差を経過年数10年で除した保障コストは105万7,900円である。ここで取り上げている商品事例は、当初15年間、低解約返戻期間が設定されている。このため、経過10年ではいまだ解約返戻金が低く、その結果、保障コストは割高となる。

　次に、解約返戻率が最高となる経過16年をみてみよう（経過16年時点解約返戻率93.1％）。経過16年の保険料累計は4,488万9,600円、解約返戻金は4,178万8,000円である。この差を経過年数16年で除した保障コストは、19万3,850円となる。この段階の保障コストは割安といえる値である。その後、解約返戻金は増加するが、保険料累計の増加のほうが大きい（その結果、解約返戻率は低下する）。解約返戻金実額が最大となる経過41年でみる

と、保険料累計1億1,502万9,600円、解約返戻金は8,225万円である。保障コストは79万9,502円となる。

　50歳男性の10年定期保険年払保険料が46万9,700円であった。到達年齢は60歳である。この観点でみると、50歳加入、経過41年では被保険者年齢91歳である。41年の保障コスト79万9,502円はそれほど高いものとはいえない。しかし、経過41年での保険料累計は1億1,502万9,600円であり、保険金1億円を超過している。解約返戻金を考慮した保障コストは割安に見えるが、保険金1億円との関係をみると、それほど効率的とは言えない結果となっている。仮に保障コストを40万円台まで許容すると考えると、当該事例では経過32年48万2,475円であり、そこまで保障確保のための保険として有効と考えることができる。経過32年での保険料累計は8,977万9,200円であり、保険金1億円を超えていない。

　リスク移転としての保険の観点（死亡退職金の準備や経営者死亡時の事業継続リスクへの対処としての保険利用）から評価すると、保険料について「解約返戻金を考慮した実質的な保障コスト」という視点を導入すれば、当該商品は経過16年以上32年程度までは、相対的に割安に保障を確保できる商品と考えられる。

第3節　リスク保有―内部資金

　「リスク保有―内部資金」は「経営者は通常に経営活動に従事しているが企業は危機的事態」に備えた解約返戻金及び含み資産形成と、生存退職金の準備に関わる商品検証である。具体的には当該商品の解約返戻率及び返戻金が最大となる時期、また含み益及び含み益率が最大となる時期における数値的確認を行う。図表9－5にその結果を示す。

　ここで取り上げている長期定期保険の返戻率最大となる時期は、経過16年で解約返戻金4,178万8,000円、返戻率93.10％である。この時の含み益率は16.28％である。また実額で返戻金が最大となる時期は経過41年で返戻金8,225万円、返戻率71.50％、含み益率25.63％となっている。

　返戻率最大の時期でみると、保険料を100納め、それを93.1まで下落させたうえで16.28の含み益を確保する。返戻金実額最大となる41年でみる

図表9-5　返戻率・返戻金実額及び含み益率・含み益額最大該当時期数表

長期定期保険				
目安	返戻率最大	含み益率最大	返戻金実額最大	含み益額最大
経過年数	16	46	41	46
死亡保険金	100,000,000	100,000,000	100,000,000	100,000,000
保険料	2,805,600	2,805,600	2,805,600	2,805,600
保険料累計	44,889,600	129,057,600	115,029,600	129,057,600
解約返戻金	41,788,000	73,366,000	82,250,000	73,366,000
損金算入累計	10,411,020	105,607,520	62,266,920	105,607,520
資産計上累計	34,478,580	23,450,080	52,762,680	23,450,080
含み益	7,309,420	49,915,920	29,487,320	49,915,920
返戻率	93.10%	56.80%	71.50%	56.80%
含み益率	16.28%	38.68%	25.63%	38.68%

と、保険料を100納め、それを71.50まで下落させたうえで、含み益25.63を確保する。

　含み益率最大38.68％となる時期は経過46年で、返戻金7,336万6,000円、返戻率56.80％である。含み益額最大4,991万5,920円となる時期は経過46年で、含み益率最大となる時期と同じである。

　含み益率最大かつ含み益額最大の時期でみると、保険料を100納め、それを56.80まで下落させた上で含み益38.68を確保する。

　「リスク保有─内部資金」の準備手段としてみると、当該商品は返戻率最大となる経過16年段階で、保険料累計に対して返戻率93.1％程度まで下落しても含み益率を16.28％程度水準で確保したいという想定において成り立つ。それ以降については返戻率の下落幅の大きさを受容しつつ含み益率25〜38％程度確保したいという想定において成り立つ。

第10章
税務区分横断的にみる生命保険法人契約

　前章までにおいて、「返戻率50％以下」「返戻率50％超70％以下」「返戻率70％超85％以下」「返戻率85％超」の四つの税務区分別に、商品検証を行った。

　本章では、これらの税務区分を横断して商品検証の結果を整理していく。商品検証の観点は、ここまで取り上げてきたリスクマネジメントの全体像から「リスク移転―保険」と「リスク保有―内部資金」の二つの観点である。

第1節　リスク移転―保険

　「リスク移転―保険」の観点は、「経営者の人的リスクが企業存続に影響」という事業継続リスクへの備え、及び死亡退職金の準備という主旨に関わる商品検証である。この観点では保険金（保障額）を効率的に確保することが可能な商品かどうかが主な確認事項であった。

　前章までに取り上げてきた商品事例について、この観点から一覧化したものが図表10－1である。

　保険金1億円を確保するための表面上の保険料は、期間が短く解約返戻金がない（ごく少額のものを含む）商品が当然低くなる。この点では、図表10－1の⑦、期間10年定期保険が最も低額である。

　次に保障コスト（＝（保険料累計－解約返戻金）÷経過年数）の視点から、上記の10年定期保険と同レベルとなる商品をみると、返戻率最大時点での保障コストとしては図表10－1の①、100歳満了定期保険が検討対象となる。100歳満了定期保険は、返戻率最大となる経過16年で保障コスト19万3,850円、経過32年でも保障コスト48万2,475円である。それ以外の商品は、10年定期保険と同レベルの保障コストにはなっていない（この観点からすると割高にみえる）。

　なお、税務区分「85％超」「70％超85％以下」区分で取り上げた「一定

図表10－1　税務区分別商品事例一覧

No	①	②	③	④	⑤	⑥	⑦
税務区分	85％超	85％超	70％超 85％以下	50％超 70％以下	50％以下	50％以下	50％以下
該当商品事例	100歳満了 定期保険	一定期間災害 保障重視型 定期保険	一定期間災害 保障重視型 定期保険	生活障害 定期保険	生活障害 保障定期保険	重大疾病 定期保険	定期保険
契約時年齢 （男性）	50歳	50歳	50歳	50歳	50歳	50歳	50歳
死亡保険金	1億円	当初5年 責任準備金 6年目以降 1億円	当初10年 責任準備金 11年目以降 1億円	1億円	1億円	1億円	1億円
保険期間/ 保険料払込期間	100歳満了	77歳満了	77歳満了	34年	23年	23年	10年
保険料	2,805,600円	4,206,599円	1,633,100円	2,712,800円	1,543,400円	2,211,300円	469,700円
返戻率 最大時期	16年	5年	5年	10年	6年	7年	なし
返戻率最大時点 保障コスト	193,850円	429,379円※	253,100円※	837,800円	791,733円	1,108,433円	10年全期間 469,700円
保障コスト40万 円台最遅時期お よび該当時保障 コスト	32年 482,475円	該当時期なし	13年 453,869円	該当時期なし	該当時期なし	該当時期なし	10年全期間 469,700円
最遅時期 保険料累計	89,779,200円	―	21,230,300円	―	―	―	4,697,000円

　期間災害保障重視型定期保険」は、返戻率最大である経過5年では死亡保険金が設定されず、死亡保障額は責任準備金である。このため、効率的な保障確保という観点では、他商品と同列で検討ができない。そこで、返戻率最大時点における保障コストと保険料累計の対保険金（当該2商品については対責任準備金）割合の2軸で検討する必要がある。

　次頁図表10－2に、保険料累計の水準と保障コスト散布図を示す。

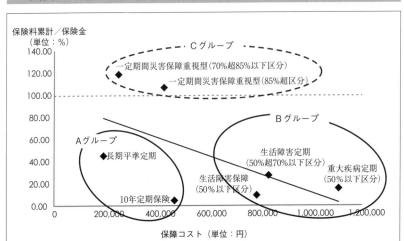

図表10－2　保険料累計の水準と保障コスト（返戻率最大時点）

　上図の縦軸は、返戻率最大時点（10年定期保険については10年時点）における「保険料累計額÷保険金」で算出した値（％）である。数字が高いほど保険金額と保険料累計額とが近い。したがって、保険金額を確保するための表面上の保険料が割高と考えられる。

　100％を超えた商品は、返戻率最大時点においてその時点の保障額よりも保険料累計額が高いことを表す。一定期間災害保障重視型定期保険の場合、税務区分「70％以上85％以下」の当該商品は経過５年が返戻率最大時期である。この時点の死亡保障は責任準備金であり、その額は690万円である。保険料累計額は816万5,500円となっており、保障額690万円を確保するためにその118％超の保険料を払っていることになる。同様に税務区分「85％超」当該商品の場合でも経過５年が返戻率最大時期である。この時点の責任準備金は1,974万7,000円、保険料累計額は2,103万2,995円であり、保障額に対する保険料の割合でみると106.51％となっている。

　※　厳密にいえば、経過１年から５年までの各年の責任準備金額の平均を保
　　　障額とし、それを確保するための５年段階の保障コストとみたほうが良い
　　　が、ここでは大まかなイメージを示すため、保障額についても返戻率最大
　　　５年目の数値で説明している。

　図表10－2の縦軸100％ライン（横）に、点線を示している。これを超える商品は、保障確保という観点では除外して検討することとしよう（「Cグループ」として○枠点線で表示）。

　保障コストは、これまで述べてきたように「（保険料累計額－解約返戻金）÷経過年数」で算出した値である。このため「保険料累計が低い」「解約返戻金が高い」という二つの要素で保障コストの低さが決まる。図表10－2の結果をみると、（上記のとおり、一定期間災害保障重視型定期保険を除き）「保険料累計が低い」という点で、10年定期保険が保障コスト46万9,700円と横軸左側から2番目、縦軸最低位に位置づけられた。長期平準定期保険（税務区分「85％超」）は横軸左側から1番目（保障コスト19万3,850円）、縦軸最高位（44.89％）に位置づけられた。この二つの商品を「Aグループ」として図内に○枠実線で示した。

　「保険料累計額の保険金比率」が高い商品（図表10－2の縦軸の上位）は、一般的に考えて解約返戻金が高いので、保障コストは割安になりやすい。図表10－2の散布図のプロット全体に対する近似線を実線で示した。右下がりの線となっており、「保険料累計額の保険金額比率」が高いほど、保障コストが低く（横軸左側に位置）なり、「保険料累計額の保険金比率」が下がるにしたがって保障コストは増大（横軸右側に位置）する。

　保険料が高いということは、付加保険料を除くと、純保険料における前払保険料部分が大きい商品と考えられる。定期保険の当年の危険保険料は、「危険保険金（＝保険金－責任準備金）×死亡率」である。したがって、危険保険料は当年の死亡率及びその時点の責任準備金に規定されるため、増大部分に限度がある。前払保険料が大きいと保険料は増大するが、その結果、責任準備金が大きくなり、それによって規定される解約返戻金も増大する。この結果、保障コストは割安になる。

　ただし、例外は10年定期保険である。これは解約返戻金がなく、保険料の安さを特徴とした商品であることによる。

　以上みてきたように、保障コストと「保険料累計額の保険金比率」の2軸でみた場合、両極端の商品が死亡保障の確保の観点から高い評価（Aグループ）となっている。すなわち、「保険料累計額の保険金額比率」が最も低い10年定期保険と、「保険料累計額の保険金額比率」の高い100歳満了定

期保険である。それ以外に、一定期間災害保障重視型定期保険（Ｃグルー
プ）を除く、その他の商品を「Ｂグループ」として示した。このＢグルー
プ商品は保障コストとしてみると、Ａグループ諸品と比べて割高になる。
これは解約返戻率が税務区分でみても低い位置にある（解約返戻金が低い）
ことによる。

第２節　リスク保有―内部資金・その①

　前節では、税務区分を横断して、これまでの商品検証を「リスク移転―
保険」の観点から整理した。この結果、商品的には３グループに分類され
た（図表10－２参照）。
　このうち、「Ｃグループ」に分類された商品（「一定期間災害保障重視型定
期保険（70％超85％以下区分）」及び「一定期間災害保障重視型定期保険（85％
超区分）」）では、返戻率最大時点においてそれまでの死亡保障額を保険料
累計額が超過しており、保障の効率的確保の点では、著しく劣後する結果
となった。残る２グループ（図表10－２中「Ａグループ」及び「Ｂグルー
プ」）についてみると、「Ａグループ」に分類された商品（「長期平準定期保
険」及び「10年定期保険」）は、保障の効率的確保の面で有効と思える数値
を示した。「Ｂグループ」に分類された商品（「生活障害定期保険（50％超
70％以下区分）」「生活障害保証定期保険（50％以下区分）」「重大疾病定期保険
（50％以下区分）」）は相対的に劣後するが、このＣグループは本節で取り上
げる「リスク保有―内部資金」準備とのバランスをみる必要がある。
　「リスク保有―内部資金」の観点は、「経営者は通常に経営活動に従事し
ているが企業存続が危うい事態」への備え、及び生存退職金の準備という
主旨に関わる商品検証である。この観点では「返戻率」「含み益率」「含み
益額」「返戻金額」の四つについて横断的に検証する必要がある。これに
より「リスク保有―内部資金」の備えとしてどのような準備が可能な商品
となっているかを確認できる。

図表10-3　税務区分別商品事例一覧（最高返戻率時点）

No.	①	②	③	④	⑤	⑥
税務区分	85%超	85%超	70%超 85%以下	50%超 70%以下	50%以下	50%以下
該当商品事例	100歳満了 定期保険	一定期間災害 保障重視型 定期保険	一定期間災害 保障重視型 定期保険	生活障害 定期保険	生活障害 保障定期保険	重大疾病 定期保険
契約時年齢 （男性）	50歳	50歳	50歳	50歳	50歳	50歳
死亡保険金	1億円	当初5年 責任準備金 6年目以降 1億円	当初10年 責任準備金 11年目以降 1億円	1億円	1億円	1億円
返戻率最大時点 責任準備金	—	19,747,000円	6,900,000円	—	—	—
保険期間/ 保険料払込期間	100歳満了	77歳満了	77歳満了	34年	23年	23年
保険料	2,805,600円	4,206,599円	1,633,100円	2,712,800円	1,543,400円	2,211,300円
返戻率最大時期 （経過年）	16年	5年	5年	10年	6年	7年
返戻率最大時点 保険料累計	44,889,600円	21,032,995円	8,165,500円	27,128,000円	9,260,400円	15,479,100円
解約返戻金	41,788,000円	18,884,300円	6,900,000円	18,750,000円	4,510,000円	7,720,000円
返戻率	93.09%	89.78%	84.50%	69.12%	48.70%	49.87%
資産計上累計額	34,478,580円	16,994,660円	4,899,300	10,851,200円	0	0
含み益	7,309,420円	1,889,640円	2,000,700円	7,898,800円	4,510,000	7,720,000円
含み益率	16.28%	8.98%	24.50%	29.12%	48.70%	49.87%

最高返戻率時点における検証

　まず「返戻率」の観点から、これまで取り上げてきた商品事例について一覧化した（最高返戻率時点）。上記図表10-3に一覧を示す。

　解約返戻金や返戻率の推移は、保険商品の性格によって規定される。すなわち、前払保険料が多ければ、一般的には解約返戻金が増大する。図表10-3の場合、①の100歳満了定期保険が最も返戻率が高い（93.09%）。これに対して、含み益や含み益率は税務上のルールである資産計上割合によって規定される。もちろん、保険商品の前払保険料のあり方によって（ルールでは返戻率によって）商品分類されているので、大元をたどれば保険商品の性格ではあるが、直接的には税務上のルールによって規定される。その結果、昨年6月の法令解釈通達以降のルールでは、解約返戻率が高い

ほど資産計上割合が高く、その結果、含み益は低下する形になる。

　図表10－4に、最高返戻率時点における返戻率と含み益率の散布図を示す。

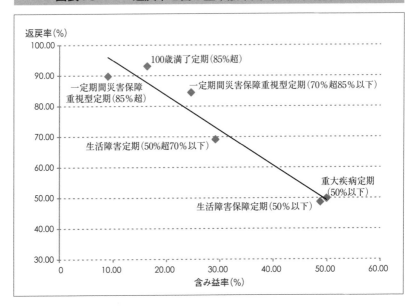

図表10－4　返戻率と含み益率散布図（返戻率最高時点）

　全体としてみると、返戻率が高い（縦軸）ほど、含み益率が低い（横軸）。返戻率最大時点でみると、最も返戻率が高い100歳満了定期保険（最高返戻率93.09％）の場合、その時点での含み益率は16.28％である。返戻率最高時点において含み益率が最高となった商品は、税務区分で「50％以下」における⑥の重大疾病定期保険であり、その含み益率は49.87％である。税務区分「50％以下」における資産計上割合は「0」である。結果、「解約返戻金＝含み益」であり、保険料累計に対する割合でいえば「返戻率＝含み益率」となる。以上のことから返戻率が低い商品ほど、含み益率が高い結果となる。

　この返戻率最高時点において解約すると考えた場合、含み益を多くほしい場合には、支払った保険料から失うもの（「1－返戻率」）を多くすることで含み益を増大させる。これに対して支払った保険料から失うものを小さ

図表10-5　税務区分別商品事例一覧（最高含み益率時点）

No.	①	②	③	④	⑤	⑥	⑦
税務区分	85％超	85％超	70％超 85％以下	50％超 70％以下	50％以下	50％以下	50％以下
該当商品事例	100歳満了 定期保険	一定期間災害 保障重視型 定期保険	一定期間災害 保障重視型 定期保険	生活障害 定期保険	生活障害 保障定期保険	重大疾病 定期保険	定期保険
契約時年齢 （男性）	50歳	50歳	50歳	50歳	50歳	50歳	50歳
死亡保険金	1億円	当初5年 責任準備金 6年目以降 1億円	当初10年 責任準備金 11年目以降 1億円	1億円	1億円	1億円	1億円
保険期間/ 保険料払込期間	100歳満了	77歳満了	77歳満了	34年	23年	23年	10年
保険料	2,805,600円	4,206,599円	1,633,100円	2,712,800円	1,543,400円	2,211,300円	469,700円
含み益率最大時期 （経過年）	46	13	13	19	6	7	10
含み益率最大時点 保険料累計	129,057,600円	54,685,787円	21,230,300円	51,543,200円	9,260,400円	15,479,100円	4,697,000円
解約返戻金	73,366,000円	28,344,500円	15,330,000円	31,320,000円	4,510,000円	7,720,000円	0
資産計上累計額	23,450,080円	16,994,660円	10,125,228円	14,739,557円	0	0	0
含み益	49,915,920円	11,349,840円	5,204,772円	16,580,443円	4,510,000円	7,720,000円	0
含み益率	38.68%	20.75%	24.52%	32.17%	48.70%	49.87%	0.00%
返戻率	56.85%	51.83%	72.21%	60.76%	48.70%	49.87%	0

くしたい（返戻率を高くする）場合には、含み益の確保を一定程度、諦める必要がある。

最高含み益率時点における検証

　次に「含み益率」最高時点における検証を整理しよう。「含み益＝解約返戻金－資産計上累計額」である。「解約返戻金が多い」か「資産計上累計額が少ない」か、あるいはその両方によって含み益が増大する。含み益をその時点の保険料累計で除した値が「含み益率」である。上記図表10－5に「最高含み益率時点」における商品一覧を示す。

　先にみた「返戻率最大時点」は保険商品の性格により規定されるが、「含み益率」は税務上のルールである「資産計上割合及びその取崩し時期及び期間」により規定される。

　含み益率最高時点における返戻率と含み益率の散布図を、図表10－6
に示す。

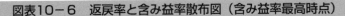

図表10－6　返戻率と含み益率散布図（含み益率最高時点）

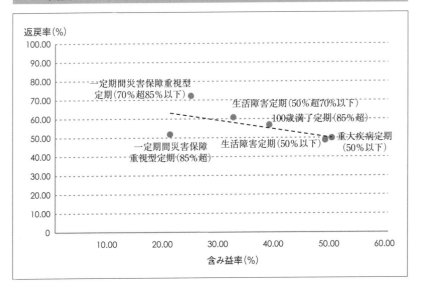

　近似曲線を散布図内に示しているが、図表10－4「返戻率最高時点」
に比べて、図表10－6「含み益率最高時点」の場合、線がフラットに
なっている。すなわち、返戻率が高いほど、含み益率が低いという性質は
変わらないが、返戻率最高時点ほど極端でなく、差が小さくなっている。
これは返戻率が低下（最高率時点より）して、縦軸では相対的に低い位置
に全体として移動している一方、図表10－6は含み益率最高時点を示し
ていることから、横軸上右に位置がずれているためである。この中では図
表10－3中④の生活障害定期保険（税務区分50％超70％以下）が、返戻率
60.76％、含み益率32.17％と中央に近い位置にあるが、これは返戻率最高
時点でも同様である（経過年数で見ると返戻率最高時10年、含み益率最高時19
年）。
　これに対して①の100歳満了定期保険は、含み益率最高時点で返戻率
56.85％、含み益率38.68％となっている。当該商品は返戻率最高時点では
返戻率93.09％、含み益率16.28％である（返戻率最高時点は経過16年、含み

益率最高時点は経過46年）。

　商品によって「返戻率最高時点」と「含み益率最高時点」の時間上の距離に差があることがわかる。この差が大きい場合、返戻率が大きく低下しつつ、含み益率が増大する結果となる。これに対してその差が小さい場合には、返戻率が小幅に低下するが、含み益率の増大を一定程度確保できる場合があることを意味している。この観点からいうと、返戻率と含み益率のバランスを考慮して商品選択する、あるいは契約の継続時期を判断する視点が存在し得るように思える。

第3節　リスク保有―内部資金・その②

　本章では、「リスク保有―内部資金」の観点からこれまでの商品検証を整理している。

　この観点での検証は、「最高解約返戻率時点」「最高含み益率時点」「最高解約返戻金額時点」「最高含み益額時点」の4時点での確認が必要であり、このうち前者二つは、前節で確認した。本節では、後者二つを確認する。

　「リスク保有―内部資金」の観点は、「経営者は通常に経営活動に従事しているが企業存続が危うい事態」への備え、及び生存退職金の準備という主旨に関わる商品検証である。この観点で「最高解約返戻金額時点」「最高含み益額時点」について横断的に確認しよう。

最高解約返戻金額時点における検証

　「最高返戻金額」時点における、本書で取り上げてきた商品事例について一覧化した。次頁図表10－7に一覧を示す。

図表10-7 税務区分別商品事例一覧（最高解約返戻金額時点）

No.	①	②	③	④	⑤	⑥
税務区分	85％超	85％超	70％超 85％以下	50％超 70％以下	50％以下	50％以下
該当商品事例	100歳満了 定期保険	一定期間災害 保障重視型 定期保険	一定期間災害 保障重視型 定期保険	生活障害 定期保険	生活障害保障 定期保険	重大疾病 定期保険
契約時年齢 （男性）	50歳	50歳	50歳	50歳	50歳	50歳
死亡保険金	1億円	当初5年 責任準備金 6年目以降 1億円	当初10年 責任準備金 11年目以降 1億円	1億円	1億円	1億円
保険期間/保険 料払込期間	100歳満了	77歳満了	77歳満了	34年	23年	23年
保険料	2,805,600円	4,206,599円	1,633,100円	2,712,800円	1,543,400円	2,211,300円
返戻額最高時期 （経過年）	41	17	15	24	14	13
返戻額最高時点 保険料累計	115,029,600円	71,512,183円	24,496,500円	65,107,200円	21,607,600円	28,746,900円
解約返戻金	82,250,000円	30,432,500円	15,860,000円	33,560,000円	8,220,000円	11,260,000円
返戻率	71.50％	42.56％	64.74％	51.55％	38.04％	39.17％
資産計上累計額	52,762,680円	16,994,660円	10,125,228円	14,739,557円	0	0
含み益	29,487,320円	13,437,840円	5,734,772円	18,820,443円	8,220,000円	11,260,000円
含み益率	25.63％	18.79％	23.41％	28.91％	38.04％	39.17％

　表中「含み益率」（下から1段目）は「含み益率＝（解約返戻金－資産計上累計額）÷当該時点における累計保険料」による値である。含み益率は、その他の定義もあるためここで改めて明記するが、本稿における含み益率は断りのない限り、対累計保険料の値である。

　最高解約返戻金額時点は、商品によって最高解約返戻率時点と大きく乖離した商品もあれば、大きくない商品もある。この点は留意する必要がある。例えば、ここで上げている①の100歳満了定期保険は、最高解約返戻金額となる時期が、図表10-7のとおり契約から経過41年である。当該商品は前節で取り上げた最高解約返戻率の時期をみると経過16年であった（これはあくまで本書で取り上げている商品事例の場合である。他の商品あるいは契約年齢等により相違すると思われる。同様の考え方で評価検証してほしい）。

　最高解約返戻金額時点が最高解約返戻率時点と大きく乖離する（遅延する）場合には、その時点における当該商品の滞留した前払保険料が比率的

にみると低下しているが、保険料累計が増加しているため額では最高と
なっていることになる。

　図表10－8に、最高解約返戻金額時点における返戻率と含み益率（対
累計保険料）の散布図を示す。

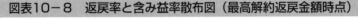

図表10－8　返戻率と含み益率散布図（最高解約返戻金額時点）

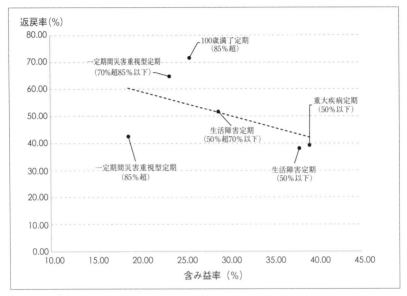

　返戻率が高い（縦軸）ほど、含み益率が低い（横軸）。この傾向は前節で
取り上げた2時点（最高解約返戻率時点、最高含み益率時点）と共通してい
る。しかし、前節の最初に取り上げた「最高解約返戻率時点」と比べると、
全体として線がフラットになっている。これは先に触れたとおり、一部商
品において返戻率と返戻金額の最高時点の乖離による。前節でみた最高返
戻率時点で最も返戻率が高い商品は①100歳満了定期保険（ある会社の例。
最高返戻率93.09％）」であった。この商品の最高解約返戻率となる時期は、
経過16年であり、その段階での含み益率は16.28％である。当該商品の返戻
金額最高時点は経過41年である。この段階での返戻率は71.50％であるが、
含み益率は25.63％と上昇している。その結果、縦軸の位置では低下した
が、横軸では右方向へ移動している。

　最高解約返戻金額時点においてもっとも返戻率の高い商品は、上記の①「100歳満了定期保険」であった。これに対して含み益率が最高となった商品は、⑥「重大疾病保険（ある会社の例）」であり、その含み益率は39.17％である。この商品は、最高解約返戻金額時点が経過13年である。当該商品の税務区分は「50％以下」であり、資産計上割合は「０」である。結果、「解約返戻金＝含み益」であり、保険料累計に対する割合でいえば「返戻率＝含み益率」となる。

　なお②「一定期間災害保障重視型定期保険」は、図表10－7及び図表10－8のとおり、返戻率42.56％、含み益率18.79％となっている。前節でみた最高解約返戻率時期と対比すると「返戻率89.78％→42.56％」「含み益率8.98％→18.79％」である。返戻率の急速な減少（％ポイントで47.22）と含み益率の水準的に低い位置での増加（％ポイントで9.81）となっている。これに対して③「一定期間災害保障重視型定期保険」では、返戻率64.74％、含み益率23.41％となっている。最高解約返戻率時点と対比すると「返戻率84.50％→64.74％」「含み益率24.50→23.41％」である。こちら（③）は返戻率に比べて含み益率の変化が小さい。これは同じ一定期間災害保障重視型定期保険であっても②と③では税務区分が相違し、含み益の変化が相違することによる。

最高含み益額時点における検証

　次に「含み益額」最高時点における検証を整理しよう。「含み益＝解約返戻金－資産計上累計額」である。「解約返戻金が多い」か「資産計上累計額が少ない」あるいはその両方によって含み益が増大する。図表10－9に最高含み益額時点における商品事例一覧を示す。

図表10-9　税務区分別商品事例一覧（最高含み益額時点）

No.	①	②	③	④	⑤	⑥	⑦
税務区分	85%超	85%超	70%超85%以下	50%超70%以下	50%以下	50%以下	50%以下
該当商品事例	100歳満了定期保険	一定期間災害保障重視型定期保険	一定期間災害保障重視型定期保険	生活障害定期保険	生活障害保障定期保険	重大疾病定期保険	定期保険
契約時年齢（男性）	50歳	50歳	50歳	50歳	50歳	50歳	50歳
死亡保険金	1億円	当初5年責任準備金6年目以降1億円	当初10年責任準備金11年目以降1億円	1億円	1億円	1億円	1億円
保険期間/保険料払込期間	100歳満了	77歳満了	77歳満了	34年	23年	23年	10年
保険料	2,805,600円	4,206,599円	1,633,100円	2,712,800円	1,543,400円	2,211,300円	469,700円
含み益額最高時期（経過年）	46	21	15	28	14	13	10
含み益額最高時点保険料累計	129,057,600円	88,338,579円	24,496,500円	75,958,400円	21,607,600円	28,746,900円	4,697,000円
解約返戻金	73,366,000円	27,838,400円	15,860,000円	30,010,000円	8,220,000円	11,260,000円	0
返戻率	56.85%	31.51%	64.74%	39.51%	38.04%	39.17%	0.00%
資産計上累計額	23,450,080円	10,196,796円	10,125,228円	10,404,407円	0	0	0
含み益額	49,915,920円	17,641,604円	5,734,772円	19,605,593円	8,220,000円	11,260,000円	0
含み益率	38.68%	19.97%	23.41%	25.81%	38.04%	39.17%	0.00%

　解約返戻金及び返戻率は保険商品の性格により規定されるが、含み益額及び含み益率は税務上のルールである「資産計上割合及びその取崩し時期及び期間」により規定される。

　含み益額最高時点における返戻率と含み益率（対累計保険料）の散布図を次頁図表10-10に示す。

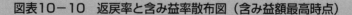

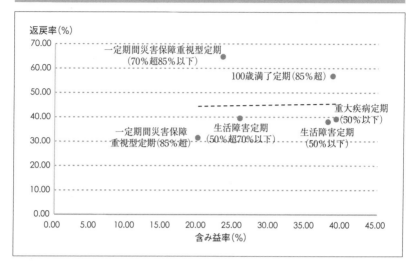

図表10-10　返戻率と含み益率散布図（含み益額最高時点）

　近似曲線を散布図内に示しているが、図表10-8「返戻金額最高時点」に比べて図表10-10「含み益額最高時点」の場合、線がフラットになっている（微妙ではあるが、線が右方向へ上がっている傾向は同様とみえる）。すなわち、この時点（含み益額最高時点）では返戻率の減少（縦軸位置で低下）と、含み益率の上下動（横軸の変化）は無関係に近くなる。例えば、①の100歳満了定期保険の場合、返戻率は「返戻金額最高時点71.50％」から「含み益額最高時点56.85％」へ20.48％減少している（％ポイントで14.65の減少）。同時期で、含み益率は25.63％から38.68％へ50.9％増加している（％ポイントでは13.05の増加）。

　「返戻金額最高時点」から「含み益額最高時点」における「返戻率の減少」と「含み益率の増加」の動きの相違は、返戻率の変化が商品の性格に依存しているのに対して、含み益率の変化（増加）が、資産計上累計額の減少という税務上の規定に依存して生じているためと考えられる。

第11章
保障目的による商品グループ分類別検討

　前章まで、「リスク移転─保険」「リスク保有─内部資金」の観点から、「最高解約返戻率時点」「最高含み益率時点」「最高解約返戻金額時点」「最高含み益額時点」の4時点における「返戻率」と「含み益率（対当該時点累計保険料）」の二軸による商品検証を行った。

　本章では、「リスク移転─保険」「リスク保有─内部資金」の二つの観点を総合的にみた場合の商品評価を行っていく。

「リスク移転─保険」の観点での商品分類

　前章で「リスク移転─保険」の観点での商品検証を行ったが、この観点での商品検証は、「保険料水準（＝検討時点における保険料累計÷保険金の比率）」と「保障コスト（＝（検討時点における保険料累計－解約返戻金）÷経過期間）」の二軸による商品の位置づけによった。

　なぜ「リスク移転─保険」に関わる検証は、最高解約返戻率時点だけだったのだろうか？　その理由は、保障コストがその時点において最も低くなるためである。それ以降、解約返戻金が増加しても、追加する支払保険料の増加スピードより遅くなり（その結果、返戻率でみると低下する）、結果、保障コストは高くなる。

　次頁図表11－1に該当商品事例一覧を、図表11－2に保険料累計の水準と保障コスト散布図を示す。

図表11-1　該当商品事例一覧（最高解約返戻率時点）

No.	①	②	③	④	⑤	⑥	⑦
税務区分	85%超	85%超	70%超 85%以下	50%超 70%以下	50%以下	50%以下	50%以下
該当商品事例	100歳満了 定期保険	一定期間災害 保障重視型 定期保険	一定期間災害 保障重視型 定期保険	生活障害 定期保険	生活障害保障 定期保険	重大疾病 定期保険	定期保険
契約時年齢 （男性）	50歳	50歳	50歳	50歳	50歳	50歳	50歳
死亡保険金	1億円	当初5年 責任準備金 6年目以降 1億円	当初10年 責任準備金 11年目以降 1億円	1億円	1億円	1億円	1億円
返戻率最大時点 責任準備金	—	19,747,000円	6,900,000円				
保険期間/ 保険料払込期間	100歳満了	77歳満了	77歳満了	34年	23年	23年	10年
保険料	2,805,600円	4,206,599円	1,633,100円	2,712,800円	1,543,400円	2,211,300円	469,700円
返戻率最大時期 （経過年）	16	5	5	10	6	7	10（なし）
返戻率最大時点 保険料累計	44,889,600円	21,032,995円	8,165,500円	27,128,000円	9,260,400円	15,479,100円	4,697,000円
解約返戻金	41,788,000円	18,884,300円	6,900,000円	18,750,000円	4,510,000円	7,720,000円	0
返戻率	93.09%	89.78%	84.50%	69.12%	48.70%	49.87%	0.00%
資産計上累計額	34,478,580円	16,994,660円	4,899,300円	10,851,200円	0	0	0
含み益	7,309,420円	1,889,640円	2,000,700円	7,898,800円	4,510,000円	7,720,000円	0
含み益率	16.28%	8.98%	24.50%	29.12%	48.70%	49.87%	0.00%
保障コスト	193,850円	429,379円	253,100円	837,800円	791,733円	1,108,433円	469,700円

※　上記⑦は10年定期保険である。この商品は解約返戻金がないので、10年累計時点の数値を示している。

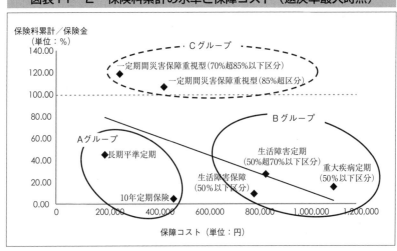

図表11-2　保険料累計の水準と保障コスト（返戻率最大時点）

グループ別商品の評価

Cグループ商品分類

　このグループの商品は「一定期間災害保障重視型定期保険」である。C
グループは、他の分類と著しく相違している。すなわち最高解約返戻率が
経過5年で最高となる（本書における事例の場合。以下同じ）が、その間、
保障額は責任準備金である。その後、保障額が保険金となる（第一保険期
間が終わる）時期には、解約返戻金が急激に目減りしているため、保障コ
ストが大幅に上昇する。

　「一定期間災害保障重視型定期保険」の保険商品としての大義が、「定期
保険」であるなら、本来、定期保険となる時期（死亡保険金が設定される
第二保険期間）の保障コストも他の分類と同程度でなければ、利用する価
値がない。対比するために保障コストを「100歳満了定期保険（85％超）」
と「一定期間災害保障重視型定期保険（85％超）」「一定期間災害保障重視
型定期保険（70％超85％以下）」の3商品についてみてみよう。その推移を
図表11－3に示す。

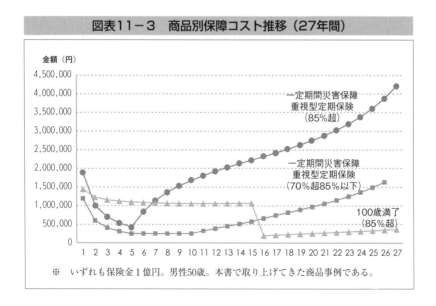

図表11－3　商品別保障コスト推移（27年間）

　※　いずれも保険金1億円。男性50歳。本書で取り上げてきた商品事例である。

　「100歳満了定期保険（85％超）」は、経過16年で最高解約返戻率となる事

例である。このため、その時期の保障コストは19万3,850円であり保険期間中で最も低い。その後も微増するが低位にある（折れ線▲）。

これに対して「一定期間災害保障重視型定期保険（85％超）」は経過5年で42万9,739円（この間保障は責任準備金）、経過6年で1億円の死亡保険金となるが、その時期の保障コストは83万9,782円と上昇し、以降、上昇スピードを上げていく（折れ線●）。「一定期間災害保障重視型定期保険（70％超85％以下）」も経過5年で最高解約返戻率時期となるが、この時期の保障コストは25万3,100円である。この商品は死亡保障が責任準備金である時期が経過10年である。そのため、そこまでは横ばいに近い状態で推移する（折れ線■）。その後11年目から上昇スピードを上げる。

以上のことから、100歳満了定期保険のように、契約当初から保険金が設定された商品のほうがむしろ保障コストが安く、当該Cグループについては「リスク移転―保険」の観点でみると、評価に値しないことがわかる。言い換えると「リスク移転―保険」と「リスク保有―内部資金」の双方を統合的にみて評価する必要性がない商品と考えられる。

Bグループ商品分類

Bグループ商品は、Aグループに比して保障コストが高く、「リスク移転―保険」の観点では、その側面で劣後する。しかし保険料水準は低く、保障の効率的確保という側面では検討に値する商品群と考えられる。したがって、Bグループ商品の検討は、「リスク移転―保険」と「リスク保有―内部資金」の双方から統合的に評価検討が必要な商品となっている。

図表11－2の散布図でみるように、縦軸、保険料水準は極めて低い位置にある。すなわち、保険金を確保するために支払う保険料は、相対的に安く、企業が支払う現金そのものが少ない。一定の保障を確保するために保険料を支払う時点において、企業のキャッシュフローを保険加入が痛める可能性は小さい商品分類といえる。ところが解約返戻金が低いので、計算上の保障コストは割高になる。

令和元年法令解釈通達以後の税務ルールでは、解約返戻率が低いほど、資産計上割合は小さい。したがって解約返戻率の低さは、結果として含み益の増大を生む可能性を高める。

この観点から総合的にBグループを位置づけてみよう。100歳満了定期

保険と対比しつつ確認してみる。最高解約返戻率時点における該当商品の数値状況を図表11－4に、保障コストと含み益率の二軸による散布図を図表11－5に示す。

図表11－4　該当商品事例一覧（最高解約返戻率時点）

税務区分	85％超	50％超70％以下	50％以下	50％以下
該当商品事例	100歳満了定期保険	生活障害定期保険	生活障害保障定期保険	重大疾病定期保険
契約時年齢（男性）	50歳	50歳	50歳	50歳
死亡保険金	100,000,000円	100,000,000円	100,000,000円	100,000,000円
保険期間/保険料払込期間	100歳満了	34年	23年	23年
保険料	2,805,600円	2,712,800円	1,543,400円	2,211,300円
返戻率最大時期（経過年）	16	10	6	7
返戻率最大時点保険料累計	44,889,600円	27,128,000円	9,260,400円	15,479,100円
解約返戻金	41,788,000円	18,750,000円	4,510,000円	7,720,000円
返戻率	93.09％	69.12％	48.70％	49.87％
資産計上累計額	34,478,580円	10,851,200円	0	0
含み益	7,309,420円	7,898,800円	4,510,000円	7,720,000円
含み益率	16.28％	29.12％	48.70％	49.87％
保障コスト	193,850円	837,800円	791,733円	1,108,443円

※　含み益＝解約返戻金－資産計上累計額

※　含み益率＝含み益÷累計保険料

図表11－5　保障コストと含み益率（対累計保険料）散布図

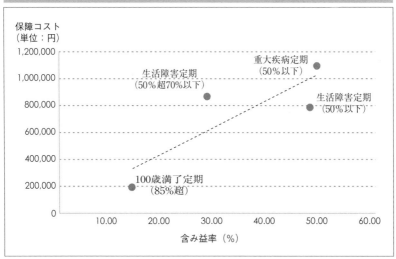

　図表11－5は縦軸に保障コスト、横軸に含み益率とした各商品の位置づけを示している。これをみると、保障コストが高くなるほど含み益率は大きくなる（近似線の右肩上がりの形状に留意）。この結果、Bグループ商品は保険料水準の相対的低さ（図表11－2）から「保障目的による加入」と、含み益率の大きさ（図表11－5）から「含み益率確保目的による加入」の二つの目的を満たす商品として利用される可能性を持つといえる。

総合的商品検証結果

　本書におけるここまでの税務区分別商品検証及び税務区分横断的商品検証の結果から、商品事例として取り上げた内容であることを前提に、商品の単純化した評価表を図表11－6に示す。

図表11－6　商品評価表

グループ	該当商品事例	税務区分	保障目的	含み益確保目的	解約返戻金確保目的
A	100歳満了定期保険	85％超	○	△	○
	10年定期保険	50％以下（解約返戻金がない商品）	○	×	×
B	生活障害定期保険	50％超75％以下	○	△	△
	生活障害定期保険	50％以下	○	△	△
	重大疾病定期保険	50％以下	○	○	△
C	一定期間災害保障重視型定期保険	85％超	×	×	○
	一定期間災害保障重視型定期保険	70％超85％以下	×	×	○

○：高評価　△：中程度　×：そもそも加入目的として商品が該当しない

　この中で、含み益確保目的による生命保険法人契約の視点であるが、この観点はいずれにしろ令和元年法令解釈通達により制約を受けている。すなわち含み益は「法令解釈通達前＞法令解釈通達後」の関係にある。したがって上記図表11－6における当該項目における「○」評価も、その制約下の中での優劣である点は留意する必要がある。

　今後、生命保険法人契約は「リスク移転―保険」という保険本来の性格を認識して利用する側面が中心となっていくように思われる。

第Ⅲ部

経営者の必要保障を
どう考えるか

第12章
「リスク移転─保険」の視点における必要保障額

　ここまで、主にリスクファイナンスの観点から商品の効果検証を行ってきた。

　生命保険法人契約は「リスク移転─保険」としての位置づけと、「リスク保有－内部資金」の位置づけの二つの側面をもち、後者については令和元年法令解釈通達以前に比べ、相対的に生命保険法人契約による効果・有効性が低下している。これは含み益が減少したことによる。このため、前者「リスク移転─保険」の視点の重要性が増している。以上を前章までにおいて確認した。

　本章では、「リスク移転─保険」の視点における必要保障額について検討する。

生命保険法人契約のリスクカバー範囲

　生命保険法人契約のリスクカバー範囲を、図表12－1に示す。

図表12－1　生命保険法人契約リスクカバー範囲

想定する経営者の状態 ＼ 想定する企業の状態	企業活動は通常状態	企業自体が危機的事態
経営活動に従事している	今の視点（第二象限）	経営者は経営活動に通常に従事しているが、企業の存続が危うい事態（第一象限）
経営活動に従事できない	経営者は経営活動に従事できないが、企業自体は通常の状態にある（第三象限）	経営者が経営活動に従事できないために、企業の存続が危うい事態（第四象限）

「リスク移転─保険」の観点で生命保険法人契約をみると、大きく二つの象限をカバーする。すなわち、「自分が経営活動に従事できないために企業存続が危うい事態」（第四象限）と「自分が経営活動に従事できないが企業自体は通常状態」（第三象限）である。本章のテーマである経営者の必要保障額は、前者（第四象限）の詳細検討の意味をもつ。対象範囲を図表12－1の太枠で示した。

経営者の必要保障の二つの視点

　経営者の必要保障額を、経営する企業存続の観点で検討する。すると最初に出てくるのは借入金返済問題である。この考え方は、企業のバランスシート（貸借対照表）視点と言い換えられる。

　経営者が死亡してしまったような場合、その時点の借入金を一定程度返済しても企業存続に問題がないようにする。あるいは、どの程度返済可能かを判断する。そのような視点で必要保障を検討する。

　必要保障の二つ目は、経営者死亡の場合でも企業の資金繰りが目詰まりしないように対処するという視点である。これは資金繰り視点である。

バランスシート視点における検討

　ある時点のバランスシートを想定し、経営者死亡という事態に遭遇した場合、借入金返済がどの程度可能になるかを保険金受取による影響を反映してシミュレーションしてみよう。まずスタートラインとしてのバランスシートである。図表12－2に想定バランスシートを示す。

図表12－2　想定バランスシート

（単位：千円）

流動資産(現預金)	82,824	流動負債	53,877
		固定負債	15,053
固定資産	103,301	借入金（金融機関）	80,155
		借入金（社長）	12,925
投資等	39,622	純資産	63,737
計	225,747	計	225,747

　通常のバランスシートと少し記載を変えているので、その点を先に説明
しておく。流動負債および固定負債の中に、借入金がそれぞれある。すな
わち短期借入金、長期借入金である。図表12－2はこれを取り出してい
る。金融機関からの借入金（短期、長期）、同様に社長借入金についても取
り出している。この形でみると返済対象が明確である。図表12－2のバラ
ンスシートでは、「借入金（金融機関）」及び「借入金（社長）」の合計は
9,308万円である。この額について、万一社長が死亡した時の返済対象と考
える。

　この返済額を保障額として、保険金を付ける（全額損金算入と仮定）前段
階を考えてみよう。もともと企業には、流動資産（うち特に現預金）が存在
している。すると現預金の一定部分を返済に充てることも考えられる。そ
こで例えば、返済額より少ない1,000万円を死亡保険金として考えてみよう。
死亡保険金はここでは全額益金として計上されるものと仮定する（すなわ
ち税務区分で返戻率50%以下商品）。このため、その税額分を考慮する必要が
ある。法人税実効税率を30.62%として計算する。税額は1,000万円×30.62%
＝306万2,000円である。

　保険金額を資産側に、税額を負債側に位置づけてみる。図表12－3に
試算結果を示す。

図表12－3　試算結果バランスシート

(単位：千円)

流動資産（現預金）＋死亡保険金	92,824	流動負債	53,877
		税額	3,062
固定資産	103,301	固定負債	15,053
		借入金（金融機関）	80,155
		借入金（社長）	12,925
投資等	39,622	純資産	70,675
計	235,747	計	235,747

　この試算結果から「流動資産（現預金）＋死亡保険金」と「税額＋借入
金（金融機関）＋借入金（社長）」を対比してみよう。図表12－4に対比表
を示す。

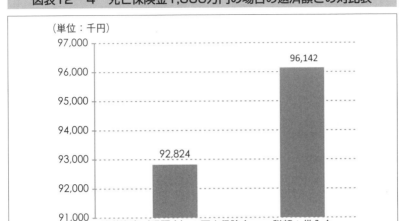

図表12-4　死亡保険金1,000万円の場合の返済額との対比表

「流動資産（現預金）＋死亡保険金」は9,282万4,000円である。これに対して「税額＋借入金（金融機関）＋借入金（社長）」は9,614万2,000円となる。

　この結果、保険金1,000万円の場合、対象とした借入金をすべて返済すると、流動資産（現預金）は底をつく。当然、これではその後の企業経営は見通せない。保険金を増やす必要がある、あるいは返済をせず、そのまま借入金を維持する必要が生ずる。

バランスシート視点における必要保障算出のための前提条件

　バランスシート視点で、上記の考え方から必要保障を算出するためには、流動資産（現預金）を以前の状態で維持する（借入金返済後に現預金が従来と同額維持する）、あるいは、どの程度まで減少させて良いかを設定する必要がある。流動資産（現預金）がふんだんにあり、一定程度減少させて良いという状況であれば、その額を設定して必要保障を算出する。

　ここでは流動資産（現預金）を維持する前提で考えてみる。まず、返済対象の借入金合計は先にみたとおり9,308万円である。この合計額を返済するための保険金額は、全額益金として保険金を受け取ったと仮定した場合、税額分が増額されている必要がある。

　これを計算すると、

9,308万円÷（1－法人税実効税率30.62％）＝1億3,416万円

である。

　この金額を反映した試算結果として、図表12－5を示す。

図表12－5　借入金全額返済基準による死亡保険金設定試算

（単位：千円）

流動資産（現預金）＋死亡保険金	216,984	流動負債	53,877
		税額	41,080
固定資産	103,301	固定負債	15,053
		借入金（金融機関）	80,155
		借入金（社長）	12,925
投資等	39,622	純資産	156,817
計	359,907	計	359,907

　この状態であれば、流動資産（現預金）が従前の図表12－2にある8,282万4,000円を維持する形で返済を行うことが可能となる。

　「流動資産（現預金）＋死亡保険金」と「税額＋借入金（金融機関）＋借入金（社長）」を対比してみよう。図表12－6に対比表を示す。

図表12－6　死亡保険金を返済総額(税額分考慮)とした場合の返済額との対比表

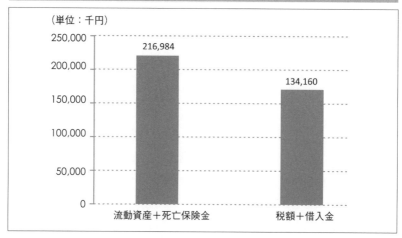

　２億1,698万4,000円を財源に、税額分と借入金合計１億3,416万円を支払う。差額は8,282万4,000円である。この数字は従前（図表12－２）の流動資産（現預金）の数値と一致する。

　バランスシート視点における必要保障額は、返済すべき借入金を明確にし、それを全額返済可能な保険金（納税分考慮）として算出する。

実際の着地点

　バランスシート視点は、いずれにしろ当該中小企業のそれぞれの状況の中で設定が決まる。すなわち、借入金の全額を経営者死亡時に返済する前提で金額を算出するか、あるいは、そのうち優先的に返済したほうが良いと考えられる部分に限定するか等は、それぞれの状況による。

　また、全額返済を前提に必要保障を算出した場合、実際の返済を行った後のバランスシートでは、総資産額は従前と変更がないが、借入金は０になる。当然、その分、純資産の比率が上昇する。これ自体、悪いことではないが、経営者死亡による死亡保険金で、そこまでの良化を図っておく必要があるかどうかは、後継者の実力、企業の安定的な経営可能性の強弱に依存する。その意味で、計算式はあるにしろ、前提となる対象の借入金の想定、全額返済の場合の流動資産（現預金）の減少の容認程度を考慮して算出する必要がある。

第13章
中小企業経営者の必要保障額

　中小企業経営者の必要保障額について、前章では、（バランスシート視点から）借入金の返済財源を確保するための考え方を取り上げた。本章は、これをキャッシュフロー視点で考えてみる。

事業の流れを滞らせないお金

　企業のお金の流れを滞らせる要因として、運転資金の問題がある。ここでいう運転資金は、経常運転資金のことである。すなわち、事業の通常の動きの中で必要となるお金の問題といえる。運転資金は「受取手形・売掛金＋在庫－支払手形・買掛金」により算出される。

　「受取手形・売掛金＋在庫」は、未だ現金として回収できていない金額を表す。これに対して「支払手形・買掛金」は未だ現金として支払わずに済んでいる金額を表す。両者の関係は通常『「受取手形・売掛金＋在庫」＞「支払手形・買掛金」』であり、この差額分が運転資金である。

　「現金として回収できていないお金」が、「現金として支払わずに済んでいるお金」を上回っているので、その分、支払いが滞らない（現金回収できるまでの時間を経過する）ようにお金が必要となる。経営者の死亡や就業不能などの際にも、この必要なお金（運転資金）が不足しないよう準備しておく。直接的な企業存続の危機的事態への対処である。

　以上のような考え方から、運転資金相当が必要保障額と位置づけられる。

　以下に実際の数値で検討してみよう。図表13－1に、運転資金の例を示す。

図表13-1　運転資金の例

（単位：千円）

	受取手形・売掛金	40,000
現金回収できていない金額	在庫	25,000
	計	65,000
現金を支払わずに済んでいる金額	支払手形・買掛金	35,000
運転資金		30,000

　現金回収できていないお金が6,500万円、現金を支払わずに済んでいるお金が3,500万円、その差額3,000万円が運転資金である。

　この運転資金の確保を必要保障として考える。すると、3,000万円の実額が必要なので、保険金が益金として課税される（税務区分で返戻率50％以下の定期保険商品）ことを考慮して保険金設定する必要がある。税率を31％とすると、必要な保険金額は、

$$3,000万円÷（1－法人税実効税率31％）＝4,347万8,200円$$

である。

「経営者の人的リスクにより企業が危機的事態」に備えるお金（簡便法）

　経営者の人的リスクに備える場合の必要保障は、上記でみてきた運転資金、前章で整理した借入金の二つが主な項目となる。この二つによって算出したものを必要保障額とする考え方は、簡便法と位置づけられる。

　次頁図表13-2に、前章及び本章の例による必要保障額（簡便法）試算を示す。

図表13-2 借入金及び運転資金による必要保障額試算

（単位：千円）

必要保障対象項目	必要額	設定保険金額
借入金返済財源	50,000	72,464
運転資金相当額確保財源	30,000	43,478
計（企業存続上の必要保障額）	80,000	115,942

※ 実効税率を31％とした試算

　借入金のうち必要保障の対象とするかどうかの判断は、個々の企業の状況による。したがって、図表13-2に記載された数値は、その判断をした後ということになる。ここでは5,000万円が対象額である。さらに事業の継続的な活動を支える運転資金を確保するため、3,000万円が必要である。両者合計が必要額と位置づけられる。

　この必要額を確保するために保険金を付ける。この保険金を受取時、全額益金となると考えると、税額分を考慮しておかなければ不足する。このため、「1－法人税実効税率」で割り戻した値が設定保険金額である。図表13-2では、その結果、必要額が8,000万円、その額を確保するための設定保険金額が1億1,594万2,000円となった。

キャッシュフロー視点の基本となる考え方

　ここまでの検討は、狭義のお金の流れである。次に、全体を俯瞰したキャッシュフローの視点で検討してみよう。

　最初に、通常の年の損益とキャッシュフローである。これは経営者が通常に経営しているときの会社の状況を表していると解釈できる。その通常の状態に対して、経営者が万一死亡するような事態となったときのいくつかの影響を予測する。この予測は、

---

① 売上の減少

② 役員・従業員の流出による退職金支払

③ 借入金の返済

による。

ここでは、経営者死亡の影響を以下のように設定する。

---

① 　売上の減少……死亡時１年目50％・２年目30％・３年目10％
② 　役員・従業員の一部流出による退職金……3,000万円
③ 　借入金返済……5,000万円

以上を織り込んだ損益計算書を、図表13－３に示す。

図表13－3　損益計算書

(単位：千円)

	通常期	経営者死亡1年目	経営者死亡2年目	経営者死亡3年目
売上高	400,000	200,000	280,000	360,000
売上原価※	320,000	160,000	224,000	288,000
売上総利益	80,000	40,000	56,000	72,000
販売費・一般管理費	73,000	73,000	73,000	73,000
うち　人件費	36,000	36,000	36,000	36,000
うち　減価償却費	3,800	3,800	3,800	3,800
うち　他の経費	33,200	33,200	33,200	33,200
営業利益	7,000	－33,000	－17,000	－1,000
支払利息	1,352	1,352	360	360
経常利益	5,648	－34,352	－17,360	－1,360
役員従業員退職金		30,000		
当期利益	5,648	－64,352	－17,360	－1,360

※　売上原価率は80％として設定している。

　通常期の売上は４億円、最終的な当期利益は564万8,000円である。これに対して経営者死亡を想定した場合、売上の減少、役員従業員の退職金支払いにより影響を受け、当期利益はマイナス数値となる。死亡１年目が悪化としては最大（当期利益－6,435万2,000円）となっており、以降、徐々に悪化水準は回復基調に入る。３年目の当期利益は「－136万円」である。
　この当期利益は、そのままお金の流れを表すわけではない。そこで、当期利益を起点に簡易キャッシュフローを次頁図表13－４に示す。

図表13－4　簡易キャッシュフロー

（単位：千円）

	通常期	経営者死亡 1年目	経営者死亡 2年目	経営者死亡 3年目
①当期利益	5,648	－64,352	－17,360	－1,360
②減価償却費（＋）	3,800	3,800	3,800	3,800
③借入金元金返済（－）	3,000	50,000	3,000	3,000
簡易キャッシュフロー	6,448	－110,552	－16,560	－560

　簡易キャッシュフローは、当期利益に資金流出の伴わない減価償却費を
プラスし、一方、資金は流出しているが損益認識しない借入金元本返済部
分をマイナスして算出する。

　図表13－3及び図表13－4を包括してこのプロセスを確認しよう。ま
ず、経営者死亡時の突発的なリスクとして図表13－3の段階（損益）で売
上の減少、役員・従業員の流出による退職金3,000万円を計上した。これら
を反映して、当期利益を算出する。

　次に、図表13－4の段階で資金の流出とはなるが、損金算入されない借
入金元本部分の全額返済5,000万円を資金流出として、経営者死亡時1年目
に計上した。

　このため、1年目には1億1,055万2,000円のキャッシュフロー上のマイナ
スが発生する。

　さらに2年目には、売上げの減少の影響が続き、1,656万円のマイナスが
計上される。同様に3年目に56万円と、わずかだがマイナスが続く。

　以上のことから経営者の必要保障額は、この3年間の資金の不足分累計
であり、

> 必要保障額＝
> 　1億1,055万2,000円（1年目）＋1,656万円（2年目）＋56万円（3年目）
> ＝1億2,767万2,000円

となる。

資金を用意するための保険金額の設定

　ここまでみてきたように、必要保障額は1億2,767万2,000円である。資金繰りから考えた場合、実額としてこの金額が必要である。したがって、保険金の設定に当たっては、課税関係を考慮して設定する必要がある。保険金の設定方法は以下のとおりである。

---

　①　必要金額　＝　1億2,767万2,000円

　②　経営者死亡時の赤字額（損益）　＝　6,435万2,000円

　③　上記差額（①－②）　＝　6,332万円

　④　税率31％とした場合、31％控除後に6,332万円を確保する金額

　　＝　9,176万8,100円（6,332万円÷（1－0.31））

　⑤　必要保険金額（②＋④）　＝　1億5,612万100円

　逆算で検証してみると、

　保険金1億5,612万100円を受け取った場合、赤字6,435万2,000円があるので、課税対象額は9,176万8,100円。

　法人税実効税率31％とした場合の税額は、2,844万4,800円（9,176万8100円×31％）。

　税控除後の実質受取額は1億2767万2,000円となり、必要額を満たす（保険金1億5,612万100円－税額2,844万4,800円≒1億2,767万2,000円。計算過程において100円未満切捨てにより端数は合わない）。

キャッシュフロー視点による必要保障と運転資金相当の位置づけ

　キャッシュフロー視点の必要保障算出の際、図表13－4において借入金相当額が織り込まれている。これに対して運転資金相当額は織り込まれていない。これはどうなるのだろうか？

　簡易キャッシュフローの作成は、当期利益を起点にしている。当期利益は損益計算により算出される。損益計算における売上高には、すでに現金回収したものと、売掛金や受取手形により未だ現金回収していないものが含まれる。

　したがって、キャッシュフロー視点の必要保障に運転資金相当を加算する必要がある。概念上の関係を図表13－5に示す。

【図表13－5】必要保障の構成要素関係図

（数値は本章の事例。単位：千円）

運転資金相当の必要保障		+	キャッシュフロー視点による必要保障	構成要素
				損益段階の設定（退職金）
				売上減少
必要額	設定保険金額			借入金返済
30,000	43,478		必要額	設定保険金額
			127,672	156,120

(計)必要保障設定保険金	199,598

　本章は経営者の人的リスクへの対処という観点（企業存続の観点での経営者の必要保障）を明確にするために、意図的に社長の死亡退職金を想定していない。

　次章から、退職金について検討する。

第14章
中小企業経営者の退職金

　経営者の人的リスクが企業存続に影響を与える場合、すなわち「経営者が通常に経営活動に従事できないために企業の存続が危うい事態」（第四象限）における必要保障額の考え方を、前章まで整理してきた。簡便法としてはバランスシート視点から借入金返済対象を必要額とし、税額分を考慮の上、保険金設定を行う（以下、「保険金設定を行う」場合は税額分を考慮した上でのことである）。また運転資金の不足を来さないために、（経常）運転資金相当を必要額として保険金設定を行う。両者の合計が簡便法による必要保障額であると整理した。

　次に作業としては、簡便法に比して少し煩雑になるが、簡易キャッシュフローによる算出方法がある。これはまず、損益計算書における当期利益を起点として簡易キャッシュフローを計算する。この計算の際、例えば売上高の減少や、役員・従業員の流出による退職金支払い（損益計算段階）、借入金返済額の設定（簡易キャッシュフロー計算段階）など、経営者死亡等による影響を織り込み、簡易キャッシュフローを計算する。これにより資金の不足額を算出する。不足額の３年分を必要保障として保険金を設定する。以上について前章で確認した。

　本章では、「経営者が経営活動に従事できないが、企業自体は通常状態にある」（第三象限）という想定における課題を検討する。

第１節　生存退職金

　生存退職金は、「経営者が経営活動に従事できないが、企業自体は通常状態にある」（第三象限）という想定における課題である。経営者が経営活動に従事できない要因が、（死亡でなく）年齢的・体力的理由で引退する場合もここに含まれる。図表14－1に該当範囲を太枠で示す。

図表14-1　経営者の想定リスク分類における退職金問題の範囲

想定する経営者の状態 ＼ 想定する企業の状態	企業活動は通常状態	企業自体が危機的事態
経営活動に従事している	今の視点（第二象限）	経営者は経営活動に通常に従事しているが、企業の存続が危うい事態（第一象限）
経営活動に従事できない	経営者は経営活動に従事できないが、企業自体は通常の状態にある（第三象限）	経営者が経営活動に従事できないために、企業の存続が危うい事態（第四象限）

　第三象限の問題は退職だけではないが、少なくとも重要な要素として退職金の問題がある。この場合、第三象限内太枠で示した範囲には、同じ第三象限の中でも死亡退職金の問題も共存している。ここではまず生存退職金について整理する（死亡退職については本章第3節で触れる）。

　経営する企業の資金の状況や、仕事の中期的な状況などから考えて、経営者が退任する際の準備にはさまざまなものがあると考えられる。特に後継者の育成は重要である。

　さらに後継者が決まり経営を引き継ぎ、自身が退任するとした場合、それまでの事業が、社長の個人資産の上で経営が成り立っているような場合には、社長が退任（この退任は生存・死亡の場合両方あり得る）した際の本人や家族の生活資金準備は重要な課題である。社長退任後の本人や家族の生活のために、それまで事業の用に供していた資産が事業に利用できなくなるという事態を避ける意味で、事業承継の裏づけともなる。

　生存退職金の重要性は以上のことから理解できるが、問題の一つは、退任後の経営者や家族の生活資金を退職金でどこまでカバーするかという点である。

　以上を考慮し、生存退職金の事前準備に関する検討は、①退職金の額、②そのための事前準備に必要となる費用、③事前および退職時点での会社への影響（税務問題を含む）、④それを受け取った社長個人への影響等、が対象になると考えられる。以下、確認していこう。

退職金支払い—企業サイドの影響

　経営者が退任する際、企業が退職金を支払うためには、当然のことながら財源が必要である。さらに生存退職金は一定の基準まで損金算入されるため、その分利益がなければ赤字になる。「経営者に生存退職を支払う。そのために赤字決算になってしまう」というような可能性についてどう対処するかも、会社への影響の観点での検討範囲になる。

　また逆に、いくら企業に金銭的余裕があったとしても、過大な退職金の支払いは、税務的な観点からは、損金参入が認められない。そこでどの程度の退職金までが損金算入可能なのかを確認しておく必要がある（損金算入される金額までしか退職金を支払わないということを意味してはいない。認識した上で、必要な額を支払うということであり、その必要な額が損金算入額を超えることはあり得る）。

　法人税法施行令第70条第2号において、過大な役員退職給与について次のように規定されている。

> （過大な役員給与の額）
> 第70条　法第34条第2項（役員給与の損金不算入）に規定する政令で定める金額は、次に掲げる金額の合計額とする。
> 　一　省略
> 　二　内国法人が各事業年度においてその退職した役員に対して支給した退職給与（省略）の額が、当該役員のその内国法人の業務に従事した期間、その退職の事情、その内国法人と同種の事業を営む法人でその事業規模が類似するものの役員に対する退職給与の支給の状況等に照らし、その退職した役員に対する退職給与として相当であると認められる金額を超える場合におけるその超える部分の金額

　ここでいう「退職給与として相当であると認められる金額を超える場合におけるその超える部分の金額」が、損金として認められないということになる。

　ただし上記条文の記述はきわめて一般的であり、具体的な算定は、この条文だけでは困難といえる。そこで、過去の裁決例などから一般化された方式として、功績倍率による算出方法があった。

　この功績倍率については、平成29年6月30日に示された法人税法基本通達の一部改正において、次の定義が示されている。

（業績連動給与に該当しない退職給与）

9－2－27の2　いわゆる功績倍率法に基づいて支給する退職給与は、法第34条第5項《業績連動給与》に規定する業績連動給与に該当しないのであるから、同条第1項《役員給与の損金不算入》の規定の適用はないことに留意する。

　㊟　本文の功績倍率法とは、役員の退職の直前に支給した給与の額を基礎として、役員の法人の業務に従事した期間及び役員の職責に応じた倍率を乗ずる方法により支給する金額が算定される方法をいう。

役員退職金の損金算入限度に関する適正額の算出

　役員退職金の上記適正額（損金算入限度という意味での適正額）の算出については、類似法人の功績倍率などを参考にして計算する方法が代表的である。

　つまり、

最終報酬月額×在任年数×役位別功績倍率

という計算式による。

　たとえば社長の最終報酬月額を150万円とし、在任年数20年、功績倍率を3とすれば、

150万円×20年×3＝9,000万円

ということになる。

　この功績倍率については役位別に設定されているが、概ね図表14－2のような数値となっている。

図表14-2　功績倍率（参考例）

役位	会長	社長	専務	常務
功績倍率	2.5程度	3程度	2程度	1.5程度

　筆者の手元に、いくつかの役員退職金に関して説明した書物や資料があり、それを参照すると、役位別の功績倍率は、たとえば社長の場合、3程度とか2.8とか、さまざまな記述がある。このため上の表では「程度」と表現している。

　いずれにしろ各企業で、それぞれの状況から決定することとなるだろう。

　さて、この功績倍率方式を形式的に考えると、役員在任年数をすべて最終時点の役位で退職金に反映させることになる。このため、創業者などはともかく、たとえば最終的に社長であったが常務や専務の期間が長かった人のような場合には、計算上、それらのプロセスが反映されない。したがって、計算上の退職金損金算入限度が必要以上に高額化してしまうようなことも考えられる。このため、それらを反映させる意味で、

役位別最終報酬×役位別在任年数×役違別功績倍率の合計

という計算方法もある。

　たとえば、図表14-3のようなプロセスを経て最終的に社長となった場合を想定してみよう。

図表14-3　役位別功績倍率及び在任年数（例）

役職	役位別最終報酬月額	役位別功績倍率	在任年数
社　長	150万円	3	10年
専　務	120万円	2	6年
常　務	100万円	1.5	2年
取締役	80万円	1.5	2年

役位別に計算し合計すると、以下のようになる。

社　長	150万円×10年×３＝	4,500万円
専　務	120万円×６年×２＝	1,440万円
常　務	100万円×２年×1.5＝	300万円
取締役	80万円×２年×1.5＝	240万円
合　計		4,500万円

　合計6,480万円が、役員退職金（損金算入限度）ということになる。

　さて、トータル金額として算出した6,480万円を、当該役員の最終報酬額150万円を基準に（逆算して）功績倍率を出してみよう。

> 最終報酬月額150万円×役員在任年数20年×功績倍率＝6,480万円
> 功績倍率＝6,480万円÷（150×20）＝2.16
> 功績倍率＝2.16

となる。

　上記のようなケースでは、法人税法基本通達９‐２‐27の２の注書きにおいて示された「役員の退職の直前に支給した給与の額を基礎として、役員の法人の業務に従事した期間及び役員の職責に応じた倍率を乗ずる方法により支給する金額が算定される方法をいう」を考慮すると、「社長３程度」等の形式に基づくものではなく、上記プロセスによる算出検証により、妥当な功績倍率を逆算する必要があると考えられる。

経営者の生存退職金と生命保険法人契約の関係

　生存退職金を支払うためには、現金が必要である。生命保険法人契約でこれを準備しようとすると、解約返戻金がその「現金」の準備に対応する。

　次に、生存退職金は過大でない範囲で損金に算入される。損金に算入される額の目安は、功績倍率法により算出した値と考えられる。この損金算入分の額を（そのままでは赤字になるので）解消するような益が必要である。この益を生命保険法人契約で生み出そうとすれば、含み益が対応する（含み益を生命保険法人契約の解約により表面化する）。

　以上から「解約返戻金あるいは返戻率」「含み益あるいは含み益率」が、生存退職金準備の観点から確認すべき生命保険法人契約商品の効果項目と位置づけられる。

生存退職金の準備と生命保険法人契約「返戻率最高時点」

　生命保険法人契約が「解約返戻金」を最も効率的に生み出す時期は、「返戻率最高時点」である。問題は、この時期が生命保険商品によって相違する点にある。経営者が退職する時期と生命保険法人契約商品の同時期（経過年数）における値が問題となる。

　まず返戻率最高時点となる商品とその内容を確認する。図表14－4に、本書で取り上げてきた保険商品の「返戻率最高時点」一覧を示す。

図表14－4　生命保険法人契約「返戻率最高時点」一覧（商品事例）

No.	①	②	③	④	⑤	⑥	⑦
税務区分	85％超	85％超	70％超 85％以下	50％超 70％以下	50％以下	50％以下	50％以下
該当商品事例	100歳満了定期保険	一定期間災害保障重視型定期保険	一定期間災害保障重視型定期保険	生活障害定期保険	生活障害保障定期保険	重大疾病定期保険	定期保険
契約時年齢（男性）	50歳	50歳	50歳	50歳	50歳	50歳	50歳
死亡保険金	1億円	当初5年責任準備金6年目以降1億円	当初10年責任準備金11年目以降1億円	1億円	1億円	1億円	1億円
返戻率最大時点責任準備金	―	19,747,000円	6,900,000円	―	―	―	―
保険期間／保険料払込期間	100歳満了	77歳満了	77歳満了	34年	23年	23年	10年
保険料	2,805,600円	4,206,599円	1,633,100円	2,712,800円	1,543,400円	2,211,300円	469,700円
返戻率最大時期（経過年）	16	5	5	10	6	7	10（なし）
返戻率最大時点保険料累計	44,889,600円	21,032,995円	8,165,500円	27,128,000円	9,260,400円	15,479,100円	4,697,000円
解約返戻金	41,788,000円	18,884,300円	6,900,000円	18,750,000円	4,510,000円	7,720,000円	0
返戻率	93.09％	89.78％	84.50％	69.12％	48.70％	49.87％	0.00％
資産計上累計額	34,478,580円	16,994,660円	4,899,300円	10,851,200円	0	0	0
含み益	7,309,420円	1,889,640円	2,000,700円	7,898,800円	4,510,000円	7,720,000円	0
含み益率	16.28％	8.98％	24.50％	29.12％	48.70％	49.87％	0.00％

　各商品について確認するが、その前に⑦の10年定期保険は解約返戻金が
ないので、生存退職金準備商品としては対象外とする。

　①の長期定期保険商品は、「返戻率最高時点」が経過16年となっている。
返戻率は93.09％である。50歳加入なので66歳時にこの時点を迎える。こ
の時点での含み益率は16.28％である。

　②及び③の一定期間災害保障重視型定期保険は、「返戻率最高時点」が
経過５年である。返戻率はそれぞれ89.78％・84.5％となっている。50歳加
入なので55歳時にこの時点を迎える。この時点での含み益率はそれぞれ
8.98％、24.50％である。

　④の生活障害定期保険は、「返戻率最高時点」が経過10年となっている。
返戻率は69.12％である。50歳加入なので60歳時にこの時点を迎える。こ
の時点での含み益率は29.12％である。

　⑤の生活障害保障定期保険は、「返戻率最高時点」が経過６年となって
いる。返戻率は48.70％である。50歳加入なので56歳時にこの時点を迎え
る。この時点での含み益率は48.70％である。

　⑥の重大疾病保険は、「返戻率最高時点」が経過７年となっている。返
戻率は49.87％である。50歳加入なので57歳時にこの時点を迎える。この
時点での含み益率は49.87％である。

　各保険商品が「返戻率最高時点」を迎える時期はばらついている。経営
者の退職時期をあらかじめ特定できれば良いが、そうでない場合には加入
した生命保険法人契約商品と退職時期とが整合しない可能性が高い。する
と、次の段階としては、「返戻率最高時点」より効果が落ちたとしても、
対象とする生命保険法人契約商品が一定の期間、受け入れ可能な水準の範
囲にあるかどうかが問題となる。

経営者の退職年齢想定範囲と生命保険法人契約

　経営者の退職年齢をあらかじめ特定年齢で限定できれば良いが、中小企
業経営者の退職時期を事前にそこまで明確にできることは少ないように思
える。そこで一定程度の幅で検討してみよう。経営者が50歳時点で保険に
加入したと仮定し、その時点で退職時期を想定する。ここでは65歳〜75
歳の範囲と考える。

　50歳で生命保険法人契約商品に加入したとする。被保険者である経営者が65歳〜75歳の範囲は、保険商品では経過15年〜25年の時期である。したがってこの時期の商品の状況を把握する必要がある。把握する内容は、「解約返戻金」「返戻率」「含み益」「含み益率」である。

図表14－5　生命保険法人契約商品事例（経過15〜25年）

①100歳満了定期保険

経過年数	15	16	17	18	19	20
保険金	100,000,000	100,000,000	100,000,000	100,000,000	100,000,000	100,000,000
保険料	2,805,600	2,805,600	2,805,600	2,805,600	2,805,600	2,805,600
解約返戻金	26,074,000	41,788,000	44,115,000	46,429,000	48,730,000	51,009,000
返戻率	62.00%	93.10%	92.50%	91.90%	91.40%	90.90%
含み益	-6,576,170	7,309,420	7,808,010	8,293,600	8,766,190	9,216,780
含み益率	-15.63%	16.28%	16.37%	16.42%	16.44%	16.43%

経過年数	21	22	23	24	25
保険金	100,000,000	100,000,000	100,000,000	100,000,000	100,000,000
保険料	2,805,600	2,805,600	2,805,600	2,805,600	2,805,600
解約返戻金	53,265,000	55,489,000	57,674,000	59,812,000	61,896,000
返戻率	90.40%	89.90%	89.40%	88.80%	88.20%
含み益	9,644,370	10,039,960	10,396,550	10,706,140	10,961,730
含み益率	16.37%	16.27%	16.11%	15.90%	15.63%

②一定期間災害保障重視型定期保険

経過年数	15	16	17	18	19	20
死亡・介護保障額	100,000,000	100,000,000	100,000,000	100,000,000	100,000,000	100,000,000
保険料	4,206,599	4,206,599	4,206,599	4,206,599	4,206,599	4,206,599
解約返戻金	29,777,900	30,223,500	30,432,500	30,357,400	29,944,100	29,129,800
返戻率	47.19%	44.90%	42.56%	40.09%	37.47%	34.62%
含み益	12,783,240	13,228,840	13,437,840	15,062,206	16,348,372	17,233,538
含み益率	20.26%	19.65%	18.79%	19.89%	20.45%	20.48%

経過年数	21	22	23	24	25
死亡・介護保障額	100,000,000	100,000,000	100,000,000	100,000,000	100,000,000
保険料	4,206,599	4,206,599	4,206,599	4,206,599	4,206,599
解約返戻金	27,838,400	25,964,600	23,362,000	19,820,400	15,045,800
返戻率	31.51%	28.06%	24.15%	19.63%	14.31%
含み益	17,641,604	17,467,270	16,564,136	14,722,002	11,646,868
含み益率	19.97%	18.87%	17.12%	14.58%	11.07%

③一定期間災害保障重視型定期保険

経過年数	15	16	17	18	19	20
死亡・介護保障額	100,000,000	100,000,000	100,000,000	100,000,000	100,000,000	100,000,000
保険料	1,633,100	1,633,100	1,633,100	1,633,100	1,633,100	1,633,100
解約返戻金	15,860,000	15,520,000	15,140,000	14,680,000	14,070,000	13,250,000
返戻率	64.74%	59.40%	54.53%	49.94%	45.34%	40.57%
含み益	5,734,772	5,394,772	5,014,772	4,554,772	3,944,772	3,903,632
含み益率	23.41%	20.65%	18.06%	15.49%	12.71%	11.95%

経過年数	21	22	23	24	25
死亡・介護保障額	100,000,000	100,000,000	100,000,000	100,000,000	100,000,000
保険料	1,633,100	1,633,100	1,633,100	1,633,100	1,633,100
解約返戻金	12,150,000	10,720,000	8,870,000	6,520,000	3,610,000
返戻率	35.43%	29.84%	23.61%	16.64%	8.84%
含み益	4,361,352	4,489,072	4,196,792	3,404,512	2,052,232
含み益率	12.72%	12.49%	11.17%	8.69%	5.03%

④生活障害定期保険

経過年数	15	16	17	18	19	20
死亡・生活障害保険金	100,000,000	100,000,000	100,000,000	100,000,000	100,000,000	100,000,000
保険料	2,712,800	2,712,800	2,712,800	2,712,800	2,712,800	2,712,800
解約返戻金	26,640,000	27,990,000	29,230,000	30,340,000	31,320,000	32,140,000
返戻率	65.47%	64.49%	63.38%	62.13%	60.76%	59.24%
含み益	11,900,443	13,250,443	14,490,443	15,600,443	16,580,443	17,400,443
含み益率	29.25%	30.53%	31.42%	31.95%	32.17%	32.07%

経過年数	21	22	23	24	25
死亡・生活障害保険金	100,000,000	100,000,000	100,000,000	100,000,000	100,000,000
保険料	2,712,800	2,712,800	2,712,800	2,712,800	2,712,800
解約返戻金	32,810,000	33,280,000	33,540,000	33,560,000	33,280,000
返戻率	57.59%	55.76%	53.75%	51.55%	49.07%
含み益	18,070,443	18,540,443	18,800,443	18,820,443	18,540,443
含み益率	31.72%	31.07%	30.13%	28.91%	27.34%

⑤生活障害保障定期保険

経過年数	15	16	17	18	19	20
死亡・生活障害保険金	100,000,000	100,000,000	100,000,000	100,000,000	100,000,000	100,000,000
保険料	1,543,400	1,543,400	1,543,400	1,543,400	1,543,400	1,543,400
解約返戻金	8,210,000	8,050,000	7,700,000	7,130,000	6,330,000	5,260,000
返戻率	35.46%	32.60%	29.35%	25.66%	21.59%	17.04%
含み益	8,210,000	8,050,000	7,700,000	7,130,000	6,330,000	5,260,000
含み益率	35.46%	32.60%	29.35%	25.66%	21.59%	17.04%

経過年数	21	22	23
死亡・生活障害保険金	100,000,000	100,000,000	100,000,000
保険料	1,543,400	1,543,400	1,543,400
解約返戻金	3,880,000	2,140,000	0
返戻率	11.97%	6.30%	0.00%
含み益	3,880,000	2,140,000	0
含み益率	11.97%	6.30%	0.00%

⑥重大疾病定期保険

経過年数	15	16	17	18	19	20
重大疾病保険金	100,000,000	100,000,000	100,000,000	100,000,000	100,000,000	100,000,000
死亡給付金	10,980,000	10,550,000	9,910,000	9,030,000	7,890,000	6,460,000
保険料	2,211,300	2,211,300	2,211,300	2,211,300	2,211,300	2,211,300
解約返戻金	10,980,000	10,550,000	9,910,000	9,030,000	7,890,000	6,460,000
返戻率	33.10%	29.82%	26.36%	22.69%	18.78%	14.61%
含み益	10,980,000	10,550,000	9,910,000	9,030,000	7,890,000	6,460,000
含み益率	33.10%	29.82%	26.36%	22.69%	18.78%	14.61%

経過年数	21	22	23
重大疾病保険金	100,000,000	100,000,000	100,000,000
死亡給付金	4,690,000	2,560,000	0
保険料	2,211,300	2,211,300	2,211,300
解約返戻金	4,690,000	2,560,000	0
返戻率	10.10%	5.26%	0.00%
含み益	4,690,000	2,560,000	0
含み益率	10.10%	5.26%	0.00%

※1　図表14−4及び図表14−5の商品№は同一のものである。

※2　商品⑤及び⑥は、23年で保険期間が満了するため、経過23年までの表示となっている。

　退職金の財源準備としてみると、生命保険法人契約商品の解約返戻率が高いほど良いことになる。あとは、必要な退職金額にあわせて契約金額（契約時の保険金額）を決定すればよい。

　その観点でみると、①の100歳満了定期保険は、経過15年の返戻率は62%だが、16年で93.1%（当該商品の返戻率最高時点）、25年で88.2%であり、高い水準でこの間を推移する。したがって、退職金財源として現金を準備するということであれば、相対的に効率が良い。

　同様に、②の一定期間災害重視型定期保険をみると、経過15年の返戻率は35.46%、経過25年で14.31%まで低下する。もともと当該商品は返戻率最高時点が経過5年（図表14−4）であり、経過15年〜25年という長期の財源準備には向いていないことがわかる。

　③の一定期間災害重視型定期保険をみると、経過15年の返戻率64.74%、経過25年で8.84%まで低下する。当該商品は返戻率最高時点が経過5年（図表14−4）である。この商品についても、経過15年〜25年という長期の財源準備には向いていないと考えられる。

　④の生活障害定期保険は、経過15年の返戻率は65.47%、経過25年で49.07%まで低下する。当該商品は返戻率最高時点が経過10年（図表14−

4）である。当該商品は、財源準備としてみると、①の100歳満了定期保険と比べて劣ることは明らかである。しかし、返戻率の低下幅が②③の商品に比べると小さい。この点では、この後に検討する「含み益率」との関係から評価する必要があると考えられる。

　⑤の生活障害定期保険は、経過15年の返戻率35.46％、保険期間が23年で満了を迎える。満了時点の返戻率は0である。当該商品は返戻率最高時点が経過6年（図表14－4）である。

　⑥の重大疾病定期保険は、経過15年の返戻率33.10％、保険期間が23年で満了を迎える。満了時点の返戻率は0である。当該商品は返戻率最高時点が経過7年（図表14－4）である。

　⑤及び⑥については、保険期間そのものがこの設定（被保険者65歳～75歳までの経過期間）での検討対象とはなりにくい商品と考えられる。

　以上のことから、財源準備の手段として（本書における商品事例では）、①100歳満了定期保険が第1順位となり、④生活障害定期保険が含み益とのバランスという観点での検討対象として残ると判断できる。

含み益準備の観点でみると……

　生存退職金を支払うと、（過大退職金でない範囲の額については）損金に算入される。したがって、その分だけ、赤字になる可能性が高まる。この赤字を解消する原資となるのは生命保険法人契約における「含み益」である。「含み益」の保険料累計との関係を「含み益率」（＝含み益÷当該時点の保険料累計）とすると、この値が高いほど効率よく含み益が生み出せていることになる。

　①の100歳満了定期保険は、返戻率が高いため、保険料の資産計上割合が高い。このため含み益は小さくなる（含み益率も小さくなる）。経過15年の含み益率はマイナス15.63％、同16年でプラス16.28％である。当該商品は15年間低解約返戻金特則が付加された商品事例のため、このような結果（マイナスの値からプラスの値への変化）となっている。経過25年の含み益率は15.63％である。

　④の生活障害定期保険は、経過15年の含み益率は29.25％、同25年の含み益率は27.34％である。当該商品は、最高解約返戻率が経過10年の

69.12%である。このため、保険料の資産計上割合が一定期間40%であり、①の商品と比べて小さく、その分、含み益が高まる（含み益率も高まる）。

　以上のことから、経営者の退職年齢を65歳から75歳までの範囲とすると、現金としての退職金財源準備としては、①100歳満了定期保険となる。
　しかし、退職金の損金算入部分の解消としての含み益の準備としてみると、④の生活障害定期保険が検討に値する商品となる。このことは「預金＋④生活障害定期保険」の組み合わせ等、少し俯瞰して準備を考える必要性を、われわれに促しているように思える。

第2節　経営者の生存退職金を受取側からみると

　経営者の退職金に関する事前準備を生命保険法人契約で行う場合、どのような準備が可能となるだろうか。退職金の財源準備としては生命保険法人契約の解約返戻金がこれに対応する。また退職金は過大でない範囲で損金算入される。このため、この損金部分を解消する益金が必要となる（赤字の解消財源）。生命保険法人契約の含み益がこれに対応する。次なる検討テーマは退職金の受取側の問題である。

退職所得の性格

　退職金を受け取ると、退職所得に分類される。退職金は，長きにわたる勤続の所産として受け取るものであり、また個人にとっては老後の生活資金原資としてきわめて重要なものである。このような考え方から、担税力は通常の所得に比して強くないと判断され、以下のような計算で所得が算出されることとなっている。

> 退職所得の金額＝（収入金額－退職所得控除）×1/2

※　勤続５年以内の法人の役員等の退職所得（特定役員退職手当）については1/2課税の適用はない。

　まず収入金額であるが、これは退職に際して受け取る退職手当である。ここまで取り上げてきた経営者の退職金がこれに当たる。

　退職所得はこの収入金額から退職所得控除を差し引いた上で、さらに1/2にして算出される。つまり、退職所得控除後の金額の半分しか課税対象にならない。

　このようにして算出された退職所得であるが、所得税額の計算においては、他の所得と合算されず分離して課税される方式がとられている。この方式（分離課税）は、たとえば退職金をもらう月によって実質的に税率が相違してしまうような事態の排除に役立っている。すなわち、通常考えれば退職金があるということは、退職までは給与所得がある。例えば1月に退職した場合と、年の終わりの12月に退職したケースを考えてみよう。給与所得と合算されてしまうと、12月退職の場合、1年分の給与と退職所得の合計で税率が決まってしまう（退職金も含めて税率が上昇してしまう）。長期勤続の所産としての退職金であるにもかかわらず、たまたま退職した時期（その年の）によって実質的な実効税率が相違してしまうようなことになりかねない。そういう意味でも分離課税方式は合理的な措置と考えられる。

退職所得控除

　次に退職所得控除である。退職所得控除額は、基本的に勤続年数によって増加する方式がとられているが、その規定は以下のとおりである。

勤続年数20年以下

> 退職所得控除額＝40万円×勤続年数

※　80万円未満の場合は80万円が下限となっている。

勤続年数20年超

> 退職所得控除額＝70万円×（勤続年数−20年）＋800万円

※　勤続年数に1年未満の端数がある場合は、1年として計算する。

　また、障害者になったことを直接の起因として退職した場合には、上記の算出式で計算した金額に100万円を加算することとなっている。

　退職所得控除は、勤続年数20年までは１年あたり40万円、20年を超えると１年あたり70万円となっており、長期勤続を優遇した仕組みと考えられる。

　退職所得控除額を節目となる勤続年数を例に図表14－６に示す。

図表14－６　退職所得控除額（例）

勤続年数	退職所得控除額	勤続年数	退職所得控除額
２年以下	80万円	30年	1,500万円
10年	400万円	40年	2,200万円
20年	800万円	50年	2,900万円

　退職所得控除の考え方は、長期勤続を優遇するという意味で、日本の雇用慣行の一つである終身雇用制＝長期雇用慣行に適合的である。

　このため、特に1990年代後半以降、この長期雇用慣行が一部で崩れてきたという認識や、転職行動に中立的な税制との観点から、見直すべきとの考えもある。

退職所得の事例

　さて、それでは具体的に退職所得の計算をしてみよう。

　例としては、在任年数20年で社長が退任し、退職金として5,000万円を受け取ったという想定である。

```
退職金（収入金額）　5,000万円
退職所得控除額　800万円
　勤続年数20年以下であるから、40万円×勤続年数20年＝800万円
退職所得　2,100万円
　（5,000万円－800万円）×1/2＝2,100万円
```

　5,000万円の退職金の収入金額であるが、所得税の課税対象となる退職所得は、在任年数20年というこのケースでは2,100万円となっている。そ

れだけ課税対象が小さくなっており、担税力の観点からの配慮が改めて認識できる。

退職所得の所得税と住民税

所得税

　先に触れたように、退職所得は、所得税の計算においては他の所得と合算されず分離されて計算される。このため、所得税率表をそのままあてはめるだけである。所得税率表をみてみよう。

図表14-7　所得税の速算表

課税所得金額	税率	控除額
195万円以下	5％	―
195万円超330万円以下	10％	9.75万円
330万円超695万円以下	20％	42.75万円
695万円超900万円以下	23％	63.6万円
900万円超1,800万円以下	33％	153.6万円
1,800万円超4,000万円以下	40％	279.6万円
4,000万円超	45％	479.6万円

　ここで取り上げているケースは、退職所得が2,100万円の例であるから、その所得税額は、

2,100万円×40％－279.6万円＝560.4万円

ということになる。

　最終的に、560.4万円の税額は、退職金額である5,000万円からすると11.2％であり、退職所得が実効税率の視点からみると相当程度優遇された扱いとなっていることがわかる。

　㊟　令和19年分までの各年分の所得税について、その基準となる所得税額の2.1％が復興特別所得税として加算されることになる（以下、同様である）。

住民税

　次に住民税である。

　通常、住民税の所得割は前年中の所得金額を基礎とする（前年所得課税）ものであるが、退職手当は他の所得と分離し、その年中の退職所得の金額を基礎として計算する

　個人の住民税の標準税率は、

> 道府県民税額＝退職所得×４％
> 市町村民税＝退職所得×６％

である。先ほどからあげている事例でいえば、

> 道府県民税額＝2,100万円×４％＝84万円
> 市町村民税＝2,100万円×６％＝126万円

となり、合計210万円が住民税の税額となる。

退職金の手取額は

　最終的に整理してみよう。

> 退職金、つまり退職手当等の収入金額　　5,000万円
> 在任年数20年、つまり勤続20年での退職所得控除額　　800万円
> 退職所得　　（5,000万円－800万円）×1/2＝2,100万円
> 所得税額　　2,100万円×40％－279.6万円＝560万4,000円
> 住民税額　　2,100万円×（４％＋６％）＝210万円
> 収入金額　　5,000万円－（所得税額560万4,000円＋住民税額210万円）
> ＝4,229万6,000円

　実質手取額は、4,229万6,000円となる。

　所得税と住民税を合わせた税額は、770万4,000円である。この税額を収入金額である5,000万で除すと15.49％となり、この値が所得税、住民税をあわせた総合的な実効税率ということになる。

　いずれにしろ、それなりに優遇された課税方式となっていることがわかる。

退職所得と給与所得

　退職所得が、担税力の観点からそこに配慮された扱いとなっていることを述べてきたが、それではどの程度の配慮なのだろうか？

　例えば同じ1,000万円を退職所得で受け取った場合と、給与所得で受け取った場合の税務を比較して、その違いを明確にしておこう。

　設定条件は、退職金については在任年数10年の経営者が1,000万円の退職金を受け取ったと仮定し、また給与所得控除以外の各種所得控除は合計100万円と仮定して計算してみる。図表14－8に両者の概要を示す。

図表14－8　退職所得と給与所得（事例）

所得区分	収入金額	所得控除	課税対象
退職所得	1,000万円	退職所得控除400万円 （40万円×勤続年数10年）	300万円 （1,000万円－400万円）×1/2
給与所得	1,000万円	給与所得控除220万円 （1,000万円×10％＋120万円） 各種所得控除100万円として 総計　320万円	680万円

　図表14－8で明らかなように、退職所得については「収入金額－所得控除」で算出された額の1/2が課税対象であることが影響し、課税対象額の算出段階で大きく減少していることがわかる。退職所得は分離課税であるため、課税対象が少なければそれだけ適用される税率も低くなる。

　図表14－8にしたがって税額を計算してみると、退職所得は300万円であるから、

> 300万円×（税率）10％－（速算控除）9.75万円＝20.25万円

　このケースの退職所得に関わる所得税は20.25万円ということになる。

　一方、図表14－8のケースの給与所得の場合、課税対象は680万円であるから、

> 680万円×（税率）20％－（速算控除）42.75万円＝93.25万円

　このケースの給与所得に関わる所得税は93.25万円となる（各種所得控除は
この設定金額より多い人も少ない人もいると思われるので、実際には個別のケー
スで計算してみる必要がある）。

　以上みてきたように、同じ金額1,000万円であっても、それが「退職金と
しての収入の場合」と「給与としての収入の場合」では、それぞれの担税
力の違いに基づく配慮（取扱い）の差によって、課税対象が大きく相違し、
税額も約4倍程度の差となっていることがわかる。
　このケースでは勤続年数を10年としたが、これがさらに長くなっていれ
ばその差はさらに開くことになる。いずれにしろ退職所得の優遇された取
扱いがここでも理解できる結果となっている。

第3節　死亡による退任の場合

　死亡退職金についても、生存退職金と同様、「経営者が経営活動に従事
できないが、企業自体は通常状態にある」（第三象限）という想定におけ
る課題である。経営者が経営活動に従事できない要因が、死亡による場合
がこの想定である。
　死亡退職金損金算入限度の目安は、生存退職金と同様、功績倍率法によ
る。生存による場合も死亡による場合もそれ自体計算が変わるわけではな
い。
　ただし、死亡の場合には、退職慰労金と別に弔慰金を支払う場合がある。
この弔慰金については、遺族が受け取る場合の相続税非課税財産の額があ
り、基本的にはその額までは企業サイドも損金算入できると考えられる。
　弔慰金の相続税非課税財産は、**図表14－9**のようになっている。

図表14-9　弔慰金非課税限度

死亡の要因	非課税取扱い金額
業務上死亡	最終報酬月額×36か月
業務外死亡	最終報酬月額×6か月

　したがって、死亡を要因とする退任については、死亡退職金と弔慰金とを区分して支払う方法が合理的と考えられる。

第15章
中小企業経営者の独自ポジション

　経営者が退職し退職金を受け取る場合、退職金は退職所得として扱われる。退職金は担税力の観点から（退職所得控除、1/2課税、分離課税などにより）、税負担は軽減されている。前章でこれらの点について確認した。

　通常、給与と退職金準備との財源配分は、その企業の経営上の判断により行われるもので、個々の受取者の税を考慮した手取額最大化を基準に決められるわけではない。また会社員が、自分の給与所得と退職所得を考えて給与を減らしたり、退職金を増やしたりできるわけではない。したがって給与所得と退職所得の課税上の取扱いを認識できることと、両者の関係をコントロールできることは通常一致しない。

　しかし、中小企業経営者の場合、完全なコントロールということではないのかもしれないが、少なくとも意思決定に大きく関わることができる。その意味で相当程度コントロールできる独自のポジションを持っている。

　本章では、その観点から財源配分を整理していくこととする。

中小企業経営者のコントロール範囲とその位置

　同一年において同一金額を「給与で受け取った場合」と「退職金で受け取った場合」の二つのパターンで比較すると、課税の観点では「退職金で受け取った場合」のほうが有利である。

　しかし退職金はその性格として、給与の後払いとも考えられる。したがって特定のある時点でのみ両者を比較することは合理的といえない面がある。通常、問題となるのは毎年の労働費用としての給与と退職給付である。毎年の退職給付に関わる費用が蓄積し、退職を契機に退職金あるいは年金が支給（開始）される。したがって退職金については、もらう時点とともに事前準備段階の給与との関係（労働費用構成）が課題となる。この関係は経営者についても同様と考えられる。毎年の役員報酬と退職金のた

めの事前準備のための費用との関係、及び退職時点における両者比較が検討対象といえる。

役員報酬と退職金準備

　企業経営者はその法人から役員報酬をもらう一方で、その企業の経営のために個人の資産を投入しているケースはそれなりに見受けられる。このような場合、その経営者が退任した後、後継者が安定して経営を継続していくためには、退任する経営者がそれまで経営に投入してきた個人資産をどうするかという問題がつきまとう。当然、退任する経営者にしてみれば、自身が退任した後も企業が安定的に継続発展することを願う一方で、自身の退任後の生活も安定させなければならない。

　このような場合、退任後の生活のためにそれまで事業の用に供していた資産を売却しなければ生活原資が不足するなどという事態は避けなければならない。

　以上のような観点からみると、役員報酬も大事だが、ある程度将来の退任の際の退職金の財源準備も重要である。しかし、資金的なゆとりが企業として確保できないということも考えられる。そのようなときに考えられる方法が、経営者が自身でコントロール可能な役員報酬と退職金財源準備のバランスである。

経営者個人の生涯手取所得

　個人や家族の生活のための原資である収入は、企業からの支給金額も重要だがそれ以上に税額等を控除した後の手取り収入が重要である。その手取りの多寡が、実際の生活原資となるものだからである。そこでたとえば在任年数15年の社長のケースで考えてみよう。

　企業が経営者に15年間役員報酬月額100万円を支払った場合には、その経営者個人からみると毎年1,200万円、総額1億8,000万円が給与所得の収入金額として扱われ、課税されることになる。

　給与所得控除および各種所得控除を図表15－1のように仮定する。その際の課税対象は同じく図表15－1のようになる。

第15章　中小企業経営者の独自ポジション　153

図表15-1　給与所得の例（役員報酬1,200万円の場合）

所得区分	収入金額	所得控除	課税対象
給与所得	1,200万円	給与所得控除195万円 各種所得控除155万円※ など 総計　350万円	850万円

※　各種所得控除は一例

このケースでは課税対象が850万円である。このため所得税は、

$$850万円×(所得税率)23\%-(速算控除)63.6万円=131.9万円$$

131万9,000円が所得税額となる（令和19年まで、復興特別所得税として所得税額に2.1%が課税されるが、ここでは織り込まずに計算している）。
　税率などの変化がないと仮定して計算すると、この税額を15年間毎年支払うことになる。

$$131.9万円×15年=1,978万5,000円$$

1,978万5,000円が、15年間にわたる所得税額累計である。
　なお、住民税については前年所得課税であり、また各種所得控除も異なるので厳密ではないが、仮に同様の所得金額と仮定して考えると、住民税所得割の税率は10%（道府県民税4％＋市町村民税6％）である。このため住民税は、

$$850万円×10\%=85万円$$

同様に、15年累計では、

$$85万円×15年=1275万円$$

となる。したがって生涯手取収入は、

> （収入1,200万円－所得税額131.9万円－住民税85万円）×15年
> ＝1億4,746万5,000円

ということになる。

役員報酬と退職金との配分

　次に役員報酬と退職金とに配分を変えてみる。今回は比較しやすいように、企業として15年間にわって経営者に配分できる金額が毎年1,200万円、15年間累計1億8,000万円と仮定して考えよう。ここまで説明したケースは、役員報酬は年1,200万円、15年後の退職金は0である。

　そこで役員報酬を1,200万円から20％下げた960万円とし、その下げた240万円を退職金財源の準備に充てた場合はどうなるだろうか？

　まず960万円の役員報酬年額である。これも同様に課税対象額を見てみよう。図表15－2に概要を示す。

図表15－2　給与所得の例（役員報酬960万円の場合）

所得区分	収入金額	所得控除	課税対象
給与所得	960万円	給与所得控除195万円 各種所得控除121万円※ など 総計　316万円	644万円

※　各種所得控除は一例

　このケースでは課税対象が644万円である。このため所得税は、

> 644万円×（所得税率）20％－（速算控除）42.75万円＝86.05万円

　86万5000円が所得税額となる（上記同様、復興特別所得税は織り込まずに計算している）。

　税率などの変化がないと仮定して計算すると、この税額を15年間毎年支払うことになる。

$$86万500円×15年＝1,290万7,500円$$

また住民税は、同様に考えて、

$$644万円×10％＝64万4,000円$$

15年間の累計では、

$$64万4,000円×15年＝966万円$$

である。

　このケースで通算15年の手取収入を計算すると、15年間累計手取収入は、

（収入960万円－所得税額86万500円－住民税64万4,000円）×15年
＝１億2,143万2,500円

となる。

　さて、別途、毎年240万円を退職金の準備財源としていた。この分を15年後の退任の際に退職金として受け取ると仮定する。

　退職金3,600万円（240万×15年）を支給されたとしよう。この場合、企業としての経営者への配分は変わっていないことになる。つまり「年間の役員報酬を1,200万円、退職金を０とした場合」の15年間の累計支払額は１億8,000万円、一方「年間の役員報酬を960万円、退職金を15年後3,600万円とした場合」の累計支払額は、役員報酬累計１億4,400万円、退職金3,600万円で総計１億8,000万円となっている。

　退職金については、収入金額が3600万円、退職所得控除が在任年数15年で600万円である。退職所得は、

$$（3,600万円－600万円）×1/2＝1,500万円$$

となる。したがって、退職所得に関わる所得税は、

> 1,500万円×（所得税率）33％−（速算控除）153.6万円＝341万4,000円

となる（復興特別所得税は織り込まずに計算している）。

また住民税は、同様に考えて、

> 1,500万円×10％＝150万円

となる。ここから実際の退職金の手取額は、

> 収入3,600万円−所得税額341.4万円−住民税150万円
> ＝1億4,746万5,000円

である。役員報酬と退職金を合わせた手取収入は、

> 1億2,143万2,500円＋3,108万6000円＝1億5,251万8,500円

となる。この結果、「役員報酬のみの場合」と「役員報酬＋退職金のバランス方式」との差し引きの差額は、ここであげたケースでは、

> 1億5,251万8,500円−1億4,746万5,000円＝515万3,500円

と計算することができる。

　このように、企業サイドの支出した金額はどちらも総額1億8,000万円で同じだが、退職金と役員報酬のバランスで支払ったほうが、受け取る個人にとっては手取収入が増大することがわかる。

　実際には、役員報酬の引下げによって、社会保険料も引き下がる。したがって個人のレベルでは「役員報酬のみ」から「役員報酬＋退職金」の形に企業サイドで配分を変えただけで、個人としての生涯収入（手取りとしての給与と退職金）はさらに増加する可能性をつくり出せる（この場合、公的年金給付が低下する可能性がある。標準報酬月額の区分を考慮して判断する必要がある）。

　もちろん、単純に役員報酬を引き下げただけでは、法人としては利益が
増加し、そのまま放置すれば課税される（役員報酬引下げ分については個人
の側で所得税が下がっている）。

　また退職金財源のつもりでも、実際に準備しなければ絵に描いた餅であ
る。したがってこの場合には、役員報酬引下げ分について、将来の退職金
財源の準備などのために生命保険契約その他を活用し、実際の財源準備を
する必要がある。またその準備の中で、一定程度損金算入されるもので法
人サイドの課税の影響を低減する必要もある。

　なお、今回は比較しやすいように退職金財源を実質的に企業としての負
担増のない形で試算した。しかし冒頭で触れたように、経営者の退職金
は、退職後の生活資金財源の重要な要素である。このため例えば退職金の
額を5,000万円と想定し、そのうちの一部を役員報酬の引下げで対応し、
それ以外の部分を毎年の準備として負担するというように考えたほうが、
経営者および企業にとって将来のためには妥当と考えられる。

法人の税率上の問題を考慮すると

　ここまで給与所得と退職所得のバランスのとり方によっては所得税、住
民税の負担額が相違し、手取収入の増加をもたらすケースについて整理し
てきた。それではそのような場合、法人企業のサイドでの影響はどのよう
なことがありうるだろうか？

　先にもあげたように、役員報酬を引き下げて、それをそのまま放置すれ
ば利益がその分増加する。その結果、法人税が増加することになる。一
方、引き下げた分を生命保険の保険料に充当するといっても、将来の退職
（生存及び死亡）の際の退職金財源準備として利用するとなると、保険料が
全額損金となるものだけでは、内容的にマッチしない可能性が強い。実際
には、例えば役員報酬引下げ分を保険料に充当しても、その40%は損金だ
が、残りの60%は一定期間資産計上ということもあり得る。この場合、報
酬引下げをして保険契約を結んだとしても、一定割合は利益として課税対
象となると考えたほうがよい。

　そこで考慮すべきは中小企業の法人税率区分である。ここで法人税率を
確認しておこう。図表15-3に法人税率区分及び税率を示す。

図表15-3　法人税率

				事業開始年度 平成31.4.1以後
普通法人	資本金1億円以下の法人など	年800万円 以下の部分	下記以外の法人	15%
			適用除外事業所	19%
		年800万円超の部分		23.20%
	上記以外の普通法人			23.20%

※　普通法人に関する詳細な定義等については国税庁HP該当箇所を参照
https://www.nta.go.jp/taxes/shiraberu/taxanswer/hojin/5759.htm

　普通法人のうち、資本金1億円以下の中小企業において、仮に役員報酬を引き下げた場合、その引下げ額を生命保険料に充当する。その保険料が40％損金、60％資産計上のケースで考えると、役員報酬引下げ分の60％が課税対象となる。この課税対象増加後の金額が800万円超となる場合、言い換えれば役員報酬を引き下げる前の段階では、法人の所得金額が800万円以下、役員報酬引下げ（その結果の残額の一部生命保険料損金）後の所得が800万円超となる場合には、該当部分の税率が4％（15％から19％）上昇する。その分課税が増大することになる。

　したがって、役員報酬と退職金とのバランスをとって、生涯所得を個人として増大することとあわせて、その企業側の影響を考慮して計画化する必要がある。

第16章
中小企業経営者の総合的必要保障

　前章まで、中小企業経営者の退職金について検討した。中小企業経営者が退任した際の退職金は、企業の継続性と経営者の退任後の生活保障の両面からみて重要である。また課税については、担税力の観点から退職金の実効税率が相対的に低く、個人としてみた場合の有利さを認識できる。このため役員報酬と退職金準備とのバランスを考慮し、経営者退任に至るまでの資源配分を計画する必要がある。以上について、前章まで検討した。

　本章では、経営者を対象としたリスクカバー範囲と生命保険の関係全体を取り上げる。

経営者の退職金準備と生命保険の関係

　退職金は死亡退職金と生存退職金に分かれる。生存退職金を生命保険の利用により事前準備することについては、その有効性を検討する必要がある。すなわち令和元年法令解釈通達の影響の検討である。

　生存退職金の準備は、単純化すると二つの要素がある。一つは金額の準備である。これは生存退職金の支払時期に、例えば5,000万円を退職金額として支給すると考えよう。現金で5,000万円を支払う必要がある。その時点の現預金から支払うこともできるが、それまでの事前準備を他の手段で行い、そこから支払うことも考えられる。その一つが生命保険の解約返戻金である。

　もう一つは、含み益の準備である。退職金は原則として（社会的に妥当な額が）損金に算入される。すると通常の事業年度より経営者の退職年度（退職金損金算入年度）において赤字の可能性が高まる。このため含み益を準備し、それを表面化することで、赤字を解消することが考えられる。

　しかし、生命保険法人契約による含み益の形成は、令和元年法令解釈通達により従前に比して困難となっている。図表16－1に退職金における上記の関係図を示す。

図表16-1　退職金の準備項目と生命保険(返戻率最高時点)の関係 (イメージ)

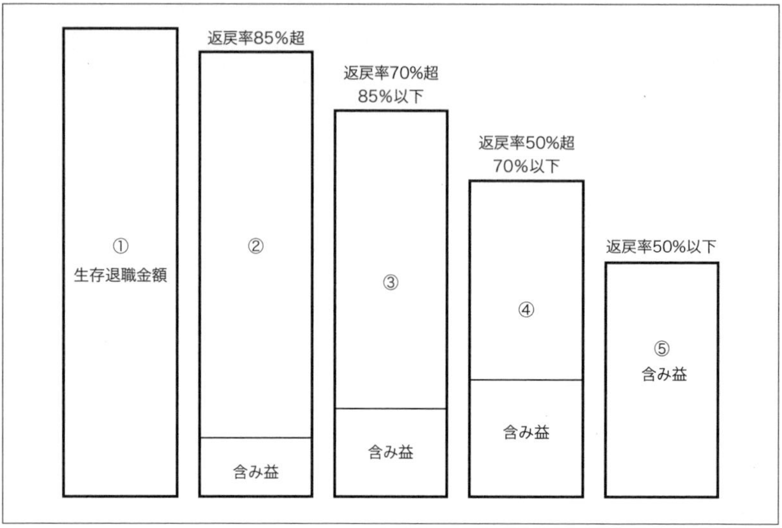

　図表16-1のイメージ図は、以下の仮定によるものである。

　すなわち、退職金額に合わせて、それぞれの税務区分別の生命保険に加入する。その場合、それぞれの「最高解約返戻率時点までの期間×保険料」の総額が、退職金額に近似する契約とする。

　その結果をイメージ図としてみると、返戻率最高時点において返戻額がそれぞれの税務区分別の高さとなる。また含み益が、その枠線内表示の含み益ラインとなる。

　図表16-1左側①が生存退職金想定額を表す。②から⑤までは税務区分別の生命保険を表している。返戻率が高いほど、含み益のラインは低い。これは令和元年法令解釈通達以後の生命保険料に関わる税務規定による。したがって返戻金が低い（枠線の高さが低い）ほど、含み益が高い（枠線内含み益ラインが高い）。

　図表16-1で明らかなように、返戻金が退職金額に近ければ、退職金支払いの財源カバーとしては貢献する（生命保険の中での比較による貢献である）。一方、含み益による赤字回避カバーとしては逆に返戻金が低いほど退職金支払いによる損失カバーに貢献する（注）。

　⑴　含み益率最高時点など、その他の時点では返戻額のライン、含み益のライ

ンは相違する。ここではあくまで返戻率最高時点におけるイメージを示した。

　いずれにせよ、生存退職金については、保険料の税務規定から含み益形成に制約があるため、生命保険のみによる準備は難しく、預金と生命保険の組み合わせなど、個々の企業の状況に合わせた準備プランが必要となっている。

リスクカバー範囲と生命保険法人契約

　リスクマネジメントの概念と経営者の想定するリスクカバーの範囲との関係全体を確認しよう。図表16－2に関係図を示す。

図表16－2　リスクマネジメントの概念とリスクカバー関係図

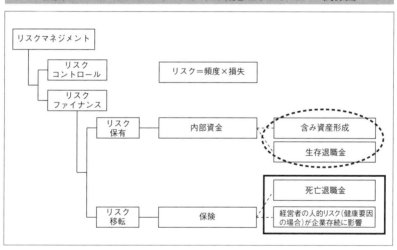

　リスクマネジメントの概念全体をみると、まずリスクコントロールによりリスクの低減（被害損失規模×頻度）を図る。その上で、リスクをゼロにはできないので、リスクファイナンスが必要となる。リスクファイナンスはリスク保有とリスク移転に分かれる。
　中小企業経営者が、企業経営の危機的事態に備えるという意味では、リスクを保有し、そのリスクが発現した場合には、自前の資金や含み益で対

　処する方法が考えられる。この場合、自前の資金は現預金が主に考えられるが、生命保険の解約返戻金もその一つとなる。

　含み益はさまざまなものが考えられるが、価格の変動によって、含み益となることも、含み損となることもある。この中で生命保険は、固定的に数値が確定（税務規定の変更による変動可能性はある）しているので、一つの選択肢となってきた経緯がある。この含み益は「解約返戻金額－当該時点における資産計上累計額」である。したがって保険料の資産計割合という税務上のルールに依存しており、令和元年法令解釈通達に直接影響されたと考えられる（図表16－2内、破線○表示が該当部分）。

　次に、中小企業経営者の人的リスクが健康上の問題として浮上した場合、その影響で企業経営が危機的事態となってしまうことが考えらえる。この場合にはリスク移転の手段として生命保険の加入が対応策となる。この範囲は、生命保険を保険の本質的機能として（リスク移転手段として）利用する形態となっており、税務規定の変更の影響をほとんど受けない。死亡退職金（死亡以外に就業不能なども該当する）についても同様である（図表16－2内、実線□部分が該当部分）。

　図表16－2の実線□部分は、経営者の人的リスク（死亡や長期の就業不能による）への対処領域である。生命保険の本質的機能に関わる分野であるが、残念ながら、歴史的に見てこれまでそれほど注力されてきたわけではないと思える。今後、この範囲に焦点を当て対応していく必要がある。

　中小企業経営者の人的リスク発現による影響について保険分野から関わることを検討してみる。すると、結局はリスク発現時のリスクファイナンスとしての機能の問題となる。

全項目を織り込んだ損益及び簡易キャッシュフロー試算

　経営者保険をリスク移転手段として考えた場合、企業のキャッシュフローから必要額を算定し、経営者の人的リスクの発現による資金不足という課題を解決する。

　以下に仮定と試算を示す。試算の前提は次のとおりとする。

・借入金返済　5,000万円

・経営者の死亡（あるいは就業不能）による影響として売上げの減少

　　→　1年目減少率50%　2年目減少率30%　3年目減少率10%

・役員従業員の流出による退職金　3,000万円

・経営者本人の退職金　5,000万円

図表16-3　損益計算書試算

(単位：千円)

		通常期	経営者死亡1年目	経営者死亡2年目	経営者死亡3年目
売上高		400,000	200,000	280,000	360,000
売上原価		320,000	160,000	224,000	288,000
売上総利益		80,000	40,000	56,000	72,000
販売費・一般管理費		73,000	73,000	73,000	73,000
うち	人件費	36,000	36,000	36,000	36,000
	減価償却費	3,800	3,800	3,800	3,800
	他の経費	33,200	33,200	33,200	33,200
営業利益		7,000	-33,000	-17,000	-1,000
支払利息		1,352	1,352	360	360
経常利益		5,648	-34,352	-17,360	-1,360
役員従業員退職金			30,000		
経営者本人退職金			50,000		
当期利益		5,648	-114,352	-17,360	-1,360

　経営者死亡時、売上は50%減少するので、売上高は2億円になる。売上原価率は80%としている。販売費・一般管理費は7,300万円と同額で推移する。この結果、営業利益は-3,300万円となる。1年目は幹部社員の流出による3,000万円の退職金、また死亡した経営者の死亡退職金5,000万円を計上している。

　以上の結果、1年目の当期利益は-1億1,435万2,000円となる。

　経営者死亡時には、借入金の一括返済5,000万円を想定していた。このため簡易キャッシュフロー計算においてその返済を織り込む。図表16-4に簡易キャッシュフロー計算を示す。

図表16-4　簡易キャッシュフロー計算による試算

(単位：千円)

	通常期	経営者死亡 1年目	経営者死亡 2年目	経営者死亡 3年目
①当期利益	5,648	-114,352	-17,360	-1,360
②減価償却費(+)	3,800	3,800	3,800	3,800
③借入金元金返済(-)	3,000	50,000	3,000	3,000
簡易キャッシュフロー	6,448	-160,552	-16,560	-560
3年分合計		-177,672		

　当期利益に減価償却費を加算し、借入金元金返済5,000万円を減算する。1年目の簡易キャッシュフローは-1億6,055万2,000円である。2年目、3年目の簡易キャッシュフローの資金不足額を含めて3年分合計は、-1億7,767万2,000円となる。

　この3年分の資金不足額を経営者の必要保障の額とし、課税を考慮して保険金を設定する必要がある。すなわち税控除後の実額として1億7,767万2,000円を確保する必要がある。必要保険金額結果を図表16-5に示す。

図表16-5　必要保障額及び設定保険金額

(単位：千円)

キャッシュフロー視点に よる必要保障	構成要素
	損益段階の設定（退職金）
	売上減少
	借入金返済
必要額	177,672
1年目当期利益	-114,352
差引（課税対象）	63,320
差引実額確保保険金	91,768
設定保険金額	206,120

　必要額1億7,767万1,000円が保険金として給付され、益金となると、1年目の損益計算書の当期利益(-)までは課税されない（当期損失）。このため、課税対象額を計算すると6,332万円である。この額については「1

－法人税実効税率」で割り戻す必要がある。これを計算すると**図表16－5**のとおり9,176万8,000円である。この額と、課税されない（1年目赤字額までの）1億1,435万2,000円の合計である2億612万円が設定保険金額となる。

　この計算結果は、経営者自身の退職金額を織り込んだ総合的必要保障額となっている。

運転資金相当を必要額とする場合の加算

　以上の簡易キャッシュフローによる資金不足額の計算は総合的必要保障であるが、一点、留意すべき点がある。それは運転資金の問題である。

　経常運転資金は事業の流れを滞らせないためのお金である。すなわち、

> 経常運転資金＝
>   売上債権残高（売掛金・受取手形）＋棚卸資産残高（在庫）－仕入れ債務残高（買掛金・支払手形）

として算出する。

　簡易キャッシュフローの作成は、当期利益を起点にしている。当期利益は損益計算により算出される。損益計算における売上高には、すでに現金回収したものと、売掛金や受取手形により未だ現金回収していない金額が含まれる。したがって、簡易キャッシュフロー視点の必要保障に運転資金相当を追加的に織り込んでおく必要がある。

　これにより、総合的必要保障が概ね完成すると考えられる。

第IV部

従業員の福利厚生と
退職給付制度

第17章
福利厚生と退職給付制度の概要

　ここまで、主に経営者保険の領域について検討してきた。本章から、一般従業員を対象とした領域に入る。

福利厚生の概念

　本章で取り上げる、一般従業員を対象とした福利厚生の範囲を明確にしておこう。一般に労働費用は、現金給与以外に「福利厚生」と「退職給付」に分かれる。労働費用分類と位置づけを図表17-1に示す。

図表17-1　労働費用分類

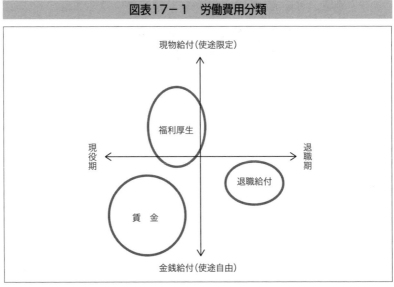

　賃金は、現役の時期に金銭で支払われる。福利厚生は、現物給付（例えば社宅貸与など）と現金給付（慶弔見舞金等）が混在している。時期でみると福利厚生はその大半が現役期に提供されるのに対して、退職給付は退職期及びそれ以降に金銭で支払われる。そのための費用は現役期に支払われ

ている。

　一般に福利厚生というとき、われわれは図表17－1に記載された福利厚生と退職給付の双方を指していう場合がある。これは広義の福利厚生の概念といえる。

　次に、福利厚生をその中でさらに分けて検討してみよう。図表17－2に福利厚生と退職給付の概要を示す。

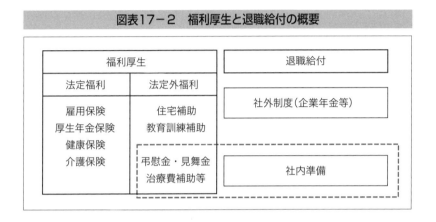

図表17－2　福利厚生と退職給付の概要

福利厚生		退職給付
法定福利	法定外福利	社外制度（企業年金等）
雇用保険 厚生年金保険 健康保険 介護保険	住宅補助 教育訓練補助	
	弔慰金・見舞金 治療費補助等	社内準備

　福利厚生は、法定福利と法定外福利に分けられる。法定福利は雇用保険や厚生年金、健康保険など社会保険として加入を義務づけられたものである。これに対して企業の裁量で整備できる範囲が、法定外福利厚生である。

　法定外福利は、主に現時点の従業員に対するサービス（住宅補助、給食費、慶弔関係等）を指している場合が多い。これに対して退職給付は将来の退職給付のための現在費用か、将来の退職給付のあり方を指す。したがって両者は明らかに性格を異にしている。そのため、本章では広義の福利厚生の概念は採用せず、「福利厚生」と「退職給付」をそれぞれ別のものとして取り扱う。

　生命保険法人契約は、法定外福利及び退職給付制度の裏づけとして利用される場合がある。その場合、どの範囲をカバーするか、図表17－2中、破線□で示した。法定外福利の中の「弔慰金・見舞金、治療費補助等」の財源的裏づけとして利用される。退職給付については、社内準備の手段として利用される。

法定外福利厚生の現状

法定外福利厚生

　福利厚生及び退職給付に関わる費用を確認しよう。労働費用に関する調査は、厚生労働省「就労条件総合調査　平成28年」にある。次頁図表17－3に費用分類を示す。

　総額7万9,632円のうち、法定福利費が60％を占めている。法定外福利費は6,528円、9.2％となっている。退職給付は1万8,834円、22.7％である。

　図表17－3の中段に、平成28年と23年数値が示されている。総額及び法定福利費が「23年＜28年」になっているのに対して、法定外福利費は「23年＞28年」となっている^(注)。

　(注)　図表17－3中、上段にある総額「28年調査計」と、下段にある平成28年と平成23年対比における「28年調査計」とは数値が相違している。これは平成23年調査との項目相違などを補正しているためである。平成23年と平成28年を対比する場合には補正した数値を、平成28年の実数値をみる場合には、補正していない上段数値を確認する必要がある（図表17－4についても同じ）。

　比率でも、平成23年において、（図表17－3中網掛け部分の下段）法定福利費58.5％、法定外福利費10.9％からみると、法定福利費の増加傾向、法定外福利費の減少傾向が認識できる。

　これらは高齢化の進行によるものと考えられ、趨勢として今後も継続する可能性がある。企業規模別にみると、従業員「30人～99人」規模で法定福利費76％、法定外福利費7.1％となり、この傾向が強まっている。これは現金給与以外の労働費用の総額の小ささ（5万4,439円）に対して、法定福利費が同率で引き下がっていないことを示していると考えられ、この規模の企業における法定外福利費への圧縮圧力の大きさが理解できる。

法定外福利費の内容

　法定外福利費の内容を次頁図表17－4に示す。

図表17-3　現金給与以外の労働費用

企業規模・年	計	法定福利費	法定外福利費	現物給与の費用	退職給付等の費用	教育訓練費	その他の労働費用(注)
実額（円）							
平成28年調査計	79,632	47,693	6,528	465	18,834	1,008	5,104
1,000人以上	105,189	53,254	9,237	435	29,016	1,519	11,729
300〜999人	74,193	48,216	5,858	240	17,792	958	1,128
100〜299人	64,254	43,641	4,963	1,035	12,712	731	1,173
30〜99人	54,439	41,349	3,883	195	7,797	424	792
平成28年調査計	80,846	48,507	7,438	567	18,331	1,112	4,890
23	76,579	44,770	8,316	595	20,813	1,038	1,046
構成比（%）							
平成28年調査計	100.0	59.9	8.2	0.6	23.7	1.3	6.4
1,000人以上	100.0	50.6	8.8	0.4	27.6	1.4	11.2
300〜999人	100.0	65.0	7.9	0.3	24.0	1.3	1.5
100〜299人	100.0	67.9	7.7	1.6	19.8	1.1	1.8
30〜99人	100.0	76.0	7.1	0.4	14.3	0.8	1.5
平成28年調査計	100.0	60.0	9.2	0.7	22.7	1.4	6.0
23	100.0	58.5	10.9	0.8	27.2	1.4	1.4

※　「その他の労働費用」とは、募集費、従業員の転動に際し企業が負担した費用（旅費、宿泊料等）、社内報・作業服の費用（安全服や守衛制服のように業務遂行上特に必要と認められている制服等を除く。）、表彰の費用等をいう。

（出典）厚生労働省「就労条件総合調査　平成28年」より抜粋。

図表17-4　法定外福利費の構成

企業規模・年	計	住居に関する費用	医療保健に関する費用	食事に関する費用	文化・体育・娯楽に関する費用	私的保険制度への拠出金	労災付加給付の費用	慶弔見舞等の費用	財形貯蓄奨励金、給付金及び基金への拠出金	その他の法定外福利費(注)
実額（円）										
平成28年調査計	6,528	3,090	877	616	383	552	128	222	161	500
1,000人以上	9,237	5,095	1,197	614	440	386	130	249	264	861
300〜999人	5,858	3,003	694	659	412	346	95	212	61	378
100〜299人	4,963	1,975	654	730	305	463	136	237	160	304
30〜99人	3,883	731	691	475	328	1,102	146	172	73	164
平成28年調査計	7,438	3,673	909	597	406	684	156	247	201	566
23	8,316	4,110	958	759	379	556	169	266	158	961
構成比（%）										
平成28年調査計	100.0	47.3	13.4	9.4	5.9	8.5	2.0	3.4	2.5	7.7
1,000人以上	100.0	55.2	13.0	6.6	4.8	4.2	1.4	2.7	2.9	9.3
300〜999人	100.0	51.3	11.8	11.2	7.0	5.9	1.6	3.6	1.0	6.4
100〜299人	100.0	39.8	13.2	14.7	6.1	9.3	2.7	4.8	3.2	6.1
30〜99人	100.0	18.8	17.8	12.2	8.5	28.4	3.8	4.4	1.9	4.2
平成28年調査計	100.0	49.4	12.2	8.0	5.5	9.2	2.1	3.3	2.7	7.6
23	100.0	49.4	11.5	9.1	4.6	6.7	2.0	3.2	1.9	11.6

※　「その他の法定外福利費」とは、通勤バス・売店等の費用、共済会への拠出、持株援助に関する費用等をいう。

（出典）厚生労働省「就労条件総合調査　平成28年」より抜粋。

　法定外福利費の内容をみると「住居に関する費用」が3,090円・47.3％と最も高い。次いで「医療保健に関する費用」が877円・13.4％を占める。保険の利用の観点でみると「私的保険制度への拠出金」は552円・8.5％となっている。

　これらを企業規模別にみると、相当の相違がみられる。まず総額が、「1,000人以上」の企業では9,237円、これに対して「30〜99人」の企業では3,883円となっており、倍以上の開きがある。

　内容項目でみても「住居に関する費用」が、「1,000人以上」の企業で5,095円・55.2％、「30〜99人」の企業では731円・18.8％と極端に低い。これは大企業においては転居を伴う異動などもあり、それに付随して住居に関連する費用が拡大しているものと考えられる。「医療保健に関する費用」は「1,000人以上」の企業で1,197円、13.0％、「30〜99人」企業で691円・17.8％となっており、比率的には規模が小さいほど大きい。

　「私的保険制度への拠出金」については額も逆転している。すなわち「1,000人以上」の企業で386円・4.2％、これに対して「30〜99人」企業では1,102円・28.4％である。

　企業規模が小さいほど、私的保険による法定外福利厚生に関わる準備ウェイトが高いものと推察される。

法定外福利厚生の現状及び就業者の高齢化・多様化と保険

　図表17−2に関して記載した部分で、福利厚生制度・退職給付制度と保険の関係について取り上げた。

　生命保険法人契約は、法定外福利厚生の一部（主に慶弔見舞金等）及び退職給付制度における社内準備手段として位置づけられることを確認した。ここから、直接的な保険の課題から離れ、法定外福利厚生の実情及び就業者の高齢化・雇用形態の多様化を取り上げる。これらは最終的に保険利用を規定する要因となる。

法定外福利厚生の実情―企業側の狙い―

　企業の福利厚生は、法定福利厚生と法定外福利厚生に分かれる。

　法定福利厚生は健康保険、厚生年金保険、雇用保険等加入を義務づけら

れたものである。これに対して法定外福利厚生は、企業の裁量によって行われる。したがって、企業側の戦略や置かれた状況、今後の方向性等により、内容は変化する可能性が強い。もちろん、法定外福利厚生が企業の裁量によって規定されるといっても、歴史的に蓄積され形づくられてきたという側面もある。その側面では単純に即時的に変化するわけではない。しかし、法定内福利厚生に比べれば、企業側の方向性により変化する（企業が変化させる）性格をもつと考えらえる。

　労働政策研究・研修機構は平成30年7月24日『企業における福利厚生施策の実態に関する調査』（以降「同調査」と表記）を発表している。この中に「福利厚生制度・施策の目的」が取り上げられている。

　図表17-5にその内容を示す。

図表17-5　福利厚生制度・施策の目的

（単位：％）	福利厚生制度・施策の目的として重視するもの（複数回答）				
	人材の確保	従業員の定着	従業員同士の一体感の醸成	従業員の仕事に対する意欲の向上	従業員が仕事に専念できる環境づくり（生活の安定等）
現在					
全体	52.6	58.8	35.0	60.1	32.5
30人未満	48.9	56.0	36.7	61.0	32.6
30～99人	55.7	57.5	34.7	61.1	31.2
100～299人	62.5	72.3	28.8	58.6	36.1
300人以上	56.4	71.4	31.6	49.6	38.3
今後					
全体	51.7	50.1	30.2	55.0	38.3
30人未満	49.3	46.6	31.9	56.8	37.6
30～99人	51.0	51.0	28.8	53.4	38.9
100～299人	64.2	59.3	27.4	55.4	40.4
300人以上	52.6	62.4	25.6	46.6	44.4

（出典）労働政策研究・研修機構「企業における福利厚生施策の実態に関する調査」（平成30年7月24日発表）より一部抜粋し筆者作成。

　「現在」の福利厚生制度・施策目的を「従業員の定着」とした企業は「全体」で58.8％である。これを企業規模別にみると少し様相は異なる。

　「30人未満」では56％、「100〜299人」では72.3％となっている。概ね、企業規模が大きいほど高い数値を示している（一部逆転はある）。これに対して「従業員の仕事に対する意欲の向上」は「全体」で60.1％、企業規模別では「30人未満」61.0％、「100〜299人」では58.6％、「300人以上」では49.6％となっている。この側面では、概ね企業規模が大きいほど数値が低くなっている（これについても一部逆転あり）。

「福利厚生制度・施策の目的」における今後の動向

　図表17−5では、「現在」と「今後」について分けて調査を行っている。この「現在」と「今後」をみると特徴的なことがわかる。すなわち「従業員が仕事に専念できる環境づくり（生活の安定等）」が全体で「現在」32.5％、これに対して「今後」では38.3％と上昇している。ところが他の設問については「人材の確保」が「現在」52.6％→「今後」51.7％、「従業員の定着」58.8％→50.1％、「従業員同士の一体感の醸成」35.0％→30.2％、「従業員の仕事に対する意欲の向上」60.1％→55.0％と低下している。

　この傾向は、企業規模別にみてもほぼ同様である。例外は「人材の確保」における「30人未満」48.9％→49.3％と横ばいに近い微増を示した点のみである。このことから、今後については福利厚生制度・施策の目的において「従業員の仕事に専念できる環境づくり」の側面を考慮した検討が主要課題の一つとなってくると考えられる。

福利厚生制度の内容別動向（実情と今後の方向性）

　次に、法定外福利厚生制度・施策を項目別にみてみよう。まず企業がそのような制度・施策を「ある」とした割合についてみてみる。先述した労働政策研究・研修機構による同調査では、福利厚生施策が「ある」とした企業割合について報告している。図表17−6にその一部抜粋を示す。

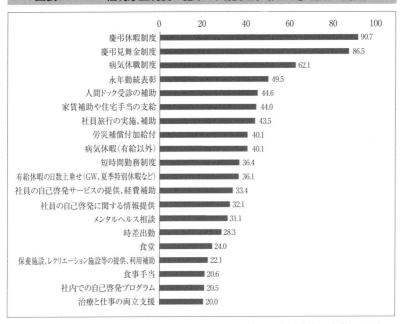

図表17-6　福利厚生制度・施策の実施状況（「ある」企業の割合）

（出典）労働政策研究・研修機構「企業における福利厚生施策の実態に関する調査」（平成30年7月24日発表）より抜粋し筆者作成。

　現状における実施制度としては、「慶弔休暇制度」90.7％、「慶弔見舞金制度」86.5％など、伝統的な制度の割合が高い。これに対して「治療と仕事の両立支援」は20.0％と低い。これが現状である。しかし、先に図表17－5でみた今後の動向との関係でみると、「従業員が仕事に専念できる環境づくり」の方向に変化していく可能性がある。この点から、図表17－6をみると、今後は（低い順から）「治療と仕事の両立支援」（20.0％）、「時差出勤」（28.3％）、「短時間勤務制度」（36.4％）などの比重が高まる可能性がある。

　今後の方向性は、企業の考え方（図表17－5の「今後」部分）に規定されるが、「企業の考え方」は、就業者の実情によって規定される。すなわち高齢化と雇用形態の多様化である。高齢化が進むほど、疾病を持つものの比率は高まる。また短時間勤務等の必要性も浮上する。そこで雇用形態の多様化と年齢帯について確認しよう。雇用形態の多様化は、単純に考え

るとまず「正規雇用と非正規雇用（正社員と非正規社員）」という雇用形態の二分法が、一般的に行われている。

雇用形態の変化

　雇用形態を二分法で考えると正規雇用者比率の推移をみることで全体が理解できることになる。そこで「労働力調査」（長期時系列）から正規雇用者比率を全体および年齢層別に図表17－7に示す。

図表17－7　正規雇用比率（男女計、年平均）

（単位：％）

	全体	15〜24歳（うち在学中を除く）	25〜34歳	35〜44歳	45〜54歳	55〜64歳	65歳以上
2002年	70.6	70.3	79.5	75.3	72.2	62.5	37.9
2003年	69.6	67.9	78.5	74.6	71.2	61.7	36.9
2004年	68.6	66.7	76.7	73.6	71.0	60.2	34.2
2005年	67.4	65.8	75.7	73.4	70.0	59.2	32.5
2006年	67.0	66.9	74.8	72.6	69.7	59.2	33.0
2007年	66.5	68.8	74.2	72.8	69.4	59.1	32.7
2008年	65.9	68.0	74.4	72.1	69.5	57.0	31.4
2009年	66.3	70.0	74.3	73.0	69.4	57.2	32.9
2010年	65.6	69.6	74.1	72.6	69.3	55.8	31.1
2011年	64.9	67.7	73.6	72.0	69.1	53.6	30.4
2012年	64.8	68.8	73.5	72.4	68.6	53.8	31.2
2013年	63.3	67.7	72.6	71.0	67.8	52.2	28.5
2014年	62.6	69.3	72.0	70.4	67.3	51.7	26.9
2015年	62.5	70.2	72.7	70.4	67.4	52.6	25.8
2016年	62.5	71.4	73.6	70.7	67.6	52.7	24.9
2017年	62.7	72.8	74.1	71.4	67.7	52.9	25.6
2018年	62.1	73.7	75.0	71.2	67.9	53.1	23.7
2019年	61.7	74.0	75.2	71.3	67.9	53.4	22.7

（出典）総務省統計局「労働力調査　長期時系列データ　年齢階級（10歳階級）別就業者数及び年齢階級（10歳階級）、雇用形態別雇用者数」の男女計、比率部分から筆者作成。

一部マスメディアのストーリー的取り上げ方としては、「非正規雇用の増大による格差拡大」という話ではあるが、事はそれほど単純な構図ではない。

まず全体としては、正規雇用者比率が低下（02年・70.6％→19年・61.7％）している。この要因は主に高齢雇用者（65歳以上）の正規雇用の低下である（同時期37.9％→22.7％）。この時期、65歳以上の雇用者は、221万人から611万人に増大している（※）。したがって「65歳以上雇用者の増大」「65歳以上雇用者における非正規雇用者比率増大」が全体の数値に影響を与えている。

これに対して「15〜24歳（うち在学中を除く）」をみると、「70.3％→74％」へ正規雇用が増大している。「25〜34歳」では「79.5％→75.2％」へ減少しているが、この年齢層の正規雇用比率は14年（72.0％）を底に反転し、19年数値（75.2％）となっている。したがって雇用形態の二分法でみると、正規雇用（相対的に若い層）のニーズと非正規雇用（相対的に高齢の層）のニーズを考慮しつつ、法定外福利厚生の制度設計が必要となると考えられる。

※　労働力調査長期時系列・年平均値

雇用形態の実態

先ほどから「正規雇用」と表現しているが、そもそもこの定義は何か？

一般的にはかなり誤解されているので、ここで整理しておきたい。正規雇用の定義は一般に「期間の定めのない雇用契約」であり、「定年まで雇用される」ものと解される。逆に非正規雇用は「期間の定めがある雇用契約」であり、パート・アルバイト・契約社員などが分類される。しかし、現状では無期雇用のパートも存在しており、すでに雇用形態を二分法で理解するには限界が生じている。

公的統計における「正規雇用─非正規雇用」関連の定義をみるとこの問題についてよく理解できる。図表17－7で取り上げた「労働力調査」では、雇用形態について以下のように説明されている。

「会社、団体等の役員を除く雇用者について、勤務先での呼称により、「正規の職員・従業員」、「パート」、「アルバイト」、「労働者派遣事業所の派遣社員」、「契約社員」「嘱託」、「その他」の７つに区分した。なお「正規の職員・従業員」以外の６区分をまとめて「非正規の職員・従業員」と

表彰している」（下線は筆者。出典：総務省統計局「労働力調査　用語の解説」
https://www.stat.go.jp/data/roudou/definit.html）

　正規雇用は単なる呼称である。先にあげたように、現状はこの単純な二
分法を超えている。そこで分類法がほかにあり、また公的統計ではそれら
が公表されている。すなわち呼称として「正規であるか、非正規であるか」とあわせて、契約として「有期の雇用契約か、無期の雇用契約か」という分類である。この結果、以下のマトリクスに分類できる。

図表17－8　雇用形態・雇用契約期間分類

		正規の職員・従業員	非正規の職員・従業員
雇用期間	定めあり	正規・有期	非正規・有期
	定めなし	正規・無期	非正規・無期

　「正規でかつ有期雇用」は、従来、一般的には想定されていない分類だが、実際に公的統計において特定可能である。「賃金構造基本統計調査」ではこの分類で比較可能となっている。例えば大卒では、入社から勤続10年近くまで「正規・有期」が最も（「正規・無期」等より）賃金が高い傾向を読むことができる。紙幅の関係でここでは詳細は示さないが、この分類による雇用形態は、法定外福利厚生に関わる社員側のニーズや退職給付制度のあり方にも影響を与える（雇用形態の分類については、川口大司編（2017）『日本の労働市場』有斐閣　第2章等を参照されたい）。

非正規従業員への制度適用の現状

　さて再度企業の福利厚生制度・施策を実施している企業の実情をみてみよう。（「正規―非正規」分類について上記を考慮して）まず、法定外福利厚生制度を非正規従業員へ適用しているかどうかを項目別にみる必要がある。これは、現状と今後の方向性検討において必須と考えられる。ここまで見てきた労働政策研究・研修機構の実施した「同調査」では、実施企業について

非正規従業員への適用割合を報告している。図表17-9に抜粋を示す。

図表17-9　非正規従業員への適用割合

	「ある」の割合が20〜40%	「ある」の割合が40%以上
財産形成	・財形貯蓄制度（38.9%）	
食事	・食堂（81.1%） ・食事手当（56.4%）	
健康管理	・メンタルヘルス相談（67.9%）	・人間ドック受診の補助（49.3%）
両立支援	・治療と仕事の両立支援策（50.0%）	
休暇制度	・有給休暇の日数の上乗せ（GW、夏季特別休暇など）（45.6%）	・病気休職制度（42.5%） ・病気休暇制度（有給休暇以外）（42.8%） ・慶弔休暇制度（48.8%）
自己啓発	・社内での自己啓発プログラム（52.0%） ・社外の自己啓発サービスの提供・経費補助（44.2%） ・社外の自己啓発に関する情報提供（50.4%）	

（出典）労働政策研究・研修機構「企業における福利厚生施策の実態に関する調査」（平成30年7月24日発表）より一部抜粋して筆者作成

　図表17-9中の上段部分は、企業の実施割合を示している。

　例えば「財形貯蓄制度」は、前掲図表17-6をみると、企業の実施割合は33.7%である。この実施している企業において、非正規従業員に適用している割合が38.9%である。同様に「治療と仕事の両立支援」を企業として実施している割合は20.0%（前掲図表17-6）だが、実施している企業のうち、これを非正規従業員にも適用している割合は50.0%と比較的高いことがわかる。これは中高年層が増大し、かつその層を戦力として維持したいとする企業では、疾病を抱えて仕事に従事する者が増加し、「治療と仕事の両立支援」が重要な福利厚生施策となってくるためと考えられる。

　企業における従業員の高齢化と雇用形態の多様化は、法定外福利厚生や退職給付制度に影響を与えていると思われる。先にみた「正規・有期」のような入社から一定年数まで賃金の高い層などは、プロジェクト型人材として転職していくことが想定される。この場合、退職給付のポータビリ

ティがニーズとしては高まる。また高齢層が増大した場合、「治療と仕事の両立支援」として法定外福利厚生による対応がニーズとして高まる。今後企業の法定外福利厚生は全体が同一方向へ行くとみるより、企業の実情に応じて比重が変わる可能性が高いと考えられる。

企業の経営課題と法定外福利厚生（項目）の関係

　少子高齢化を背景とした中での労働力確保という側面から、「仕事と治療の両立支援」は課題として浮上しており、そのため「働き方改革」の一項目として取り上げられている。しかし、これを実行するためには、企業側のさまざまな負担の問題が生ずる。この点で考慮すべき問題について整理しよう。

　保険を扱う側からすると、目がいくのは法定外福利厚生としての医療保障給付等である。しかし、話はそう簡単でもない。問題は複合的である。

　「仕事と治療の両立支援」は、確かに高齢化の進行に伴い、従業員に治療を受けながら働く者が増加する可能性や実態を反映した動きと考えられる。一方、企業からすると、その動きは同時に生産性向上への取組みの必要性の増大でもある。働く者が高齢化し、制約を受けた中で働く。この状況下では、企業の付加価値増大へつながるような労働装備（ITの導入による効率化等）への資源配分や、従業員への教育投資等資源配分すべき課題は数多い。

　次頁図表17-10に、これらの全体の関係図を示す。

　経営課題や取り巻く環境的条件（雇用形態の多様化・高齢化等）から、資源配分すべき項目は多く存在している（今回の新型コロナウイルスによる在宅ワークやテレワーク対応は急浮上した感がある）。

　全体を整理する中で、保険利用の可能性を最後に取り上げる。図表17-10に示したように、高齢化は法定内福利厚生の増大要因である。この法定内福利厚生の増大は、法定外福利厚生の圧縮要因となる。法定外福利の一項目に、「私的保険への拠出」がある。このため「高齢化→法定内福利厚生増大→法定外福利厚生圧縮→私的保険への拠出の圧縮」となる。

　他方、高齢化によって「治療と仕事の両立支援」が重要課題となっており、この一部は費用支援の要素があることから、「私的保険への拠出の増

図表17-10　経営課題の中の仕事と治療の両立支援

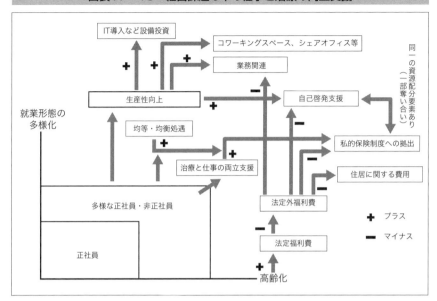

大」要因となる。いわばせめぎあいである。

　高齢化は雇用形態の多様化を促進させており、二分法でみると非正規雇用者を増大させる。従来的な発想では、非正規雇用に対しては法定外福利厚生の非適用が考えられるが、働き方改革の一環として、「均等・均衡処遇」から非正規雇用者分類でも適用可能性は高まっている。特に高齢層の雇用者を戦力として重視する企業では、この観点から「治療と仕事の両立支援→私的保険への拠出」要因が増大する。

　問題は、コスト面からみた利用対象となる保険の妥当性である。

少額短期保険等の検討

　「仕事と治療の両立支援策」の実例をみると、一定年齢以上の社員に対するがん検診及び実際にがん罹患し、治療の過程で先進医療を受療した場合、その費用補填を会社が行う例がみられる。この場合、資金的裏づけとして、保険の利用が考えられる。

　一方、これら保険の利用にあたっては、当然ながら費用負担の問題があ

る。ここまでみてきたように、法定外福利費のこの部分については、従業員一人当たり費用が相当制約されて対応する必要性が生ずる可能性がある。これは就業者の高齢化や雇用形態・就業形態の多様化と整合する動きと考えられる（図表17-4・17-10）。

　このため、従来の医療保険系の商品のように、「発生頻度の低いところから高いところまで」、「被害損失の小さいところから大きいところまで」網羅的に給付事由を広げ、保険料水準を（ここで問題にしているレベルからみて）高くしてしまうような商品はマッチしない。そうなると、商品的には「発生頻度」×「被害損失」の組み合わせにおいて限定した給付事由であることが条件となる。先にあげた実例がそれを示している。すると従来の生命保険の範囲から少額短期保険にまで視野を広げて、マッチする商品を選択する必要がある。

マッチしそうな保険をあたると……

　実際に、これらの商品が法人契約可能かどうかは確認していない。しかし、ここまでみたような「就業者の高齢化・就業形態の多様化」、「法定外福利厚生費の水準と整合する」、「企業の両立支援策として保険の効果（メッセージ効果を含む）を期待できる」、この3点から以下の保険が視野に入るように思う（一部の事例）。

その1―先進医療給付特化型商品

　最初にあげられるのは、先進医療給付に特化した保険の例である。この商品は生命保険会社から提供されているものである。年齢に関係なく一律500円の保険料で、図表17-11のような給付内容となっている。

図表17-11　先進医療給付特化型商品の概要

保障項目	内容	給付内容
先進医療給付金	先進医療による療養を受けたとき	先進医療技術料相当額（通算2,000万円）
臓器移植医療給付金	所定の移植手術を受けたとき	1,000万円
先進医療一時金	先進医療給付が支払われる療養を受けたとき	がんの場合　1回10万円 がん以外　1回5万円

みたところ、ネットによる申込受付のみとなっており、実際に「仕事と治療の両立支援策」の一環としての利用が可能かどうかは不明である。しかし、上記3点（給付内容・保険料水準、メッセージ効果）からマッチした保険となる可能性があると思われる。

その2―女性疾病保障特化型商品

　次に、メッセージ効果に偏ると思われるが、女性パート社員などの比率が高いところで、その社員層をターゲットとした保険利用が考えられる。これは少額短期保険の例である。保障内容を図表17-12に示す。

図表17-12　女性疾病保障を内容とした少額短期保険の概要

	支払対象疾病	支払事由	支払金額
ベースとなる保障	①乳がん②子宮頸がん③子宮体がん④子宮平滑筋腫⑥子宮内膜症⑦卵巣のう腫	左記7種の疾病のいずれかと診断確定され、かつ、当該疾病を直後の原因として次のいずれかに該当したとき【初回】初めて治療を受けたとき【2回目以降】初回の支払事由が発生した日から起算して180日を経過した日以降に入院した場合	5万円

＋

	支払対象疾病	支払事由	支払金額
割り増し部分	20〜29歳子宮頸がん子宮内膜症卵巣のう腫	女性特有疾病一時金が支払われる場合で、年代別に定めた特定3種の疾病に該当したとき（年代の判定については、治療又は入院の開始した時点の年齢）	5万円
	30〜39歳子宮頸がん子宮内膜症子宮平滑筋腫		
	40〜79歳子宮体がん卵巣がん乳がん		

　この保険の加入年齢範囲は20〜79歳、保険期間1年（自動更新）である。保険料は年齢に関係なく月400円となっている。従業員が上記保障内容に記載した事由に該当した場合、5万円の給付がなされる。これを会社

が受け取り、それを財源に本人に見舞金等として支給する。

　先に触れたが、この保険の利用は、女性パート社員などの比率が高く、かつ戦力としてのウェイトが高い企業において利用することが考えらえる。これらの社員に向けて「仕事と治療の両立支援策」の一環として女性社員への福利厚生の提供という企業からのメッセージである。

その３―がん保障特化型商品

　もう一つ、事例をみよう。これは企業側で「社員の高齢化に伴い、がん罹患した社員の治療と仕事の両立支援」の位置づけを考えた商品事例である。図表17－13に保障内容、保険料を示す（これは年齢層別保険料である）。

図表17－13　先進医療給付特化型商品の概要

（保障内容）

がんと診断されたとき	100万円
がんと免疫細胞療法を受けたとき	60万円
がん診断から１年以内に死亡したとき	100万円

（保険料）

男性	月払保険料	年払保険料	女性	月払保険料	年払保険料
20～24歳	390円	4,520円	20～24歳	400円	4,640円
25～29歳	400円	4,640円	25～29歳	440円	5,100円
30～34歳	420円	4,870円	30～34歳	560円	6,500円
35～39歳	490円	5,680円	35～39歳	710円	8,240円
40～44歳	600円	6,960円	40～44歳	980円	11,370円
45～49歳	830円	9,630円	45～49歳	1,310円	15,200円
50～54歳	1,330円	15,430円	50～54歳	1,490円	17,280円
55～59歳	2,220円	25,750円	55～59歳	1,770円	20,530円
60～64歳	3,440円	39,900円	60～64歳	2,120円	24,590円
65～69歳	5,060円	58,700円	65～69歳	2,510円	29,120円
70～74歳	7,070円	82,010円	70～74歳	3,050円	35,380円
75～79歳	8,890円	103,120円	75～79歳	3,630円	42,110円
80～84歳	10,520円	122,030円	80～84歳	4,430円	51,390円

　加入年齢範囲は20 ～ 74歳（84歳まで更新可能）、保険期間１年（自動更新）である。

　この保険の場合、（男女の別なく）全従業員を加入させることができる。したがって、保険金・給付金受取人を本人または遺族とした場合、保険料は「福利厚生費として損金」に、また会社（法人）受取りの場合「支払い保険料として損金」に算入できると考えられる。

　会社（法人）を受取人とした場合には、受け取った保険金・給付金を財源に、本人または遺族に見舞金や弔慰金等として支払う。これにより企業としての法定外福利厚生を実現できる。この商品の場合、給付内容として「がん免疫細胞療法を受けたとき」に60万円の支給がある点が特徴と考えられる。一方、保険料水準は、年齢層が高くなるにしたがって高額化する。このため法定外福利厚生費の水準との整合性に若干問題がある可能性が高い。

　「仕事と治療の両立支援策」の中で保険は特定の部分を担う。このため、法定外福利厚生費の水準をある程度考慮した中で、保険を選択する必要性が生ずる。このことから、従来型の商品から、さらに保障を限定した商品や少額短期保険まで視野を拡大した検討が必要と考えられる。

第18章
弔慰金制度と生命保険

弔慰金制度の実施状況

　企業における法定外福利厚生の主要なものとして弔慰金がある。住友生命は「企業の福利厚生制度に関する調査結果（2019年調査）」（以降、「住友生命調査」と表記）を発表している。これによると、「従業員死亡の場合の弔慰金制度」を実施している企業は95.9％を占めている。図表18－1に弔慰金制度実施状況を示す。

図表18－1　弔慰金制度実施状況

	対象企業	弔慰金制度（単位：％）			資金手当て方法	
		あり	なし	無回答	通常経費	生命保険商品
全体	1,092	95.9	2.7	1.4	52.9	52.4
50名未満	53	81.1	17.0	1.9	35.8	43.4
50～100名未満	67	95.5	3.0	1.5	49.3	43.3
100～300名未満	247	97.2	1.2	1.6	59.9	48.6
300～500名未満	139	96.4	2.2	1.4	53.2	52.5
500～1,000名未満	177	96.0	3.4	0.6	55.9	52.5
1,000～5,000名未満	286	97.6	1.4	1.0	50.7	58.7
5,000～10,000名未満	47	93.6	2.1	4.3	42.6	59.6
10,000名以上	63	98.4	1.6	0.0	47.6	55.6
無回答	13	92.3	0.0	7.7	76.9	23.1

（出典）住友生命「企業の福利厚生制度に関する調査結果（2019年調査）」をもとに筆者集計により作成

　全体の弔慰金制度実施率95.9％ではあるが、これを企業規模別にみると「50名未満」の企業が81.1％と最も低い。ついで「50～100名未満」の企業で95.5％である。100名以上の企業では、すべて90％を超えている。した

がって全体として高水準の実施状況にあるが、その中でも概ね企業規模が
大きいほど実施率が高くなっている状況にある（「1,000～5,000名」97.6％、
「5,000～10,000名」が93.6％と数字が逆転しているが、これは調査対象企業数が
このランクでは少なくなっているためと考えられる）。

弔慰金制度と総合福祉団体定期保険

　企業の従業員が死亡した際に福利厚生の一環として弔慰金を支払うこと
は、金額の多寡を別として、図表18-1のとおり一般的に行われている
ものと思われる。

　その場合の資金手当ての方法についても住友生命調査では回答を得てい
る（図表18-1）。その内容をみると、「通常経費」から支出するとした企業
が全体で52.9％、生命保険商品によるとした企業が52.4％に上る（複数回答
のため合計は100を超える）。この結果は、会社規定を超過する保険を避け、
通常経費支払いとの混合による準備が相当程度占めるためと考えられる。

　資金手当て方法としての生命保険は、全体として52.4％だが、「50名未
満」の企業で43.4％、「50～100名未満」の企業で43.3％、以降、企業規模
が大きいほど生命保険の利用率が高まる（一部例外あり）。企業規模が小さ
いほうが比率は低いが、それでも40％を超えており、弔慰金制度において
生命保険が主要な資金手当て方法の一つとなっていることを確認できる。

　弔慰金制度の資金手当てとなる保険種類としては、純粋に死亡保障だけ
を確保するという観点で、定期保険がある。定期保険は、死亡保障につい
て一定の期間のみ確保するものであり、その中には1年定期で毎年更新し
ていくタイプが存在する。特に企業の弔慰金など福利厚生にその目的を
絞ったものに、総合福祉団体定期保険がある。以下、この保険種類につい
て検討しよう。

総合福祉団体定期保険とは

　総合福祉団体定期保険は、企業の定める福利厚生規定（死亡退職金や弔
慰金規定）を実際に有効ならしめるために、その規定に基づいた死亡保険
金・高度障害保険金を支払う仕組みの保険である。団体定期保険であるか

ら、その団体（企業）の構成員の年齢によって保険料は相違する。

　契約形態は、契約者：法人、被保険者：役員・従業員全員、死亡保険金受取人：被保険者の遺族というものである。

　この形態で保険料は全額損金に算入される。保険料が損金算入される根拠は、法人税法基本通達9-3-5に基づく。

（定期保険に係る保険料）

9-3-5　法人が、自己を契約者とし、役員又は使用人（これらの者の親族を含む。）を被保険者とする定期保険（一定期間内における被保険者の死亡を保険事故とする生命保険をいい、特約が付されているものを含む。以下9-3-7の2までにおいて同じ。）又は第三分野保険（保険業法第3条第4項第2号《免許》に掲げる保険（これに類するものを含む。）をいい、特約が付されているものを含む。以下9-3-7の2までにおいて同じ。）に加入してその保険料を支払った場合には、その支払った保険料の額（特約に係る保険料の額を除く。以下9-3-5の2までにおいて同じ。）については、9-3-5の2《定期保険等の保険料に相当多額の前払部分の保険料が含まれる場合の取扱い》の適用を受けるものを除き、次に掲げる場合の区分に応じ、それぞれ次により取り扱うものとする。

(1)　保険金又は給付金の受取人が当該法人である場合　その支払った保険料の額は、原則として期間の経過に応じて損金の額に算入する。

(2)　保険金又は給付金の受取人が被保険者又はその遺族である場合　その支払った保険料の額は、原則として、期間の経過に応じて損金の額に算入する。ただし、役員又は部課長その他特定の使用人（これらの者の親族を含む。）のみを被保険者としている場合には、当該保険料の額は、当該役員又は使用人に対する給与とする。

　上記通達中(2)に該当する。

　企業としては、従業員が万一死亡した場合、その後の遺族の生活なども考慮して弔慰金を支払う。そのためにこの総合福祉団体定期保険を利用する。これにより遺族の生活の安定に資するなど、従業員が安心して働くことができる環境づくりの一環となる。企業としては低廉な保険料でそのような準備ができるものとして、総合福祉団体定期保険が存在する。

　一方、従業員の死亡は企業にとっても経済的損失を伴う。それまでの教

育訓練などの投資もそうであるが、代替雇用者の採用など従業員の死亡によって発生する経済的損失は相当程度存在する。したがって、この点は企業として考慮する必要がある。

　このような観点から総合福祉団体定期保険は、遺族受取りの主契約の死亡保険金と別に、会社が受け取ることのできるヒューマンバリュー特約が用意されている。このヒューマンバリュー特約は、遺族受取りである主契約の死亡保険金と同額を限度として、法人が受け取る特約死亡保険金である。この特約を付保するためには、被保険者である従業員の同意が必要となる。

総合福祉団体定期保険の事例

総合福祉団体定期保険の二つのタイプ

　総合福祉団体定期保険には、有配当タイプのものが一般的であるが、保険会社によっては無配当タイプのものもある。当然無配当タイプのほうが保険料は安い。

　有配当タイプの団体定期保険は、生命保険各社が同一料率で用意しているため、大企業などでは複数の保険会社が共同引受けで取り扱うケースが多い。しかし中小企業の場合には、保険規模から考えて複数の保険会社が共同で引き受けるケースはそれほど多くないと思われる。

　有配当タイプは、高めの保険料を設定して、余剰金が出れば配当として戻すというものである。しかし団体定期保険の場合、1年間で死亡者が出ずに余剰金が出たとしても、団体規模によってその後の支払い超過などに備えて危険準備金を積むため、余剰金を戻す率（配当率）は低めに設定される場合が多い。団体定期保険に関わる配当率は、毎年決定される形をとっているが、規模が小さいほど、小さい数値となっている。したがって、余剰金（保険料総額−支払総保険金）が同じ金額だけ生じても、これに配当率を乗じて、配当額を決めることになるため、団体規模が小さいほど、実際には戻ってくる額が少なくなる。

　一方、無配当タイプは、あらかじめ想定される余剰分を差し引き、最初から保険料自体を低くしているもので、仮にさらに余剰金が生じたとしても戻さない仕組みとなっている。中小企業では規模から考えてこの無配当

タイプのほうが利用しやすいものと考えられる。

　以下に両者の比較をしてみよう。

図表18-2　総合福祉団体定期保険の二つのタイプの比較例

従業員：100人（40歳男性）／保険金額：500万円（全員一律）

	有配当タイプ	無配当タイプ
年間保険料①	1,074,000円	732,000円
年間無事故の場合の想定配当金②	199,200円	0
実質負担額①−②	874,800円	732,000円

　保険事故がない場合には上図のような形になる。なお上図設定は、100人全員が40歳男性の例であり、参考試算の一つとしてみていただきたい。また配当率は最近の例であるが、先に触れたように配当率は変動することがある。

　仮に保険事故が生じた場合には、この配当部分が有配当の場合少なくなる、あるいは0になる。したがって無配当タイプのほうが、法人としては負担コストが低廉でかつ明確であるといえる。

無配当タイプ団体定期保険の設定例

　無配当タイプの場合で、保障内容と企業規模によって保険料負担がどの程度となるかを見ておこう。図表18-2と同様、全員が40歳男性という設定である。保険金は500万円とする。

　図表18-3に保障内容設定を、図表18-4に企業規模別保険料をそれぞれ示す。

図表18−3　無配当タイプ団体定期保険の保障内容設定

従業員：100人（40歳男性）／保険金額：500万円（全員一律）

		①	②	③
設定内容	保険金（一律）	500万円	500万円	500万円
	ヒューマンバリュー特約	なし	500万円	500万円
	災害総合保障特約	なし	なし	500万円
保障内容	病気災害による死亡・高度障害 （主契約＝遺族受取り）	500万円	500万円	500万円
	企業の逸失利益 （ヒューマンバリュー特約保険金＝会社受取り）	なし	500万円	500万円
	災害による入院給付金 （日額）	なし	なし	7,500円
	災害による障害給付金	なし	なし	50〜350万円

図表18−4　図表18−3に対応する保険料例

企業規模	保険料	①	②	③
30人	一人当たり保険料（月額）	850円	1,470円	1,915円
	団体合計保険料（月払い）	25,500円	44,100円	57,450円
	団体合計保険料（年払い）	306,000円	529,200円	689,400円
50人	一人当たり保険料（月額）	745円	1310円	1,755円
	団体合計保険料（月払い）	37,250円	65,500円	87,750円
	団体合計保険料（年払い）	447,000円	786,000円	1,053,000円
100人	一人当たり保険料（月額）	610円	1,040円	1,485円
	団体合計保険料（月払い）	61,000円	104,000円	148,500円
	団体合計保険料（年払い）	732,000円	1,248,000円	1,782,000円
300人	一人当たり保険料（月額）	450円	810円	1,255円
	団体合計保険料（月払い）	135,000円	243,000円	376,500円
	団体合計保険料（年払い）	1,620,000円	2,916,000円	4,518,000円

　団体保険という商品の性質上、**図表18－4**でも明らかなように、団体規模によって同じ年齢、同じ保険金設定であっても一人当たりの保険料は相違する。40歳男性、保険金額500万円の場合、企業規模30人の場合には、一人当たり月保険料は850円だが、企業規模100人では610円となっている。またヒューマンバリュー特約は、主契約と同額の500万円の設定としているため、従業員一人当たりでは死亡保険金が総額で1,000万円（主契約500万円＋ヒューマンバリュー特約500万円）と倍になる。

　このため、同じ企業規模であれば、一人当たり月保険料は当該特約を付加していない場合より高くなる（企業規模30人で850円が1,470円になる。当該団体における保険金総額によって付加保険料率が異なるため、単純倍率とはなっていない）。

　また災害総合保障特約は、（**図表18－3**にあるような）災害による入院や障害の際の保障まで範囲を広げるためのもので、この特約を付加するかどうかは任意である（ここでいう任意は、被保険者単位ではなく、企業としての契約全体としての意味である）。企業の福利厚生に関する判断で、付加するかどうかを決定する必要がある。

　福利厚生水準を確保しつつ、従業員の弔慰金や死亡退職金の確保とそのためのコスト削減を実現する意味でも、検討対象となる保険の内容といえる。

総合福祉団体定期保険に関する税務

契約形態と税務

　ここから、総合福祉団体定期保険に関する税務について考察していくこととする。

　その前提となる契約形態について**図表18－5**に、その契約形態に基づく保険料及び保険金受取人の税務について**図表18－6**に、それぞれ示す。

図表18-5　総合福祉団体定期保険の契約形態

契約の当事者	該当者
契約者	法人
被保険者	全従業員（普遍的加入）
死亡保険金受取人	被保険者の遺族

図表18-6　保険料及び保険金受取人の税務

項目	税務
保険料	福利厚生費として損金
死亡保険金	保険金受取人である遺族が受け取った時、死亡保険金について500万円×法定存続人数まで相続税非課税

　死亡保険金については、上記のとおり、法人契約（法人が保険料を負担）であっても受取人はあくまで被保険者の遺族＝個人である。このため、個人としては保険金として、その他の保険契約とあわせて扱われることになる。すなわち、死亡保険金として相続税法上の非課税財産（500万円×法定相続人数）の適用がある。この規定は相続税法第12条第1項に、以下のように規定されている。

（相続税の非課税財産）
第12条　次に掲げる財産の価額は、相続税の課税価格に算入しない。
　一～四　省略
　五　相続人の取得した第3条第1項第1号に掲げる保険金（前号に掲げるものを除く。以下この号において同じ。）については、イ又はロに掲げる場合の区分に応じ、イ又はロに定める金額に相当する部分
　　イ　第3条第1項第1号の被相続人のすべての相続人が取得した同号に掲げる保険金の合計額が500万円に当該被相続人の第15条第2項に規定する相続人の数を乗じて算出した金額（ロにおいて「保険金の非課税限度額」という。）以下である場合　当該相続人の取得した保険金の金額
　　ロ　イに規定する合計額が当該保険金の非課税限度額を超える場合　当該保険金の非課税限度額に当該合計額のうちに当該相続人の取得した保険金の合計額の占める割合を乗じて算出した金額
　六　省略

　これによって死亡保険金の相続税法上の非課税財産が規定され、本章の
テーマである総合福祉団体定期保険の死亡保険金は、その適用を受けるこ
とが確認できる。

死亡保険金と死亡退職金

　ここまでみてきたように、総合福祉団体定期保険の死亡保険金は個人契
約と同じく「死亡保険金」として取り扱われるが、当該保険契約は、法人
（企業）が従業員に対する福利厚生の主旨で契約されている。このことか
ら、死亡保険金は会社からの死亡退職金等と目的としては一致していると
考えられる。この位置づけに応じて、そのような取扱いの可能性を確認す
ることができる。すなわち、相続税法基本通達3－17には、次のように規
定されている。

（雇用主が保険料を負担している場合）

3－17　雇用主がその従業員（役員を含む。以下同じ。）のためにその者（そ
　の者の配偶者その他の親族を含む。）を被保険者とする生命保険契約又はこ
　れらの者の身体を保険の目的とする損害保険契約に係る保険料の全部又は
　一部を負担している場合において、保険事故の発生により従業員その他の
　者が当該契約に係る保険金を取得したときの取扱いは、次に掲げる場合の
　区分に応じ、それぞれ次によるものとする。ただし、雇用主が当該保険金
　を従業員の退職手当金等として支給することとしている場合には、当該保
　険金は法第3条第1項第2号に掲げる退職手当金等に該当するものとし、
　この取扱いを適用しない。

　(1)～(3)　省略

　㊟　下線は筆者。

　雇用主である法人が、従業員のために総合福祉団体定期保険という生命
保険契約を締結し、保険料の全額を負担している。そこから給付される死
亡保険金を従業員の遺族が受け取る場合において、その死亡保険金を法人
が従業員の死亡時の退職手当金等として支給するという規定を設けておけ
ば、一般の死亡保険金としての取扱いを適用しないことが、この通達に
よって明示されていると理解できる。

　それでは、死亡退職金として扱われた場合、受取人である遺族は、相続税法上、どのような取扱いとなるのだろうか？

死亡退職金の税務

　死亡退職金に関する相続税法上の非課税限度については、相続税法第12条第１項第６号に、次のように規定されている。

（相続税の非課税財産）

第12条　次に掲げる財産の価額は、相続税の課税価格に算入しない。

　六　相続人の取得した第３条第１項第２号に掲げる給与（以下この号において「退職手当金等」という。）については、イ又はロに掲げる場合の区分に応じ、イ又はロに定める金額に相当する部分

　イ　第３条第１項第２号の被相続人のすべての相続人が取得した退職手当金等の合計額が500万円に当該被相続人の第15条第２項に規定する相続人の数を乗じて算出した金額（ロにおいて「退職手当金等の非課税限度額」という。）以下である場合　当該相続人の取得した退職手当金等の金額

　ロ　イに規定する合計額が当該退職手当金等の非課税限度額を超える場合　当該退職手当金等の非課税限度額に当該合計額のうちに当該相続人の取得した退職手当金等の合計額の占める割合を乗じて算出した金額

　中小企業において従業員死亡の際、遺族に支給する死亡退職金について「500万円×法定相続人数」の非課税財産の措置があるということである。

　以上のことから、「死亡保険金として扱われる」「死亡退職金として扱われる」という二つの形態が存在することになる。死亡退職金自体は、法人が、死亡した従業員の遺族に支払うものであり、財源の裏づけとして生命保険契約があるかどうかとは関わりがない。

　しかし実際に法人が生命保険契約を利用しており、かつ、死亡保険金の受取人が法人で、その受け取った保険金を財源として法人が死亡退職金を払う場合には、遺族にとっては保険金と別に上記の死亡退職金の非課税財産がある。

　この点を留意して、総合福祉団体定期保険において当該保険契約を締結

する。すなわち、総合福祉団体定期保険の場合、死亡保険金の受取人は被保険者の遺族であるが、この契約から支給される死亡保険金については、会社から支給される退職手当等として支給する旨の定めを別途設けておけば、死亡退職金非課税財産の適用を受けることとなる。

　上記の扱いについては、総合福祉団体定期保険だけでなく、受取人を被保険者である従業員の遺族とする福利厚生タイプの保険契約全般における留意点ということができる。

すなわち、

　　契約者：法人
　　被保険者：全従業員（普遍的加入）
　　死亡保険金受取人：被保険者の遺族

という契約形態において死亡保険金が支給された場合、個人が契約している死亡保険金（契約者：被相続人、被保険者：被相続人、死亡保険金受取人：相続人）とあわせて、「500万円×法定相続人数」という死亡保険金の非課税財産の適用を受ける。

　これに対して、以上の形態における死亡保険金を死亡時の退職手当として支給する旨の定めを設けておけば「死亡退職金の非課税財産（500万円×法定相続人数)」として、扱われることとなる。

第19章
退職給付制度と生命保険法人契約

　企業における退職金制度は、制度自体を持つかどうかについては、その企業の任意である。退職金制度がある場合には就業規則にその旨が記載される。従業員の確保が労働市場で行われていることを考えると、一定の制度の準備は人材の確保のために必要であり、その意味で企業においてなんらかの退職金制度があることが多い。以下、実情をみていこう。

中小企業における退職給付制度の現状

　厚生労働省「就労条件総合調査 平成30年度」では、退職給付に関する調査を行っている。以下、その調査の内容から退職給付の実施状況等についてみておこう。図表19－1に退職給付制度の実施状況を示す。

図表19－1　退職給付制度の実施状況

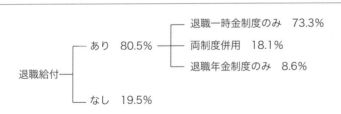

```
                              ┌─ 退職一時金制度のみ  73.3%
              ┌─ あり  80.5% ─┼─ 両制度併用  18.1%
退職給付 ─────┤              └─ 退職年金制度のみ  8.6%
              └─ なし  19.5%
```

　退職給付（一時金・年金）制度がある企業割合（80.5%）を企業規模別にみると、

1,000人以上	92.3%
300～999人	91.8%
100～299人	84.9%
30～99人	77.6%

　企業規模が大きいほど、退職給付（一時金・年金）制度がある割合が高くなっている。

（出典）厚生労働省「就労条件総合調査　平成30年度」より筆者作成

　企業において退職給付制度を「あり」とする企業は、80.5％である。このうちの73.3％は退職一時金制度のみでの実施となっている。

　退職給付制度を企業規模別にみると、「1,000人以上」企業で92.3％の実施状況であるのに対して、「30〜99人」企業では77.6％にとどまっている。企業規模が大きいほど実施している企業が多くなっている。

　次に、退職給付制度を「あり」とする企業の主要なものとして、一時金制度における財源準備の状況をみよう。図表19－2に退職一時金の財源準備状況を示す。

図表19－2　退職給付（一時金）の財源準備状況

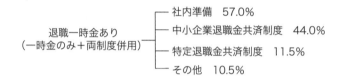

退職一時金あり
（一時金のみ＋両制度併用）
- 社内準備　57.0％
- 中小企業退職金共済制度　44.0％
- 特定退職金共済制度　11.5％
- その他　10.5％

退職一時金がある企業割合（91.4％）を企業規模別にみると、

割合（％） 企業規模	社内準備	中退共	特退共
1,000人以上	91.4	0.5	2.6
300〜999人	81.6	15.1	9.0
100〜299人	67.9	36.5	9.5
30〜99人	49.8	50.8	12.7

（出典）厚生労働省「就労条件総合調査　平成30年度」より筆者作成

　退職一時金がある企業の場合、社内準備及び中小企業退職金共済制度による準備が大半を占める。これを企業規模別にみると「30〜99人」規模の企業において中小企業退職金共済が50.8％を占め、半数がこれにより財源準備していることがわかる。この規模では、特定退職金共済（※）も12.7％を占めており、両者をあわせると63.5％となる。

　※　特定退職金共済制度は商工会議所等を母体とする団体年金であり、退職
　　　給付のための制度である。内容・税制において概ね中小企業退職金共済に
　　　準ずる。

退職一時金財源の社内準備は、企業規模が大きいほど割合が高い。「30
～99人」では49.8％と最も低い結果となっている。逆に「1,000人以上」で
は91.4％の割合となっている。

中小企業における退職給付制度の概要

　退職給付のための社外準備の制度は、歴史的に形成され現在に至ってい
る。以下、概要をみていこう。それらと対比する形で生命保険法人契約の
位置づけについて整理する。

中小企業退職金共済制度

　中小企業退職金共済制度は、「独立行政法人勤労者退職金共済機構」が
運営している。同機構の「中小企業退職金共済事業本部」HP（中小企業退
職金共済事業本部「制度について」http://www.chutaikyo.taisyokukin.go.jp/
seido/seido01.html）によれば、制度の目的は「中小企業者の相互共済と国
の援助で退職金制度を確立し、これによって中小企業の従業員の福祉の増
進と、中小企業の振興に寄与すること」である。制度の仕組みは「事業主
が中退共と退職金共済契約を結び、毎月の掛金を金融機関に納付します。
従業員が退職したときは、その従業員に中退共から退職金が直接支払われ
ます」と記載されている。

　事業主が負担する掛金は法人では損金に算入でき、個人事業の場合に
は、必要経費となる。掛金は以下の16通りである。

5,000円	6,000円	7,000円	8,000円
9,000円	10,000円	12,000円	14,000円
16,000円	18,000円	20,000円	22,000円
24,000円	26,000円	28,000円	30,000円

ただし、短時間労働者の場合には、特例として以下の設定がある。

2,000円	3,000円	4,000円

　掛金については上記の範囲で増額できるが、減額は原則として認められ
ていない。

確定給付企業年金

　確定給付企業年金には、「基金型」と「規約型」の2種類がある。

　「基金型」は、その企業体と別の法人格を持った企業年金基金を設立し、その基金において年金資産を管理・運用し、さらに給付を行う必要がある。設立に当たっては厚生労働大臣の認可を受けること、要件として300人以上の加入者が必要などの規定がある。このため中小企業の制度としては実態的に合致するケースは多くないと思われる。したがって、中小企業にとっては「規約型」が主な検討範囲ということになる。

　「規約型」は個別企業において労使が合意した年金規約に基づき、企業と生命保険会社あるいは信託銀行等とが契約を締結して、企業の外で年金資産の管理・運用、給付を行う制度となっている。年金規約について厚生労働大臣の承認が必要である。人数要件はないが、小規模企業にとっては「中小企業退職金共済制度」が実務的にも即した内容となっているため、確定給付企業年金は中堅企業に近い中小企業向けの制度と考えることができる。掛金は原則事業主負担であり、その掛金は損金に算入される。また合意した場合には、本人が拠出することもできるが、その場合の掛金は生命保険料控除の対象である。

　退職の際の給付であるが、一時金は退職所得、年金の場合には雑所得（公的年金控除）扱いとなる。本人負担がある場合、その部分については非課税となっている。

　確定給付という制度名称にあるとおり、給付額が確定している。そのため給付債務に見合った積立金が必要であり、企業にとっては積立不足が生ずるリスクが存在している。

企業型確定拠出年金

　確定拠出年金制度には、「個人型」と「企業型」がある。ここでのテーマは企業の退職金制度であるので、「企業型」が対象ということになる。

　企業型確定拠出年金の場合、実施主体は企業自身であり、掛金はその企業が拠出する。それぞれの資産は従業員個人に明確に区分され、区分された資産の運用は、その個人の責任で行われる。したがって、運用結果次第で、将来の退職後の年金受取額は変わってくる。この制度の趣旨からは、積立不足という問題は生じない。拠出は確定しているが、給付は確定して

いないからである。なお個人の掛金の拠出はマッチング拠出といい、一定の条件の範囲で可能となっている。

　企業は、従業員の職位や勤続年数などを考慮して従業員ごとに月々の退職金のための拠出額を制度的なルールに基づいて決定する。掛金は、従業員一人当たりでは、確定給付等の年金を実施していなければ、月額55,000円を上限に拠出できる。また確定給付型の年金等を実施している場合には、月額27,500円まで拠出できることとなっている。企業が負担した掛金は損金に算入できる。

　運用については、預貯金、公社債、投資信託、株式、信託、保険商品などから加入者自身が選択し、運用指図を行うこととなっている。このような制度的な構成から、加入者である従業員の投資に関する教育が必要であり、運営主体である事業主のこれら投資教育や情報提供の義務が法律上規定されている。また制度の特徴としては離転職時における年金資産の移換が可能なことがあげられる。加入者が退職して国民年金の加入者となった場合には個人型へ、転職した場合には転職先に企業型の制度が実施されている場合には、資産を移換することができる。いわゆる「モータビリティ」である。

退職給付制度における掛金負担と資産の帰属

　ここまでみてきた「中小企業退職金共済制度」「確定給付企業年金制度」「企業型確定拠出年金制度」では、企業が負担した掛金は損金に算入される点で共通している。また、この掛金及びその後の利息等を含めて形成される資産が、退職給付のための資産として従業員に帰属する点でも共通している。資産の帰属が企業から離れ、外部で管理・運用される仕組みとなっている。一般従業員のための退職給付資産を企業から分離し保全する制度は、当該資産固有の重要性や社会的意義を体現しており、歴史的に作られてきた社会的規範に立脚したものと考えられる。

退職給付資産と生命保険法人契約

　一般従業員の退職給付について、以上みてきた社外準備の制度がある一方で、その財源を社内準備で実施することも考えられる。社内準備として

は、その時点（授業員が退職する時点）における現預金から支払う方法が
ある。また、生命保険法人契約を利用し、満期保険金や解約返戻金をその
財源とする方法も考えられる。退職給付におけるこれら全体像と生命保険
法人契約の位置づけを図表19－3に示す。

図表19－3　福利厚生及び退職給付制度と生命保険法人契約の位置づけ

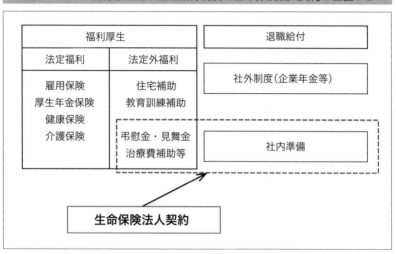

生命保険法人契約は何らかの保障を提供する（保険機能）ことから、一
般的に考えると法定外福利厚生の一部と退職給付における社内準備の双方
をカバーする。このうち、退職給付との関わりという観点では、法人を契
約者とし満期保険金受取人を法人、死亡保険金受取人を被保険者の遺族と
する養老保険契約（ハーフタックスプラン）の利用が考えらえる。

　ハーフタックスプランは保険料の1/2が損金に算入される。ただし普遍
的加入要件が課される。すなわち全従業員の加入が要件となる。特定の役
職者以上などの場合には、保険料の1/2は給与損金として扱われる。

　ハーフタックスプラン（養老保険）には解約返戻金が生ずる。解約返戻
金は契約者が受け取る。また満期保険金については（ハーフタックスプラ
ンの場合）、契約者である法人受取りとなっている。当該プランを退職給
付における社内準備と位置づけるという主旨は、解約返戻金あるいは満期
保険金を会社が受け取った後、従業員の退職金支給財源として利用する方

法をとる、という意味である。その意味でこの契約の資産は、企業（法人）に帰属している。この点が社外準備の各種制度との決定的な違いといえる。

　社外準備の場合、退職給付のための資産は、社外に保全されており、会社で自由に使うことはできない。掛金を支払った時点（損金算入）で、会社資産から分離される（退職給付債務の認識とは別の話である）。これに対して社内準備は、社外に保全されず、会社資産として退職給付以外への流用可能性が存在している。

　次章では、このハーフタックスプランについて、さらに詳しく検討していく。

第20章
ハーフタックスプラン

　企業における法定外福利厚生の一部及び退職給付に関わる社内準備の一つとして、生命保険法人契約が位置づけられる。図表20－1に全体の位置づけを示す。

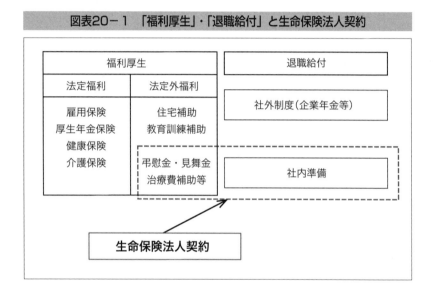

図表20－1　「福利厚生」・「退職給付」と生命保険法人契約

福利厚生		退職給付
法定福利	法定外福利	社外制度（企業年金等）
雇用保険 厚生年金保険 健康保険 介護保険	住宅補助 教育訓練補助	
	弔慰金・見舞金 治療費補助等	社内準備

生命保険法人契約

　本章では、生命保険法人契約のうち、一般従業員を対象とした保険契約として利用される養老保険について取り上げる。まず特定の契約形態であるハーフタックスプランについて検討しよう。その後、それを含めて養老保険の法人契約に関わる保険料の税務について論点整理する。

ハーフタックスプランの概要

　法人を契約者とし満期保険金受取人を法人、死亡保険金受取人を被保険者の遺族とする養老保険契約を一般に「ハーフタックスプラン」と呼ぶ。

この契約形態では保険料の1/2が損金に算入される。そのための呼称と思われる。

　当該プランに関する保険料の税務については、法人税法基本通達9－3－4において、養老保険の契約形態別税務として⑶に規定される。

（養老保険に係る保険料）

9－3－4　法人が、自己を契約者とし、役員又は使用人（これらの者の親族を含む。）を被保険者とする養老保険（被保険者の死亡又は生存を保険事故とする生命保険をいい、特約が付されているものを含むが、9－3－6に定める定期付養老保険等を含まない。以下9－3－7の2までにおいて同じ。）に加入してその保険料（令第135条《確定給付企業年金等の掛金等の損金算入》の規定の適用があるものを除く。以下9－3－4において同じ。）を支払った場合には、その支払った保険料の額（特約に係る保険料の額を除く。）については、次に掲げる場合の区分に応じ、それぞれ次により取り扱うものとする。

⑴・⑵　省略

⑶　死亡保険金の受取人が被保険者の遺族で、生存保険金の受取人が当該法人である場合　その支払った保険料の額のうち、その2分の1に相当する金額は⑴により資産に計上し、残額は期間の経過に応じて損金の額に算入する。ただし、役員又は部課長その他特定の使用人（これらの者の親族を含む。）のみを被保険者としている場合には、当該残額は、当該役員又は使用人に対する給与とする。

　上記⑶のとおり、ハーフタックスプランの場合、普遍的加入要件が課される。すなわち全員加入要件である（勤続1年以上等の条件づけは、普遍的加入という本来的主旨を逸脱しない範囲で認められる可能性はある）。役員又は部課長その他特定の使用人のみを被保険者としている場合には、給与損金として扱われる。

　普遍的加入要件が満たされることによって認められるここでの保険料1/2損金は、「福利厚生費として損金」である。死亡保険金の受取人が被保険者の遺族であること、そこに普遍的加入要件が課されることによって保険料の1/2が「福利厚生費として」損金算入される。ハーフタックスプランの保険料1/2損金と法定外福利厚生との関係を図表20－2に示す。

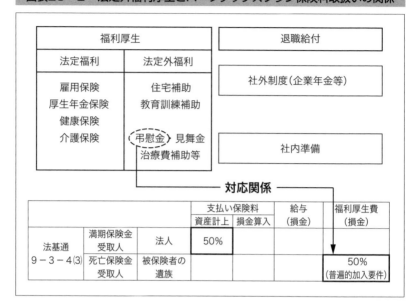

図表20-2　法定外福利厚生とハーフタックスプラン保険料取扱いの関係

　保険料の税務の観点でハーフタックスプランを整理すると、福利厚生費としての1/2損金は、法定外福利厚生の中の弔慰金（死亡保険金の受取人＝被保険者の遺族）と対応関係がある。これを逆にいうと、生存保険金（満期保険金）受取人が当該法人であるハーフタックスプランにおける保険料1/2資産計上は、退職給付における社内準備と対応する。

退職給付とハーフタックスプラン

退職金制度準備形態

　ここで少し俯瞰して、企業における退職金制度の実情をみてみよう。

　厚生労働省「平成30年就労条件総合調査」では退職金に関わる内容が取り上げられている。当該調査より「退職金支払い準備形態別企業割合」を図表20-3に示す。

図表20－3　退職一時金支払い準備形態別企業割合

(単位：％)

企業規模	退職一時金制度がある企業		退職一時金制度の支払準備形態（複数回答）			
			社内準備	中小企業退職金共済制度	特定退職金共済制度	その他
平成30年調査計	[91.4]	100.0	57.0	44.0	11.5	10.5
1,000人以上	[75.2]	100.0	91.4	0.5	2.6	8.9
300～999人	[81.9]	100.0	81.6	15.1	9.0	7.6
100～299人	[87.5]	100.0	67.9	36.5	9.5	9.7
30～99人	[94.6]	100.0	49.8	50.8	12.7	11.1
平成30年調査計	[90.2]	100.0	60.6	49.7	9.5	4.1
平成25年調査計	[88.4]	100.0	64.5	46.5	7.5	3.9

(注)1　[　]内の数値は、退職給付（一時金・年金）制度がある企業のうち、「退職一時金制度がある」企業割合である。

2　「退職一時金制度がある企業」には、「両制度併用」を含む。

3　表中、下から2段目「平成30年調査計」は、「常用労働者30人以上である会社組織の民営企業」で、「複合サービス事業」を含まない集計であり、平成25年調査と時系列で比較する場合には、こちらを参照されたい。

(出典) 厚生労働省「平成30年就労条件総合調査」より筆者作成

　　図表20－3に示す「退職一時金制度がある企業」は、年金制度の併用も含まれる。いずれにしろ、なんらかの退職一時金制度がある企業という意味である。なお、当該調査は従業員30人以上を調査対象としている。この点は留意してみる必要がある。

　　企業規模別にみると、従業員30～99人の企業において「中小企業退職金共済＋特定退職金共済」の割合が約63.5％（50.8％＋12.7％）と100人以上の企業に比べて高いことがわかる。総計が100を超えるので当該対象についてみると、「社内準備」（49.8％）と「中小企業退職金共済＋特定退職金共済」（63.5％）等、社外準備との併用による企業が存在すると判断できる。

　　図表20－3にあるように、平成25年と対比すると、平成30年では「中小企業退職金共済制度」（46.5％→49.7％）、「特定退職金共済」（7.5％→9.5％）が増加している（平成30年が図表20－3における上段の合計数字と合っていない。これは平成25年と対象企業条件に相違があるため、対比する場

合には、同一条件の数値を使っていることによる。詳しくは平成30年就労条件総合調査を参照）。これに対して社内準備は64.5%→60.6%と減少している。社外準備の増加傾向がみられる。

　社外準備制度は、ここまで触れたように、退職金資産と企業資産が分離され、外部で管理・運用される。またその資産の帰属は（退職給付資産として）従業員にある。これら社外準備制度に社内準備を併用する要因はいくつか考えられる。

退職金支給の実情（退職事由）

　中小企業退職金制度と近似するものとして、特定退職金共済制度がある。筆者の場合は、過去にこの制度を取り扱った経験がある。この際、制度利用している中小企業からの話で共通するものとして、「従業員の貢献度に応じて支払額をその時点で決めたい（変動させたい）」「功労加算したい」「突然の自己都合退職でも全部払わないとだめなのか」などの話があった（自由に退職金と別にその資産を利用したいというような話は除外）。

　また不祥事を事由とした退職の場合に、「退職金を支払いたくない（企業にその分戻してほしい）」というような話も聞かれた（ちなみに中小企業退職金共済では、懲戒解雇等の場合に退職金を支払わないことや減額支給することは、一定の手続きと承認を経て可能である。しかしその資産は退職金資産として引き続き管理され、企業に戻ることはない）。

　退職事由を分類すると、会社都合退職と自己都合退職に分かれる。

　この退職において支払われる退職金は、その他の条件（勤続年数等）を一定とすれば、「会社都合退職＞自己都合退職」とする退職金規定となっていることが考えられる。

　図表20－4に一人平均事由別学歴別退職金額のデータを示す（対象は勤続20年以上かつ45歳以上退職者）。

図表20－4　一人当たり平均退職金額（勤続20年以上かつ45歳以上退職者）

年、退職事由	大学・大学院卒（管理・事務・技術職）			高校卒（管理・事務・技術職）			高校卒（現業職）		
	退職時の所定内賃金（月額）（千円）	1人平均退職給付額（万円）	月収換算（月分）	退職時の所定内賃金（月額）（千円）	1人平均退職給付額（万円）	月収換算（月分）	退職時の所定内賃金（月額）（千円）	1人平均退職給付額（万円）	月収換算（月分）
平成30年調査計									
会社都合	611	2,156	35.3	499	1,969	39.5	331	1,118	33.8
自己都合	513	1,519	29.6	363	1,079	29.7	287	686	23.9
早期優遇	536	2,326	43.4	412	2,094	50.8	301	1,459	48.6
平成30年調査計									
会社都合	613	2,084	34.0	504	1,987	39.4	330	1,116	33.8
自己都合	499	1,518	30.4	381	1,025	26.9	289	658	22.8
早期優遇	535	2,182	40.8	412	2,071	50.2	297	1,444	48.6
平成25年調査計									
会社都合	561	1,807	32.2	409	1,573	38.5	291	1,004	34.5
自己都合	509	1,586	31.1	366	1,159	31.7	286	784	27.4
早期優遇	435	1,966	45.1	360	1,945	54.1	293	1,418	48.5

（出典）厚生労働省「平成30年就労条件総合調査」より抜粋して筆者作成

　会社都合と自己都合で対比すると、大学・大学院卒「会社都合2,156万円＞自己都合1,519万円」、高校卒（管理・事務・技術）「1,969万円＞1,079万円」、高校卒（管理・事務・技術）「1,118万円＞686万円」と、すべてにおいて「会社都合＞自己都合」という金額の高低関係となっている（なお、図図表20－4中段にある平成30年の数字と上段の30年数字は相違している。これは中段の数字が、平成25年と対比するための数字として示されたものであることによる。すなわち図表20－3の説明の際にも触れたが、平成25年と30年で調査対象企業条件に相違があるため、対比のために25年と同条件の場合の数字が示されている）。

社外準備制度（中小企業退職金共済制度）とハーフタックスプラン

　中小企業退職金共済制度は、対象となる従業員について月々の掛金を定め、それを継続して支払う。中途での増額は可能であるが、減額は原則としてできない。当該従業員が退職の際、それまでの元利合計（当該制度の定める給付額）が支払われる。「会社都合退職」でも「自己都合退職」でも給付額は同じである。このため、仮に、ある企業が中小企業退職金共済制度の給付額を自社の退職金額と100％一致するものとすれば、両者に差を設けることはできない。ところが、図表20－4でみたように、実際の企業において支払われる退職金は「会社都合＞自己都合」という金額の相違が認められる。

　「会社都合退職」と「自己都合退職」に差を設けることを前提に中小企業退職金共済制度を利用すると考えると、金額的に低い「自己都合退職」の際に支払う額と合致するように利用する必要がある。当然、逆から考えると、「会社都合退職」における必要額に対して、中小企業退職金共済制度からの給付額では不足が生ずることになる。この不足額を準備する手段として社内準備が考えられる。

　同じように功労加算を従業員退職の際支払うことが考えられる。功労加算は、文字どおり「功労」が特別に認められる従業員だけに支払うものである。したがって全従業員にその分をあらかじめ加算する等、中小企業退職金共済制度の掛金に反映することはできない。これについては別途、その時点の現預金から支払うか、会社の裁量で従業員に支払っても支払わなくても問題が生じない形態での準備が必要になる。その点ではハーフタッ

クスプランが妥当な準備手段となる（満期保険金の受取人は法人である）。

図表20－5に自己都合、会社都合、功労加算と準備手段の関係を示す。

図表20－5　法定外福利厚生とハーフタックスプラン保険料取扱いの関係

	①会社都合＞自己都合	②会社都合＝自己都合
功労加算	ハーフタックスプラン・現預金	ハーフタックスプラン・現預金
会社都合退職金（差額）	ハーフタックスプラン	中小企業退職金共済制度
自己都合退職金	中小企業退職金共済制度	

図表20－5中、①は、「会社都合＞自己都合」の場合の準備手段との関係である。自己都合退職に合わせて中小企業退職金共済制度に加入し、会社都合退職との差額（不足額）についてハーフタックスプランを利用する。功労加算についてはハーフタックスプランあるいはその時点の現預金から支払う。

これに対して②は、その企業が、いわば割り切って中小企業退職金共済制度に自社の退職金制度を合わせるケースである。すなわち「会社都合＝自己都合」と同額にし、その額に合わせる形で中小企業退職金共済制度に加入する。この場合、功労加算は同制度で準備できないので、その部分をハーフタックスプランあるいは現預金で支払う。

以上のように、社外準備（中小企業退職金共済制度等）を根幹とし、補完的に社内準備（ハーフタックスプラン等）を利用する。これにより企業の想定する形で退職金制度の財源準備が可能となると考えられる。

弔慰金とハーフタックスプラン

企業の法定外福利厚生のうち、弔慰金制度についてはすでに第18章にお

いて取り上げた。ここでは少し細部に入り、企業の弔慰金額について企業規模別の状況をまず確認しよう。

　住友生命は「企業の福利厚生制度に関するアンケート（2019調査）」において、勤続15年及び25年時点における企業規模別弔慰金額についての調査結果を取り上げている。次頁図表20－6に勤続15年及び25年時点弔慰金額別シェアを示す。

　企業の弔慰金について全体平均でみると、勤続15年時点では322.01万円、25年時点では362.35万円となっている。しかし、これを金額ランク別の該当企業でみると、15年・25年時点双方とも「100万円～500万円未満」が第二順位で該当が多く、19.6％、19.2％となっている。最も高かったのは「50万円未満」であり、それぞれ20.0％、20.7％である。全体として金額ランクのばらつきが大きく、個々の企業によって相当程度差があると考えられる。

　ハーフタックスプランは、企業における弔慰金準備目的で利用される。一方、ここまでみたような企業における弔慰金額の実態と考え合わせると、ハーフタックスプランのカバーする企業範囲は限定的なものと思われる。すなわち、ハーフタックスプランのカバー範囲は、弔慰金額水準が一定額以上で、その他の目的との併用による利用が多いと考えられる。これはハーフタックスプランに満期保険金があること、またその受取人が法人であること等、プラン内容の特性に依存した当然の流れと考えられる。弔慰金準備と別の加入目的としては、先に取り上げてきた退職金準備（社内準備）が代表的である。しかし、それ以外の加入目的も考えられる。

ハーフタックスプランのその他の目的

　ハーフタックスプランに関わる募集資料類をみると、従業員の弔慰金準備とともに退職金準備が加入目的として挙げられている。これはここまで見てきたとおりである。しかし、その上で、更に、緊急時の事業資金としての利用が記載されている。これは性質の違う目的と考えられる。

　ハーフタックスプランは複数の加入目的をもつものとしてとして利用されている可能性が高い。これら複数の加入目的はそもそも共存しているのか、という観点から加入目的を整理しよう。

図表20-6　企業規模別弔慰金額

単位：%		回答数	50万円未満	50万円以上100万円未満	100万円以上500万円未満	500万円以上1,000万円未満	1,000万円以上2,000万円未満	2,000万円以上	無回答	平均額（万円）
	全体	1079	22.4	5.0	19.6	8.1	3.4	1.8	39.8	322.01
勤続15年	50名未満	50	20.0	0.0	6.0	4.0	8.0	0.0	62.0	374.47
	50～100名未満	66	27.3	4.5	16.7	9.1	0.0	1.5	40.9	206.50
	100～300名未満	245	26.5	5.3	19.2	5.3	2.9	2.4	38.4	288.23
	300～500名未満	138	21.7	5.1	22.5	12.3	1.4	2.2	34.8	324.57
	500～1000名未満	174	26.4	6.9	15.5	4.6	2.3	0.6	43.7	211.59
	1000～5000名未満	283	17.7	4.9	24.0	10.6	4.2	1.4	37.1	353.40
	5000～10000名未満	47	23.4	6.4	29.8	10.6	4.3	2.1	23.4	374.89
	10000名以上	63	15.9	3.2	11.1	9.5	9.5	4.8	46.0	667.14
	無回答	13	15.4	0.0	23.1	0.0	0.0	0.0	61.5	136.60
勤続25年	全体	1079	20.7	4.7	19.2	8.6	4.4	2.0	40.4	362.35
	50名未満	50	18.0	0.0	8.0	4.0	6.0	0.0	64.0	316.61
	50～100名未満	66	27.3	1.5	18.2	10.6	0.0	1.5	40.9	233.51
	100～300名未満	245	24.5	4.9	19.2	6.1	3.3	2.4	39.6	322.07
	300～500名未満	138	20.3	5.1	21.0	11.6	4.3	2.2	35.5	389.30
	500～1000名未満	174	25.3	5.7	17.2	4.6	2.9	1.1	43.1	243.86
	1000～5000名未満	283	15.5	5.7	21.6	12.4	6.0	1.4	37.5	404.56
	5000～10000名未満	47	19.1	6.4	31.9	8.5	6.4	2.1	25.5	428.49
	10000名以上	63	14.3	3.2	9.5	9.5	7.9	7.9	47.6	740.07
	無回答	13	15.4	0.0	23.1	0.0	0.0	0.0	61.5	136.60

（出典）住友生命「企業の福利厚生制度に関する調査（2019調査）」より抜粋して筆者作成

　　ハーフタックスプランの加入目的を保険金・解約返戻金・含み益（＝解
約返戻金－資産計上累計額）の観点から整理すると、以下のとおり整理でき
る。

・死亡保険金を従業員（被保険者）の遺族に支払う。これを企業の弔慰金
　と位置づけ加入目的とする。
・満期保険金を従業員（被保険者）の退職金の財源として位置づけ、加入
　目的とする。
・含み益・解約返戻金を従業員（被保険者）の退職金の財源として位置づ
　け、加入目的とする。
・満期保険金を会社が受け取る。この資金を事業資金として位置づけ、加
　入目的とする。
・含み益・解約返戻金を会社が受け取る。この資金を緊急時等の事業資金
　として位置づけ、加入目的とする。

　　死亡保険金と満期保険金が矛盾することはない。どちらかしか支払われ
ることはないからである。ところがそれ以外の場合、相互に棄損すること
はあり得る。ハーフタックスプランにおける加入目的間の関係を図表20
－7に示す。

図表20－7　ハーフタックスプラン加入目的間の関係

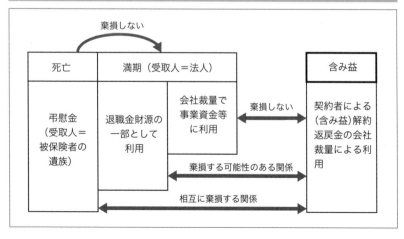

含み益・解約返戻金の会社裁量による利用は、弔慰金としての死亡保険金を毀損する。これに対して、満期保険金の退職金財源への利用と含み資産としての会社裁量による利用は、必ずしも毀損する場合だけではない。すなわち満期保険金も解約返戻金も会社受取りのお金を会社が使うことになるため、解約返戻金を退職金財源に利用すれば毀損しない。

しかし、会社が資金繰りに窮して当面の資金として解約返戻金を利用すれば、退職金財源の一部としての利用は毀損される。その意味で、図表20−7では、「毀損する可能性のある関係」と表示している。これに対して「弔慰金準備（加入目的）」と、「含み益・解約返戻金を会社裁量で利用（加入目的）」は相互に棄損する。少なくとも両者が共存することはあり得ない。すなわち、従業員がいつ死ぬのかは誰にもわからないので、その前に契約を解約し、その返戻金を事業資金等で利用すれば、そもそも弔慰金準備は（ハーフタックスプランとしては）消失する。

ハーフタックスプランのもつ課題

退職金に関わる社内準備としてハーフタックスプランに加入する場合、本章「社外準備制度（中小企業退職金共済制度）とハーフタックスプラン」で整理したように、社外準備（中小企業退職金共済等）を根幹にそれを補完する社内準備として利用する必要性を述べた。これにより、社外準備による対応が難しい「会社都合と自己都合の差額分」や、功労加算のための財源準備が可能となる。

しかしそれでも、図表20−7で整理したように、社内準備がもつ退職金準備としての脆弱性（加入目的間の矛盾）が存在していることは明らかである。そもそもの要因は、ハーフタックスプランにおける資産（解約返戻金）の帰属が、契約者（＝法人）にあるためである。

この契約形態である限り、含み益・解約返戻金を企業は自己の裁量で利用することができる。したがって、必要な時期に解約し、事業資金等として利用すれば、その保険契約は消滅する。当然、満期保険金を受け取ることはできないので、これを会社都合と自己都合の差額（不足額）に充当することはできない。この不足額は本来、会社都合退職の際、従業員に支払われるべきものである。もちろん、その時点で現預金から支払えば問題は

ない。

　完全な制度的裏づけ、脆弱性や不確実性がない準備は難しいので、過剰に神経質になる必要はないようにも思える。しかし、中小企業における従業員の退職金制度は、対象企業の枠を超えて社会的な制度と位置づけられる。その点において、これら脆弱性については課題として認識しておく必要がある。

第21章
養老保険法人契約税務の不可思議

　前章では、ハーフタックスプランを取り上げた。ハーフタックスプランは養老保険の特定の契約形態を指す。前章では当該プランに関わる税務を所与のものとして扱ってきた。本章では、養老保険法人契約の契約形態別税務を確認する。養老保険という商品の特性と税務の関係及び契約形態別税務間の不整合について整理しておきたい。

養老保険の保険料構成

　養老保険は満期保険金と死亡保険金が同額の保険である。このため養老保険の保険料は、満期保険金の支払いの財源となる生存保険料がベースとなり、これが積み立てられる（保険料積立金）。この積立金と保険金の差が危険保険金となる。死亡した場合、保険料積立金と危険保険金の合計により、死亡保険金が構成され支払われる。養老保険のこれらの関係及び保険料構成のイメージを図表21－1に示す。

図表21－1　養老保険の保険料構成イメージ

死亡保険金 1,000万円	1	2	3	4	5	6	7	8	9	10	満期保険金 1,000万円
	危険保険金	危険保険金	危険保険金	危険保険金	危険保険金	危険保険金	危険保険金	危険保険金	危険保険金	a10	
									a9	a10	
								a8	a9	a10	
							a7	a8	a9	a10	
						a6	a7	a8	a9	a10	
					a5	a6	a7	a8	a9	a10	
				a4	a5	a6	a7	a8	a9	a10	
			a3	a4	a5	a6	a7	a8	a9	a10	
		a2	a3	a4	a5	a6	a7	a8	a9	a10	
	a1	a2	a3	a4	a5	a6	a7	a8	a9	a10	
年度	1	2	3	4	5	6	7	8	9	10	
平準保険料	b1	b2	b3	b4	b5	b6	b7	b8	b9	b10	a=貯蓄保険料
	a1	a2	a3	a4	a5	a6	a7	a8	a9	a10	b=危険保険料

（出典）山下友信他（2019）『保険法』（有斐閣）34頁・図1をもとに筆者作成

　保険料積立金（図内 a ）は、保険期間の経過とともに増大する（積み上がる）。この結果、危険保険金は経過年数とともに減少する。**図表21－1**はその経過時期別の大きさを示している。

　危険保険料（図内 b ）は、各年における「危険保険金×死亡率」が原価である。危険保険金は先に触れたように、年々減少する。一方、死亡率は保険期間の経過（年齢の進行）により上昇する。両者の積である危険保険料は、各年の平準保険料の中に位置づけられる。

　このような養老保険を法人が契約した場合、保険料の税務はどのように規定されているだろうか？

養老保険の契約形態別の税務

　養老保険法人契約の税務は、法人税法基本通達 9 － 3 － 4 に規定される。まずその規定を確認しよう（次頁）。

　法基通 9 － 3 － 4 の(1)における契約形態は、契約者が法人、満期保険金受取人と死亡保険金受取人が双方とも契約者である法人である。次に(2)は、契約者が法人、満期保険金受取人と死亡保険金の受取人が被保険者（当該法人の役員、従業員）である。(3)は前章で見たハーフタックスプランである。すなわちその契約形態は、契約者が法人、満期保険金受取人が当該法人、死亡保険金受取人が被保険者（従業員）の遺族である。

　上記通達をみると、契約形態に欠落がある。すなわち(3)のハーフタックスプランの逆の契約形態である。契約者は法人、満期保険金受取人が被保険者、死亡保険金の受取人が当該法人である。この契約形態の養老保険を「逆ハーフタックスプラン」と呼んでいるようである。

　現状、養老保険法人契約の契約形態別税務については、上記通達の規定と、逆ハーフタックスプランに関する税務が存在している。

　以上の税務を受取人形態と照合する形で次頁図表21－2に示す。

（養老保険に係る保険料）

９－３－４　法人が、自己を契約者とし、役員又は使用人（これらの者の親族を含む。）を被保険者とする養老保険（被保険者の死亡又は生存を保険事故とする生命保険をいい、特約が付されているものを含むが、９－３－６に定める定期付養老保険等を含まない。以下９－３－７の２までにおいて同じ。）に加入してその保険料（令第135条《確定給付企業年金等の掛金等の損金算入》の規定の適用があるものを除く。以下９－３－４において同じ。）を支払った場合には、その支払った保険料の額（特約に係る保険料の額を除く。）については、次に掲げる場合の区分に応じ、それぞれ次により取り扱うものとする。

(1)　死亡保険金（被保険者が死亡した場合に支払われる保険金をいう。以下９－３－４において同じ。）及び生存保険金（被保険者が保険期間の満了の日その他一定の時期に生存している場合に支払われる保険金をいう。以下９－３－４において同じ。）の受取人が当該法人である場合　その支払った保険料の額は、保険事故の発生又は保険契約の解除若しくは失効により当該保険契約が終了する時までは資産に計上するものとする。

(2)　死亡保険金及び生存保険金の受取人が被保険者又はその遺族である場合　その支払った保険料の額は、当該役員又は使用人に対する給与とする。

(3)　死亡保険金の受取人が被保険者の遺族で、生存保険金の受取人が当該法人である場合　その支払った保険料の額のうち、その２分の１に相当する金額は(1)により資産に計上し、残額は期間の経過に応じて損金の額に算入する。ただし、役員又は部課長その他特定の使用人（これらの者の親族を含む。）のみを被保険者としている場合には、当該残額は、当該役員又は使用人に対する給与とする。

図表21－2　養老保険法人契約に関する税務

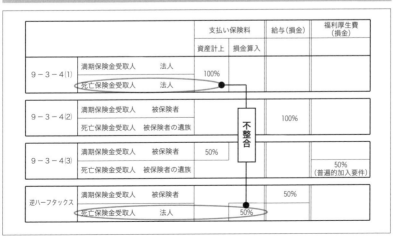

　養老保険法人契約について、満期保険金と死亡保険金の双方を法人受取りとすると、全額資産計上である（法基通9－3－4⑴）。図表21－2の上段に示した。

　ここで確認しておきたいことは、1/2ずつの資産計上ではなく、全額資産計上となることである。なぜ全額資産計上なのか。

　通達は簡便法である。これを前提に考えよう。養老保険は生存保険と死亡保険の組み合わせである。しかし、死亡に関わる当年の危険保険料（本来は当年に損金に算入できる）は微々たるもので、その大半は生存保険のための保険料（保険料積立金）と考えられる。そこで、本来、危険保険料部分を損金に落とすのだが、無視できるほどに小さいので、簡便法として全額資産に計上すると規定されたと考えられる（図表21－1参照）。

　さて、次に検討するのはハーフタックスプラン（法基通9－3－4⑶）における1/2損金である。

　最近、保険税務に関する書籍を読んでいて筆者は驚いたのであるが、そこでは、ハーフタックスプランの1/2損金は、危険保険料部分で、それを損金算入としていると記述されている。

　これは驚くべき解釈である。

　危険保険料は本来、当年の費用として損金算入できる。これは死亡保険金が法人受取において成り立つ。すなわち「支払い保険料として損金」である。普遍的加入要件はここでは無関係である。当年の死亡保険のための保険料で、前払い部分が存在しない危険保険料は、当然、当年の費用として損金算入されるべきである。だからこそ、定期保険では（保険期間―例えば10年―から考えると、前払部分が存在していても）簡便法として前払部分が少ないことから、それは無視して全額損金算入される（原則的取り扱い）。

　これに対して養老保険では、死亡保険金を被保険者の遺族とし、かつ普遍的加入要件を満たした場合において1/2損金になる（法基通9－3－4⑶）。死亡保険金受取人が法人の場合には、危険保険料部分が無視できるほど微々たるものなので、全額資産計上にしていた（法基通9－3－4⑴）はずである。

　この論理構成から考えると、ハーフタックスプランにおける1/2損金は、福利厚生費としての1/2損金であり、危険保険料との整合性は最初から想

定されていないと考えられる。

　ハーフタックスプランにおける保険料1/2損金は、福利厚生の主旨から
いわば優遇された形で1/2損金算入とされていると解釈したほうが自然で
ある。ここでの1/2損金（福利厚生費）は、危険保険料のウェイトと乖離し
て、福利厚生の主旨に対する優遇としての税務と解釈する以外にないと思
われる。

死亡率から確認すると

　危険保険料は各年の「危険保険金×死亡率」である。50歳の男女で期間
10年の死亡率を見てみよう。生保標準生命表2018（死亡保険用）を一部抜
粋し、図表21－3に示す。参考として「第22回完全生命表」（厚生労働省）
も表示した。

図表21－3　総合福祉団体定期保険の契約形態

年齢	生保標準生命表2018（死亡保険用）		(参考)第22回完全生命表	
	男性	女性	男性	女性
50	0.00285	0.00197	0.00266	0.00148
51	0.00311	0.00211	0.00293	0.00162
52	0.00337	0.00225	0.00323	0.00178
53	0.00364	0.00241	0.00355	0.00193
54	0.00391	0.00256	0.00391	0.00208
55	0.00422	0.00270	0.00432	0.00221
56	0.00458	0.00284	0.00475	0.00233
57	0.00500	0.00300	0.00518	0.00245
58	0.00546	0.00317	0.00560	0.00259
59	0.00597	0.00338	0.00609	0.00279

　50歳の男性が10万人いると、その1年間で、生保標準生命表2018では
285人が死亡する。逆に言うと9万9,715人が生存して51歳になる。女性の
場合では、50歳で10万人いると、その年に197人が死亡する。これも逆に
言うと9万9,803人が生存して51歳となる。パーセント表示すると、男性で

わずか0.285％、女性で0.197％の死亡率である。経過10年目でも男性0.597％、女性0.338％に過ぎない。

　にもかかわらず、保険料の50％（という過大と思えるほどの規模）が損金に算入される。死亡率から考えて保険料の1/2が「危険保険料なので損金」という理屈は成り立たない。繰り返すが、ハーフタックスプランにおける1/2損金は、死亡保険金受取人が被保険者（従業員）の遺族かつ普遍的加入要件が課されることによって、優遇された「福利厚生費損金」と解釈できる。

逆ハーフタックスプラン税務の不可思議

　さて、ここまで整理したようにハーフタックスプランにおける保険料1/2損金が、危険保険料の本来的規模から乖離した福利厚生費損金であるという前提に立つ。すると、逆ハーフタックスプランについて、ハーフタックスプランの裏返しで解釈した現行の税務上の扱いがなんとも不可思議であることがわかる。

　逆ハーフタックスプランは、契約形態としては契約者：法人、満期保険金受取人：被保険者、死亡保険金受取人：法人（契約者）である。この契約形態において、税務上は、実務として保険料の1/2が「支払い保険料として損金」、残る1/2が給与損金となっている。

　先に「不可思議」とした要因は、ハーフタックスプランにおける優遇された福利厚生費損金としての保険料1/2を、そのまま「1/2」の規模だけ持ってきて、逆ハーフタックスプランにおいて「支払い保険料として損金」にしてしまっているからである。

　逆ハーフタックスプランは、税務上の解釈においてハーフタックスプラン（法基通9－3－4(3)）を意識しているようにみえる。しかし、本来その必要はなく、「死亡保険金受取人が法人である」という観点から、「法基通9－3－4(1)」を意識すべきはずである。整合性は「法基通9－3－4(1)」と図られる必要があり、「法基通9－3－4(3)」との整合性はそもそも必要なかった。図表21－2に法基通9－3－4(1)と逆ハーフタックスプランとの不整合な部分を○印及び矢印で示している。

　逆ハーフタックスプランにおける税務は、法律や税の専門家が考えて規

定されたのかもしれないが、少なくとも保険数理の専門家がそこにいたとは思えない。明らかに過大な規模の「支払い保険料損金」となっている。

　逆ハーフタックスプランにおいて保険料の1/2の「支払い保険料損金」が過大だとすると、残る部分は「満期保険金受取人＝被保険者」としての給与損金の規模の問題となる。支払い保険料損金の規模を縮小すると、残る部分が増大する。仮に完全に法基通9－3－4⑴と整合させると、逆ハーフタックスプランにおける支払い保険料としての損金は「ゼロ」である。しかし、法基通9－3－4⑴は満期保険金、死亡保険金ともに法人受取りのため、簡便法として、全額資産計上と規定できたはずである。逆ハーフタックスプランの場合、両者の受取人が分離しているため、数値上、区分表示する必要がある。このため、保険会社が危険保険料を計算し、それを支払い保険料として損金算入する、あるいは簡便法により当局が実態にあった率を設定する必要がある。

　なお、レベル感をみるために、粗い数値を出して考えてみよう。

　期間10年満期保険金1,000万円の養老保険を例にとる。

　金利ゼロと仮定すると、年間100万円を10年間支払うと1,000万円になる。1年目に100万円を納め、これが積み立てられると仮定すると（付加保険料も無視）、危険保険金は「1,000万円－100万円＝900万円」である。

　50歳男性の死亡率は、図表21－2でみたように、0.285%であるから、危険保険金900万円×0.285％＝危険保険料2万5,650円となる。保険料が100万円とすると、危険保険料の全体における規模は大きくみても1年目は2.56％レベルに過ぎない。以降、死亡率は上昇するが危険保険金が減少する。いずれにしろ、全保険期間を通じて考えた場合、危険保険料が保険料の1/2を占めるようなことはあり得ないと考えられる。

養老保険法人契約の保険料の税務への提言

　以上みてきたように、養老保険法人契約の保険料の税務は、契約形態別規定及び実務解釈の間に不整合がある。当該範囲の見直しの機会が将来生じた場合には、法律や税務の専門家だけでなく保険（数理等）の専門家を含めて検討され、本来的に整合性のある税務上の規定が整備される必要があると思える。不整合はどこかに有利不利を生み、結果として、保険加入

行動に中立な課税関係から乖離する可能性がある。必要な契約形態に税務がインセンティブとなることは政策としてはあり得るが、認識しないまま保険加入行動に中立でない税務が存在することは、本来、避けるべきと思われる。

第V部

保険契約締結後の
諸課題

第22章
生命保険契約の変更

　生命保険契約を締結した後、契約者である中小企業（法人）にはさまざまな変化が生ずる可能性がある。特に現在のように変化の激しい時代においてはなおさらである。

　そこで生命保険の契約期間中における変更など、利用のあり方について整理しておく必要がある。一方、契約当初の段階で一定期間経過後に諸変更を織り込むプランも散見される。本章では、これらについて論点整理しておきたい。

　生命保険は基本的には長期にわたるものであり、その間には保険料の支払が難しくなるような事態も想定される。この想定は、契約者が法人であるか個人であるかを問わない。

　このような保険料支払期間中に、その支払が困難になった場合の対処方法として「払済保険への変更」「延長定期保険への変更」「減額」「保険期間の短縮」「契約者変更」が考えられる。これらの概要をみていこう。

払済保険への変更

　払済保険への変更は、以後の保険料の払込みを中止し、その時点の解約返戻金を元に養老保険または従前の保険種類と同じ種類の主契約を一時払いで購入してしまうというものである。当然その時点で保険料の払込みを停止しているので、保険金額は従前の金額に比べて低下する。また従前の契約に各種特約が付加されていた場合には、払済保険への変更時点で各種特約は消滅する。

　法人契約における払済保険への変更については、法人税法基本通達9－3－7の2においてその取扱いが規定されている。

（払済保険へ変更した場合）

9－3－7の2　法人が既に加入している生命保険をいわゆる払済保険に変更した場合には、原則として、その変更時における解約返戻金相当額とその保険契約により資産に計上している保険料の額（以下9－3－7の2において「資産計上額」という。）との差額を、その変更した日の属する事業年度の益金の額又は損金の額に算入する。ただし、既に加入している生命保険の保険料の全額（特約に係る保険料の額を除く。）が役員又は使用人に対する給与となる場合は、この限りでない。

(注)1　養老保険、終身保険、定期保険、第三分野保険及び年金保険（特約が付加されていないものに限る。）から同種類の払済保険に変更した場合に、本文の取扱いを適用せずに、既往の資産計上額を保険事故の発生又は解約失効等により契約が終了するまで計上しているときは、これを認める。

　　2　本文の解約返戻金相当額については、その払済保険へ変更した時点において当該変更後の保険と同一内容の保険に加入して保険期間の全部の保険料を一時払いしたものとして、9－3－4から9－3－6までの例（ただし、9－3－5の2の表の資産計上期間の欄の（注）を除く。）により処理するものとする。

　　3　払済保険が復旧された場合には、払済保険に変更した時点で益金の額又は損金の額に算入した金額を復旧した日の属する事業年度の損金の額又は益金の額に、また、払済保険に変更した後に損金の額に算入した金額は復旧した日の属する事業年度の益金の額に算入する。

　すでに加入している生命保険を払済保険に変更した場合、原則として変更時点の解約返戻金相当額と、保険契約により資産に計上している保険料の額との差額を、その変更した日の属する事業年度の益金または損金の額に算入する（いわゆる洗い替え処理）。

　この規定には注記がつけられており、特定の保険種類について、同種類の払済保険に変更した場合には上記の原則を適用せず、既往の資産計上額を保険事故の発生または解約失効等による契約終了まで計上していた場合にはこれを認めるとしている。

　問題はこの特定の保険種類である。令和元年法令解釈通達前までは、「養老保険、終身保険及び年金保険」からそれぞれ同種類の払済保険へ変

更した場合、原則としての洗い替え処理をせず、既往の資産計上額をそのまま払済保険の終了時点まで計上していてもこれを認める、と規定されていた。これに対して、令和元年法令解釈通達による改定ルールではこれら保険種類に定期保険、第三分野保険が追加されている。すなわち、注書きの1において「養老保険、終身保険、定期保険、第三分野保険及び年金保険（下線部が追加された部分）」から、同種の払済保険に変更した場合には、洗い替え処理をしなくてもかまわないとされる。

　令和元年2月中旬以降の販売停止前まで大量に販売された一定期間災害保障重視型定期保険の既契約は、令和元年改正通達前の契約のため、保険料の税務は旧ルールによる取扱いとして多くが継続していると思われる。これらの契約がいずれ解約返戻率のピークを迎えた際の後処理として「定期保険から同種の払済保険」への変更として活用されることが考えられる。ただし、これが活用されるかどうかは、当該契約の変更後の（払済保険の）解約返戻金の推移に依存すると考えられる。

延長定期保険への変更

　延長定期保険への変更は、以後の保険料の払込みを中止し、その時点の解約返戻金をもとに、従前の保険金額と同額の定期保険を一時払いで購入してしまうというものである。

　この場合、その時点の解約返戻金が決まり、さらに保険金額が従前と同額という条件が前提となるため、期間がいわば調整弁となる。このため、解約返戻金がいまだ少ない段階で延長定期保険への変更を行えば、従前の保険期間より短い期間の定期保険への変更となる。他方、解約返戻金が多く、同額の定期保険を購入すれば従前の保険の残期間まで保障を確保できるケースもありうる。延長定期保険への変更は、あくまで「保険料払込みが困難になった場合」の措置の一つである。したがって、従前の保険期間よりも長く保障が確保されることはない。最長でも従前の保険期間満了時までの措置となっている。

　解約返戻金が多い場合には、同額の保険金の定期保険で、従前の残期間満了時に生存保険金が支払われることもある。いずれにしろ延長定期保険は、保険料払込が困難な場合で、かつ当面の死亡保障を従前同様の額で確

保する選択をした場合の対応策ということができる。

減額

　その他の対応策としては「減額」がある。これは部分解約で、例えば保険金額5,000万円の契約を2,000万円減額（部分解約）し、3,000万円の保険金額の保険とするというものである。

　部分的に解約するわけなので、その保険金額に対応する減額時点の解約返戻金がその時点で支払われる。減額時点の評価は、契約保険種類により異なるが、減額部分を別途契約していたものと考え、それを解約したものと考えれば良い。なお、保険料は減額後の保険金に対応する額の支払いが継続する。結局、減額は保険料の額を少なくしたい場合の対応策と考えることができる。

保険期間の短縮

　定期保険を例えば80歳満了等で加入しており、それをある段階で短縮する（60歳満了定期保険にする等）。保険期間の短縮は、その時点の保険金を変更せずに当面の保障を確保できる。またそれ以降の保険料を安くすることができる。更に責任準備金の精算が行われる。

　例えば、55歳時点で保険期間を短縮すると仮定する。すると「80歳満了定期保険における55歳時点の責任準備金＞60歳満了定期保険における55歳時点責任準備金」となるため、これを精算する必要が生ずる。加入している中小企業において経営者は元気だが、企業経営上、資金繰りに問題が生じたような場合に対応する手段となる可能性がある。ただし、この取扱いを行う保険会社は限られる可能性がある。

契約者変更

　保険契約期間中のもう一つの措置として、契約者変更がある。これは例えば法人が契約していた生命保険を、ある時点で被保険者個人の契約へ契約者変更する（あるいはその逆など）というものである。法人から個人へ

契約者変更した場合には、変更した時点で権利が移るため、「当該保険契約の被保険者＝変更後の契約者」にとっては、退職による契約者変更であれば、その契約は退職金（の一部）として扱われる。また退職に基づくものでない場合には、その時点の当該生命保険契約の評価額で個人が買い取るか、無償であれば特別賞与などとして扱われることになる。

契約者変更時点の保険契約に関する評価額については、所得税基本通達36-37に次のとおり規定されている。

（保険契約等に関する権利の評価）
36-37 使用者が役員又は使用人に対して支給する生命保険契約若しくは損害保険契約又はこれらに類する共済契約に関する権利については、その支給時において当該契約を解除したとした場合に支払われることとなる解約返戻金の額(解約返戻金のほかに支払われることとなる前納保険料の金額、剰余金の分配額等がある場合には、これらの金額との合計額）により評価する。

契約者変更の留意事項

所得税基本通達36-37にあるとおり、契約者変更時点の保険契約に関する評価額は、その時点の解約返戻金である。これはそれ自体自然な規定と思われる。すなわち、その時点で仮に解約すればその額の解約返戻金が支払われ、その金額相当を譲り受けることになるからである。この規定における保険契約の解約返戻金は、その後保険料を支払えば（保険種類によって）連続的に増加あるいは減少するという想定に基づくものと考えられる。その想定で考えると、この規定は極めて自然なものである。

しかし、生命保険はそもそも税務を想定して商品が作られているわけではない。特に長らく続いている低金利状況で、保険料の計算基礎率である予定利率が低く、以前に比べて保険料が割高になることの対策として、さまざまな工夫が商品的に行われている。この工夫の一つが、「低解約返戻金タイプ」の保険商品である。この工夫された商品における契約者変更は、先に述べた通達とその想定の範囲を超える効果を生む結果となっている。

「低解約返戻金タイプ」とは

　会社によって呼称は相違するが、「低解約返戻金特則」等と呼称されているものが、ここでいう低解約返戻金タイプのことである。

　保険料は、そもそも契約時点から保険期間の終期にいたる死亡率を平準化して設定されている。このため、契約時から支払う保険料の中には前払保険料部分があり、それが責任準備金として積み立てられる。中途解約した場合、この責任準備金を基準に払戻金が支払われる。

　この払戻金を、通常の場合100％支払うべきところ、契約当初の5年ないし10年といった定められた期間は70％しか払わない商品とする。70％部分しか解約の際に払戻金を支払わないのであれば、その分が財源として責任準備金に残ることになる。この残りの分だけ保険料を引き下げても、責任準備金が足りなくなることはない。

　このような考え方は、保険料の計算上、予定解約率の設定を必要とする。つまり本来100％の払戻金を、70％しか払われない期間中に解約する人がどれだけの確率で出るのかを設定する。その間、払戻金を70％しか払わないので、予定解約率分だけ保険料引き下げ余地となる。

　このタイプの保険契約は、定められた低解約返戻金支払い期間を終えれば、その後は通常の解約返戻金100％水準に戻る。このためその前後において解約返戻金は急上昇することになる。すなわち不連続な数字の動きとなる。

　このような商品を使って、低解約返戻金期間中に法人が契約者を変更し、その後、保険料を個人が継続する。法人は低解約返戻金時期の金額（解約返戻金）で個人へ譲り渡し（有償、無償双方ありうる）、その後、個人が保険料を支払った際には、その低解約返戻期間を終えて解約返戻金が本来の100％水準に戻る。この結果、低解約返戻金期間の最終年度に法人から個人へ変更すると、個人としては保険料をその翌年に1回支払っただけで、解約返戻金が（その個人の支払った金額以上に）急増する効果をもたらす。

　具体的なケースをみてみよう（次頁図表22－1）。

図表22-1　長期定期保険（低解約返戻金期間15年）の例

経過年数	低解約返戻期間最終年度 （保険契約としては15年目）	低解約返戻期間終了1年目 （保険契約としては16年目）
年間保険料	2,805,600円	2,805,600円
保険料累計	42,084,000円	44,889,600円
解約返戻金額	26,074,000円	41,788,000円
解約返戻金増加額		15,714,000円

　上表の例で、経過15年目で法人から個人へ契約者変更する。16年目に個人が年払い保険料280万5,600円を支払う。すると解約返戻金は1,571万4,000円増加する。

　このようなケースを意図的に当初から織り込んだ販売プランがときに見受けられるが、先にみた所得税基本通達36-37は、このような保険商品を想定していなかったと思われ、思わぬ結果（効果）をもたらしたと考えられる。もちろん、法人がこれを行った場合、その時期に法人から個人への変更を行う合理的な理由が必要となると考えられる。

契約者変更を当初から織り込んだ法人契約の目的・対象

　契約者変更を含め生命保険の契約後の諸変更は、将来生ずる可能性のある変化に対応できる仕組みと位置づけられる。したがって、新契約段階ではあらかじめ確定的にどのような変更を行うかを決められるわけではない。ところが、新契約段階からこれを織り込んだ契約が存在している。

　中小企業（法人）が生命保険を法人で利用する目的は、企業（法人）視点では、その企業の存続を安定化させるためといえる。生命保険法人契約を「リスク移転―保険」機能と考えれば、経営者が被保険者となり、その経営者の不測の事態の際に、保険金・給付金を会社（法人）が受け取る。その資金を事業継続のため、あるいは経営者の遺族への退職金等として支払う。経営者が個人資産を企業経営に投じていたような場合、死亡退職金等の支払いは、経営者死亡後も安定的に経営が続けられるための対策の一つとも考えられる。

一方、生命保険法人契約を「リスク保有―内部資金」機能と考えれば、経営が危うい事態となった際、解約返戻金・含み資産（含み益が織り込まれた資産）を利用することで資金不足等に対処できる。いずれにしろ、企業（法人）が守るべき対象となり、そのために保険が利用される。

これに対して、契約者変更を当初から織り込んだ法人契約の場合、上記でみたようなケースであれば、利得を得るのは明らかに経営者個人である。すなわち、経営者個人を視点とした法人契約利用と考えらえる。同じ法人契約であってもこの点は決定的に相違する。一方は企業を守るための手段であり、他方は、経営者個人の資産保全や形成手段となっている。何を守るための保険なのかを明確にして法人契約を検討する必要がある。

契約者変更を当初から織り込んだプランは、中小企業のリスク移転の話ではなく、資産価値の移転を意図している。その点からは保険本来の目的からは遠い。またケースによっては当該中小企業のリスク耐性を弱める可能性さえある。

ちなみにこのような契約者変更プランについて説明された資料の一部には、当該プランのリスクを認識して利用するよう記載されているものもある。すなわち、法人側で損失が発生することの理由づけなどの問題から、法人から個人への利益供与として扱われる可能性等の指摘である。この指摘自体はもっともと思われる。しかしそもそも「リスク移転の手段である生命保険」を、このような利用によって「新たなリスク発生要因としての生命保険」に変換する行為は、「保険はリスク移転の手段」という立場からいえば、本来的な保険利用としての妥当性に欠けると思える。

本書の認識は、保険税務が保険加入行動に対して「（税務が特定の効果を生む）インセンティブから中立へ」位置づけを大きく変えているというものである。これは令和元年法令解釈通達までの経緯及びそのインパクトに基づく認識である。このような方向性は今後も続くものと思われる。その観点から本書は今後何に注力する必要があるかを問題提起している。その立場からの以上の記述である点をお断りしておきたい。

所得税基本通達36−37問題の所在と方向性

「生命保険契約を契約者変更した場合、その評価額はその時点の解約返

戻金による」。この理屈を分解しよう。

　生命保険契約が継続することを前提とした場合、その価値は様々な指標で考えることができる。たとえば保険金という指標もある。しかし保険金は当該商品のその他の問題が反映しない。保険金だけでなく保険期間や保険料払込期間や保険料自体、さらに保険商品の詳細な内容が反映する生命保険のその時点における価値は、責任準備金が最も指標として妥当と考えられる。

　ということで、生命保険が継続される前提での現在の価値は責任準備金である（①）。

　次に、ところがこの責任準備金は数値として個々の契約についてわからない。そこで通常は（税務でも）その額に近似する（はずだった）解約返戻金を代替指標として扱う（②）。①及び②が、この所得税法基本通達36-37と解釈できる。

　確かに解約返戻金は責任準備金に近似する（契約から一定年数の解約控除のある期間は乖離）。そのような保険商品は今も当然ながら存在する。ところがこの税務の想定から外れる生命保険商品が存在している。すなわち低解約返戻金タイプ商品である。

　低解約返戻金タイプの商品は、低解約返戻期間中、その解約返戻金が責任準備金と近似せず、代替指標とはならない。そこには「ずれ」が存在する。

　新契約としての契約者変更プランは、この「ずれを」新契約段階で織りこみ、将来のある時点で契約者変更することを想定した販売プランである。さて、するとここまでみてきた方向性である「保険税務が保険取引に中立となる」ことを想定すると、どうなるだろうか？

　この税務は解約返戻金が責任準備金を代替する指標となることを前提としている。しかし保険商品は税に規定される必要はない。税に合わせて保険商品が作られるわけではない。もしそうなら本末転倒である（都合のいいときは税を意識して保険商品ができたりした経緯はあるが、そこは無視して話を進めよう）。すると税規定側が変化する必要がある。典型は令和元年法令解釈通達であった。

　さて権利の評価額を解約返戻金として場合、低解約返戻金型の保険商品では責任準備金の代替指標となる値にその返戻金を変換すればよい。すな

わち低解約率適用前の値である。そうなると低解約返戻型でない保険商品と同様にその値は責任準備金の代替指標となると考えられる。

　実際に解約した場合の価値は解約返戻金、契約が継続することを前提とした権利の評価は、責任準備金の代替指標として低解約率適用前解約返戻金。これが一つの考え方になるのではないか。

第VI部

おわりに

終　章
生命保険法人契約の意義と税務の位置づけ

生命保険法人契約に税務は中立か、インセンティブか？

　前章までの全体を通じて、本書では生命保険法人契約の加入要因となる
リスクと、そのカバー範囲ごとの効果を確認してきた。当然、税に関わる
領域については現行の税務に基づいている。「現行の税務」の主要な内容
は、令和元年法令解釈通達である。

　しかし、もう少し長い目で令和元年法令解釈通達に至る保険税務のこれ
までの変遷を振り返ると、一定の方向性を理解できる。この方向性の理解
は、今後の生命保険法人契約を考え、取り扱うにあたって決定的に重要と
思える。次頁図表23－1に、2001年以降の保険税務の改定経緯を示す。

　図の左側の☆印は、前払い保険料の大きさに関する（それまでの）税務
想定を変更し、全体として損金算入割合を低下させた改定を示している。
これをみると、生命保険法人契約の含み益を生み出す機能が限定され、低
下する方向にあることがわかる。この方向性は何を意味しているのだろう
か？

生命保険法人契約の加入と課税関係の認識

　生命保険法人契約には加入目的がある。この加入目的を達成するために
当該契約に加入する。加入目的が、被保険者の死亡や就業不能、入院など
の際の経済的リスクのカバーであるという想定でまず考えよう。この際、
課税関係の認識が加入に何らかの影響を与えることが考えられる（ないこ
とも考えられる）。本書第1章において、生命保険法人契約加入に至る工
程を2通り示した。同工程を改めて示す。次頁図表23－2に課税関係が
中立の場合の工程を示す。

図表23-1　主要な保険税務改定経緯

	年	保険種類	内容	該当通達等
	2001	がん・医療保険	終身払は全額損金算入	平成13年8月10日 課審4-100
	2001	無CV定期保険	全額損金算入	平成13年11月8日
	2002	―	払済保険変更時の洗替処理	平成14年2月15日 課法2-1 法人税基本通達 9-3-7の2
	2003	収入保障保険年金払特約	年金受取の都度益金計上	平成15年12月15日 回答
☆	2006	長期傷害保険	当初7割期間は1/4損金	平成18年4月28日 課審5-90
☆	2008	逓増定期保険	保険期間満了45歳超の場合、1/2、1/3、1/4損金算入に	平成20年2月28日 課法2-3等
☆	2012	がん保険	終身保障タイプの当初5割期間は1/2損金算入に	平成24年4月27日 課法2-5等
	2013	医療保険	無解約返戻金タイプは短期払でも全額損金算入可能	個別回答
☆	2019	定期保険及び第三分野保険	個別通達の廃止 返戻率に応じて損金算入割合が規定される	令和元年6月28日 課法2-13等

図表23-2　課税関係が中立の場合

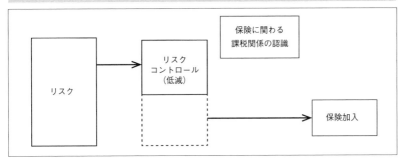

図表23-2の工程は次のようなものである。

中小企業経営者が自身の「企業における人的リスクや対処の現状」について問題意識を持つ。問題意識に基づいてそのリスクの「頻度×被害損失」について低下させるように努力する（リスクコントロール）。それでも

リスクはゼロにならないので、経済的側面について対処する（リスクファイナンス）。

　この場合、現状と「その対処に関わる理想とする状態」の差を認識する。差が放置できないほどの大きさであるなら生命保険法人契約によって差を解消する。この「差の認識」という段階において税務は登場しない。図表23－2のような形で生命保険法人契約が利用されると、これに関わる税務は、結果として適用されるだけである。ここでは中小企業経営者が生命保険法人契約を利用する意思決定において税務は影響を与えない。いわば中立である。

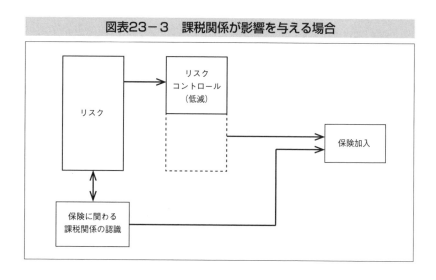

図表23－3　課税関係が影響を与える場合

　図表23－3は課税関係が影響を与える場合である。中小企業経営者が自身の「企業における人的リスクや対処の現状」について問題意識を持つ。並行して生命保険法人契約による対処の中に、（人的リスクが生じなくても利用できる）税務上の効果（含み益）があることを認識する（課税関係とそれによる効果の認識）。

　すると、本来の人的リスクへの対処と並行して（いわば別枠で）生命保険法人契約の加入動機が形成される。こうなると課税関係の認識は生命保険法人契約加入のインセンティブとなる。

　ここで我々は、1点留意すべき問題がある。図表23－3の場合、生命

保険法人契約が「人的リスクへの対処」を目的とするだけなのか、という問題である。ここでは生命保険法人契約が人的リスクへの対処目的と別に、税務上の規定（効果）自体を加入目的としていると理解できる。

　例えば、10年定期保険（解約返戻金なし）に生命保険法人契約で加入することを検討する。経営者の死亡保障を確保することが目的である。この場合、保険料が損金に算入できる。しかし、加入した後、含み資産が形成されることはない。「保険料が損金に算入できる」ことをインセンティブといえないこともないが、生命保険の加入目的が人的リスクへの対処のみである点には変わりがない。この状態は極めてシンプルである。

　これに対して、死亡保障を確保する生命保険だが、この契約によって含み資産が形成される場合を考えよう。すると、死亡保障を確保する目的と別枠で、新たな加入目的が生ずる、すなわち含み資産の形成である。この場合、死亡保障よりも含み資産の形成や確保を目的とした生命保険法人契約の加入があり得る。この状態では課税関係は生命保険法人契約に中立ではなく明らかにインセンティブとなる。

　ご存じのとおり、生命保険法人契約に関わる課税関係は、令和元年法令解釈通達により大きく改定された。この結果、含み益を作り出す機能は大きく低下した（本書第5章〜第11章において検証した数値結果）。したがってインセンティブとしての機能、人的リスクへの保障機能と別枠の加入目的となる可能性は相当程度消失したと考えられる。

課税関係は「インセンティブから中立へ」

　図表23−1のとおり、生命保険法人契約に関わる税務の改定経緯をみると、保険料の前払い部分に関する認識が改定され、（前払い保険料割合に整合するように）資産計上割合が増大（損金算入割合の減少）する方向で改定が行われてきた。令和元年法令解釈通達によってそれが決定的に明確化（解約返戻率に基づく資産計上割合の規定）されたと考えられる。

　細かい部分での矛盾や税務上の効果を生む可能性を追求する向きも若干あるようだが、これまでの経緯と方向性から考えると、保険税務に関わるいたちごっこをやめ、「課税関係は中立である」ことを前提とした動きに変化すべき時期と思われる。

中小企業経営者の想定するリスク分類と生命保険法人契約

中小企業における経営者の人的リスクは、企業の存続に関わるリスクである。例えば、突然の経営者の死亡によって、それまでの企業活動自体継続することが難しくなるかもしれないし、資金調達や支払いに関わるルール変更要求などが生ずるかもしれない。

第3章で触れたように、中小企業において「経営者の人的リスクは企業活動へ影響を与える」可能性は高い。この可能性における最終的な問題は企業の存続リスクである。このことから、我々は企業の存続リスクそのものを検討する必要性について認識できる。ここでいう企業の存続リスクは、経営者の人的リスクが要因にならない場合も含まれる。例えば、取引先が急に倒産し、資金の回収ができなくなってしまった、というような事態である。このような場合、経営者は元気で通常に経営活動に従事していたわけであり（人的リスクは生じていない）、企業の存続リスクは、人的リスクと別の枠組みとして検討できる。

改めて、両者の組み合わせとして想定されるリスク分類を図表23－4に示す。これらは双方とも、経営者にとっては重要な懸念事項と考えられる。

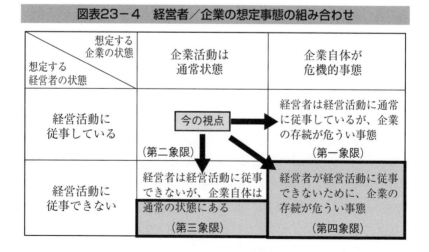

図表23－4　経営者／企業の想定事態の組み合わせ

想定する経営者の状態 ＼ 想定する企業の状態	企業活動は通常状態	企業自体が危機的事態
経営活動に従事している	今の視点 （第二象限）	経営者は経営活動に通常に従事しているが、企業の存続が危うい事態 （第一象限）
経営活動に従事できない	経営者は経営活動に従事できないが、企業自体は通常の状態にある （第三象限）	経営者が経営活動に従事できないために、企業の存続が危うい事態 （第四象限）

図表23－4内太線で囲んだ部分は、経営者の人的リスクへの対処と位置づけられる範囲である。すなわち、第四象限は、経営者が経営活動に従

事できないために企業存続が危うい事態という想定である。経営活動に従事できない要因が健康上の問題による就業不能や死亡などの場合には、生命保険による対処が考えられる。

　第三象限は、経営者が経営活動に従事できないが、企業自体は通常の状態にあるとの想定である。この場合も死亡や健康上の要因による就業不能であれば生命保険による対処が考えられる。

　第三象限には経営者は健康だが、年齢的な引退の時期を想定した動きも含まれる。この場合、生存退職金が問題となる。生存退職金は損金（一定の条件があるが）に算入される。この場合、この損失を解消する含み益があることが望ましいが、生命保険によってこれを用意することは難しくなっている（令和元年法令解釈通達）。

　以上のことから生命保険法人契約単体でカバーする範囲は、従来、図表23－4のリスク分類の三つをカバーしてきたが、これが太枠で示した二つ（厳密には1個半）のカバー範囲に限定されてきた。この太枠で示したカバー範囲は、生命保険の本来機能の利用であるにもかかわらず、従来、あまり力を入れてこなかった部分でもある。今後力を入れることで発展する可能性は一定程度あると考えられる。

今後の生命保険法人契約の方向性

　ここまでみてきたように、生命保険法人契約は人的リスクへの対処手段としての本来機能に焦点が当たることになる。この場合、課税関係は中立である。これは社会的には公正・公平な動きの一環であり、保険税務の改定経緯の方向性と整合した動きと思われる。

　従来の生命保険法人契約による含み益の創出は、経営者ニーズに沿うものであり、これを正義とする考え方もある。中小企業経営者が「含み益を確保したい」というニーズは、それ自体問題があるわけではないし、不確実性のある経営にとって、あらかじめ（可能なら）財務的余力を持っておきたいと考えることは当然と思える。

　問題は、生命保険法人契約が、固有にその問題に応えることができる仕組みの妥当性である。この仕組みは、実は生命保険ではなく、税務上の規定に依存している。すなわち含み益は「生命保険の解約返戻金（生命保険

側の問題)」と「税務上の規定である資産計上割合にもとづく資産計上額」との差だからである。

　税務が中立になるということは、生命保険法人契約の含み益創出機能が低下する状態となることを意味している。中小企業経営の不確実性、さまざまな要因によるリスクの発現を想定した際の財務的インパクトに焦点をあて、その要因別対処手段の一部として生命保険が役立つ。

　本書第Ⅲ部において、経営者の必要保障について整理した。この考え方は、経営者の死亡や就業不能などを要因とした場合だけではない。何らかの理由により売上げが半減したというような場合、どの程度資金ショートが起きるかを試算できる簡易的な方法を示した。その要因が経営者の人的リスクの場合には生命保険で対処する。それ以外の場合（例えば今回の新型コロナウイルスのような場合）には、あらかじめ資金ショートの金額を想定しておき、どの程度、対処できる財務状態かを自ら評価できる。

結果想定から考えると

　新型コロナウイルス感染症の影響で、売上の大幅な減少かつ営業そのものの自粛（完全な休業から時間制約などまでの幅があるが）が続き回復が見通せない。それでも従業員の給与や家賃などの支払いで資金繰りが大幅に悪化した企業は多いと思われる。このような被害損失を想定してリスクへの対処を考える。財務的インパクトから逆算で考える方法をここで整理しておきたい。

　例えば今、キャッシュフローのマイナスが実際のものとなってしまっている。今回、その要因は新型コロナウイルス感染症による影響である。さてすると、同様の（今回と同じ程度にキャッシュフローがマイナスになる）ことが起こる要因を考えるとどのようなことがあるだろうか？

　まず被害想定を決めて（例えばキャッシュフローのマイナスの程度を決める）、そのようなレベルにまでなりそうなリスク要因を列挙してみる。例えば、社会的な規模の感染症、工場設備の火災や破損による一定期間の生産停止、取引先の倒産、経営者の死亡や長期の就業不能、大規模災害（大震災のような）等々である。

　さてリスク要因を列挙すれば、それらリスク要因別にリスクコントロー

ルを検討する。すなわち、頻度を下げるための創意工夫や、被害損失の規模を小さくするような対策である。このようなリスクコントロールによるリスクの低減を図りつつ、それでも被害損失はゼロにならないので、経済的なカバーとしてリスクファイナンスの検討が必要になる。

先にあげた複数のリスク要因に共通するリスクファイナンスとして、自己資金や内部留保、コミットメントラインなどが想定される。しかしこれらだけですべて賄えるとは思えない。そこでリスク要因別の対策の問題となる。以上の工程を図表23－5に示す。

図表23－5　結果（被害）想定からの工程

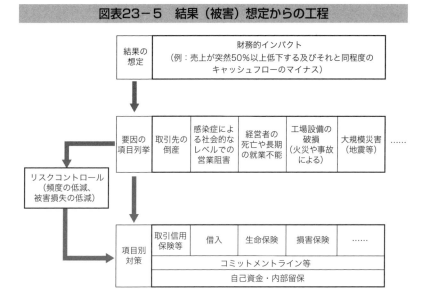

リスク要因別にリスクファイナンスを考えると、当然、保険も対象となるが、まず出てくるのは、共通項的な対策である。自己資金が潤沢にあることが望ましいが、なかなかそれで（ここで想定したようなマイナスを）カバーしきれる企業は少ないと思われる。するとコミットメントラインを金融機関との間で取り決めておくことも考えられる。しかしこれは中小企業にとってはハードルが高い。そこで取引信用保険（取引先の倒産等）、生命保険（経営者の死亡や長期の就業不能）や損害保険（工場設備の火災等）等、個別の対策によるカバーが必要になる。激甚災害の場合には、災害時発動

型予約保証などもある。

被害想定から考えた場合の生命保険の位置

　生命保険を保険として、つまりは「リスク移転の手段」として考える
と、図表23－5の最下段「項目別対策」の中の「生命保険」の位置にあ
る。これは「リスク要因」としては「経営者の死亡や長期の就業不能」の
対策である。保険給付としてみると「保険金」によるカバーと位置づけら
れる。

　これに対して「解約返戻金」を想定すると、自己資金に位置付けられ
る。従来、含み益創出機能が相当程度期待できた時期には、この自己資金
の位置づけとしての解約返戻金は「含み資産（含み益の折り込まれた解約返
戻金）」として機能した。ところが、この含み益創出機能が低下したため、
生命保険を「自己資金」として位置づけ、それを期待した対策として位置
づけることは難しくなっている。したがって、その点からも図表23－5
の被害想定から検討する工程はわかりやすいように思える。つまり最初か
ら、人的リスクに対象を絞らずに検討できるので、検討プロセスとしては
比較的合理的である。難しいのは、特定の要因に絞ったところから検討を
始めることである。これは当たり前かもしれいが、「なぜその要因に絞る
のか」の根拠が薄弱だからである。人的リスクとして死亡や就業不能から
検討を始める理由が、中小企業経営者に優先的にあるとは考えにくい。そ
のため、今回の新型コロナウイルスのように被害レベルについて（ある程
度落ち着いてからかもしれないが）、その「被害想定→要因→要因別対策」
の流れにより、最終的に複数の個別要因について対策を検討する必要性が
あるように思える。

　課税関係が中立に移行する中で、今後、生命保険法人契約の存在可能性
が高まることを期待したい。そのために、中小企業におけるリスクマネジ
メント全体像の中で担う役割の認識を深めたいと思う。

巻末資料

【巻末資料１】

生命表
(1) 生保標準生命表2018（死亡保険用）（男・女）
(2) 第22回完全生命表（厚生労働省）（男・女）

生保標準生命表2018は2018年4月から使用されている。死亡保険用を掲載している。

第22回完全生命表は、平成29年に公表された完全生命表である。平成27年国勢調査をもとに作成されている。

例えば、生保標準生命表の50歳の死亡率は男性0.00285、女性0.00197となっている。50歳男性が10万人いると１年間に285人が死亡する。50歳女性が10万人いると１年間で197人が死亡する。

これに対して第22回完全生命表では、50歳の死亡率は男性0.00266、女性0.00148となっている。50歳男性が10万人いると１年間で266人が死亡する。50歳女性が10万人いると１年間で148人が死亡する。

⑴－①　生保標準生命表2018（死亡保険用）（男）

年齢 x	生存数 l_x	死亡数 d_x	死亡率 q_x	平均余命 e_x
0	100,000	81	0.00081	80.77
1	99,919	56	0.00056	79.84
2	99,863	36	0.00036	78.88
3	99,827	22	0.00022	77.91
4	99,805	14	0.00014	76.92
5	99,791	10	0.00010	75.94
6	99,781	9	0.00009	74.94
7	99,772	9	0.00009	73.95
8	99,763	9	0.00009	72.96
9	99,754	9	0.00009	71.96
10	99,745	10	0.00010	70.97
11	99,735	10	0.00010	69.98
12	99,725	11	0.00011	68.98
13	99,714	13	0.00013	67.99
14	99,701	17	0.00017	67.00
15	99,684	23	0.00023	66.01
16	99,662	30	0.00030	65.03
17	99,632	38	0.00038	64.05
18	99,594	46	0.00046	63.07
19	99,548	53	0.00053	62.10
20	99,495	59	0.00059	61.13
21	99,436	63	0.00063	60.17
22	99,374	66	0.00066	59.20
23	99,308	68	0.00068	58.24
24	99,241	67	0.00068	57.28
25	99,173	66	0.00067	56.32
26	99,107	64	0.00065	55.36
27	99,042	63	0.00064	54.39
28	98,979	63	0.00064	53.43
29	98,916	65	0.00066	52.46

年齢 x	生存数 l_x	死亡数 d_x	死亡率 q_x	平均余命 e_x
30	98,850	67	0.00068	51.50
31	98,783	68	0.00069	50.53
32	98,715	69	0.00070	49.57
33	98,646	71	0.00072	48.60
34	98,575	73	0.00074	47.64
35	98,502	76	0.00077	46.67
36	98,426	82	0.00083	45.71
37	98,344	89	0.00090	44.74
38	98,256	97	0.00099	43.78
39	98,159	107	0.00109	42.83
40	98,052	116	0.00118	41.87
41	97,936	126	0.00129	40.92
42	97,810	137	0.00140	39.97
43	97,673	147	0.00151	39.03
44	97,525	159	0.00163	38.09
45	97,366	172	0.00177	37.15
46	97,194	189	0.00194	36.21
47	97,005	208	0.00214	35.28
48	96,798	228	0.00236	34.36
49	96,569	250	0.00259	33.44
50	96,319	275	0.00285	32.52
51	96,045	299	0.00311	31.61
52	95,746	323	0.00337	30.71
53	95,423	347	0.00364	29.81
54	95,076	372	0.00391	28.92
55	94,704	400	0.00422	28.03
56	94,305	432	0.00458	27.15
57	93,873	469	0.00500	26.27
58	93,403	510	0.00546	25.40
59	92,893	555	0.00597	24.54

年齢 x	生存数 l_x	死亡数 d_x	死亡率 q_x	平均余命 e_x
60	92,339	603	0.00653	23.68
61	91,736	657	0.00716	22.83
62	91,079	715	0.00785	22.00
63	90,364	775	0.00858	21.17
64	89,589	838	0.00935	20.34
65	88,751	901	0.01015	19.53
66	87,850	966	0.01100	18.73
67	86,884	1,034	0.01190	17.93
68	85,850	1,109	0.01292	17.14
69	84,741	1,193	0.01408	16.36
70	83,548	1,290	0.01544	15.58
71	82,258	1,400	0.01702	14.82
72	80,858	1,525	0.01886	14.07
73	79,333	1,665	0.02099	13.33
74	77,667	1,822	0.02346	12.60
75	75,845	2,000	0.02637	11.90
76	73,845	2,199	0.02978	11.20
77	71,646	2,422	0.03381	10.53
78	69,224	2,667	0.03853	9.88
79	66,557	2,926	0.04396	9.26
80	63,631	3,185	0.05006	8.66
81	60,445	3,429	0.05673	8.09
82	57,016	3,650	0.06402	7.55
83	53,366	3,861	0.07235	7.03
84	49,505	4,048	0.08177	6.54
85	45,457	4,171	0.09175	6.08
86	41,286	4,240	0.10269	5.64
87	37,047	4,248	0.11466	5.23
88	32,799	4,190	0.12775	4.84
89	28,609	4,064	0.14204	4.48

年齢 x	生存数 l_x	死亡数 d_x	死亡率 q_x	平均余命 e_x
90	24,545	3,868	0.15760	4.14
91	20,677	3,609	0.17453	3.82
92	17,068	3,292	0.19290	3.52
93	13,776	2,931	0.21279	3.24
94	10,844	2,540.4	0.23426	2.98
95	8,304.0	2,137.4	0.25739	2.74
96	6,166.6	1,740.3	0.28222	2.52
97	4,426.3	1,366.7	0.30878	2.31
98	3,059.5	1,031.3	0.33708	2.12
99	2,028.2	744.6	0.36710	1.95
100	1,283.7	511.94	0.39881	1.78
101	771.73	333.46	0.43210	1.64
102	438.26	204.61	0.46686	1.50
103	233.66	117.51	0.50292	1.38
104	116.15	62.726	0.54006	1.26
105	53.420	30.877	0.57800	1.16
106	22.543	13.8961	0.61642	1.06
107	8.6471	5.6633	0.65494	0.95
108	2.9838	2.0682	0.69314	0.81
109	0.9156	0.9156	1.00000	0.50

⑴-②　生保標準生命表2018（死亡保険用）（女）

年齢 x	生存数 l_x	死亡数 d_x	死亡率 q_x	平均余命 e_x
0	100,000	78	0.00078	86.56
1	99,922	53	0.00053	85.63
2	99,869	33	0.00033	84.67
3	99,836	19	0.00019	83.70
4	99,817	11	0.00011	82.72
5	99,806	8	0.00008	81.73
6	99,798	8	0.00008	80.73
7	99,790	8	0.00008	79.74
8	99,782	7	0.00007	78.75
9	99,775	7	0.00007	77.75
10	99,768	7	0.00007	76.76
11	99,761	7	0.00007	75.76
12	99,754	8	0.00008	74.77
13	99,746	10	0.00010	73.77
14	99,736	12	0.00012	72.78
15	99,724	14	0.00014	71.79
16	99,710	16	0.00016	70.80
17	99,694	19	0.00019	69.81
18	99,675	21	0.00021	68.82
19	99,655	23	0.00023	67.84
20	99,632	25	0.00025	66.85
21	99,607	26	0.00026	65.87
22	99,581	27	0.00027	64.89
23	99,554	28	0.00028	63.90
24	99,526	29	0.00029	62.92
25	99,497	29	0.00029	61.94
26	99,468	30	0.00030	60.96
27	99,438	31	0.00031	59.98
28	99,408	32	0.00032	58.99
29	99,376	34	0.00034	58.01

年齢 x	生存数 l_x	死亡数 d_x	死亡率 q_x	平均余命 e_x
30	99,342	37	0.00037	57.03
31	99,305	40	0.00040	56.05
32	99,266	44	0.00044	55.08
33	99,222	49	0.00049	54.10
34	99,173	54	0.00054	53.13
35	99,120	58	0.00059	52.15
36	99,061	64	0.00065	51.19
37	98,997	70	0.00071	50.22
38	98,927	76	0.00077	49.25
39	98,850	82	0.00083	48.29
40	98,768	87	0.00088	47.33
41	98,681	92	0.00093	46.37
42	98,590	98	0.00099	45.41
43	98,492	102	0.00104	44.46
44	98,390	110	0.00112	43.50
45	98,279	120	0.00122	42.55
46	98,160	133	0.00135	41.60
47	98,027	147	0.00150	40.66
48	97,880	163	0.00167	39.72
49	97,717	178	0.00182	38.79
50	97,539	192	0.00197	37.86
51	97,347	205	0.00211	36.93
52	97,141	219	0.00225	36.01
53	96,923	234	0.00241	35.09
54	96,689	248	0.00256	34.17
55	96,441	260	0.00270	33.26
56	96,181	273	0.00284	32.35
57	95,908	288	0.00300	31.44
58	95,620	303	0.00317	30.53
59	95,317	322	0.00338	29.62

年齢 x	生存数 l_x	死亡数 d_x	死亡率 q_x	平均余命 e_x
60	94,995	345	0.00363	28.72
61	94,650	368	0.00389	27.83
62	94,282	390	0.00414	26.93
63	93,892	409	0.00436	26.04
64	93,482	428	0.00458	25.15
65	93,054	450	0.00484	24.27
66	92,604	477	0.00515	23.38
67	92,127	510	0.00554	22.50
68	91,616	552	0.00603	21.62
69	91,064	602	0.00661	20.75
70	90,462	660	0.00730	19.89
71	89,802	731	0.00814	19.03
72	89,071	812	0.00912	18.18
73	88,258	906	0.01026	17.34
74	87,353	1,006	0.01152	16.52
75	86,346	1,113	0.01289	15.71
76	85,233	1,230	0.01443	14.90
77	84,004	1,363	0.01623	14.12
78	82,640	1,521	0.01840	13.34
79	81,120	1,704	0.02101	12.58
80	79,415	1,917	0.02414	11.84
81	77,498	2,153	0.02778	11.12
82	75,345	2,407	0.03195	10.42
83	72,938	2,669	0.03659	9.75
84	70,269	2,986	0.04249	9.10
85	67,283	3,287	0.04885	8.49
86	63,997	3,581	0.05596	7.90
87	60,415	3,861	0.06390	7.33
88	56,555	4,114	0.07275	6.80
89	52,440	4,332	0.08261	6.29

年齢 x	生存数 l_x	死亡数 d_x	死亡率 q_x	平均余命 e_x
90	48,108	4,502	0.09357	5.82
91	43,607	4,612	0.10576	5.36
92	38,995	4,651	0.11928	4.94
93	34,344	4,610	0.13424	4.54
94	29,733	4,483	0.15078	4.17
95	25,250	4,268	0.16901	3.82
96	20,983	3,967	0.18906	3.49
97	17,016	3,591	0.21104	3.19
98	13,425	3,156	0.23506	2.91
99	10,269	2,682.5	0.26122	2.65
100	7,586.6	2,197.0	0.28959	2.42
101	5,389.6	1,725.8	0.32021	2.20
102	3,663.8	1,293.7	0.35310	2.00
103	2,370.1	920.1	0.38820	1.81
104	1,450.0	616.89	0.42543	1.65
105	833.14	387.10	0.46462	1.49
106	446.05	225.50	0.50554	1.36
107	220.55	120.830	0.54785	1.23
108	99.723	58.951	0.59115	1.12
109	40.772	25.888	0.63494	1.02
110	14.884	10.1008	0.67863	0.93
111	4.7833	3.4515	0.72158	0.84
112	1.3318	1.0162	0.76308	0.74
113	0.3155	0.3155	1.00000	0.50

⑵-①　第22回完全生命表（厚生労働省）（男）

年齢 x	生存数 l_x	死亡数 $_nd_x$	生存率 $_np_x$	死亡率 $_nq_x$	平均余命 e_x
0 週	100 000	69	0.99931	0.00069	80.75
1	99 931	11	0.99989	0.00011	80.79
2	99 920	7	0.99993	0.00007	80.78
3	99 913	6	0.99994	0.00006	80.77
4	99 906	21	0.99978	0.00022	80.75
2 月	99 885	14	0.99986	0.00014	80.68
3	99 871	38	0.99962	0.00038	80.61
6	99 833	34	0.99966	0.00034	80.39
0 年	100 000	202	0.99798	0.00202	80.75
1	99 798	34	0.99966	0.00034	79.92
2	99 765	24	0.99976	0.00024	78.94
3	99 741	16	0.99984	0.00016	77.96
4	99 725	11	0.99988	0.00012	76.97
5	99 714	10	0.99990	0.00010	75.98
6	99 704	10	0.99990	0.00010	74.99
7	99 694	10	0.99990	0.00010	74.00
8	99 684	9	0.99991	0.00009	73.00
9	99 676	8	0.99992	0.00008	72.01
10	99 668	7	0.99993	0.00007	71.02
11	99 661	7	0.99993	0.00007	70.02
12	99 653	8	0.99992	0.00008	69.03
13	99 645	11	0.99989	0.00011	68.03
14	99 635	13	0.99987	0.00013	67.04
15	99 621	17	0.99983	0.00017	66.05
16	99 604	21	0.99979	0.00021	65.06
17	99 583	26	0.99974	0.00026	64.07
18	99 557	32	0.99968	0.00032	63.09
19	99 524	39	0.99961	0.00039	62.11
20	99 486	45	0.99955	0.00045	61.13
21	99 441	49	0.99951	0.00049	60.16
22	99 392	51	0.99949	0.00051	59.19
23	99 341	53	0.99946	0.00054	58.22
24	99 288	55	0.99945	0.00055	57.25

年齢	生存数	死亡数	生存率	死亡率	平均余命
x	l_x	$_nd_x$	$_np_x$	$_nq_x$	e_x
25	99 234	55	0.99945	0.00055	56.28
26	99 179	54	0.99945	0.00055	55.31
27	99 124	54	0.99946	0.00054	54.34
28	99 070	54	0.99945	0.00055	53.37
29	99 016	56	0.99944	0.00056	52.40
30	98 961	57	0.99942	0.00058	51.43
31	98 903	59	0.99940	0.00060	50.46
32	98 844	61	0.99938	0.00062	49.49
33	98 783	65	0.99934	0.00066	48.52
34	98 718	69	0.99930	0.00070	47.55
35	98 649	73	0.99926	0.00074	46.58
36	98 576	75	0.99924	0.00076	45.62
37	98 501	78	0.99920	0.00080	44.65
38	98 423	84	0.99915	0.00085	43.69
39	98 338	93	0.99905	0.00095	42.73
40	98 245	103	0.99895	0.00105	41.77
41	98 142	113	0.99885	0.00115	40.81
42	98 029	122	0.99876	0.00124	39.86
43	97 907	131	0.99866	0.00134	38.90
44	97 776	144	0.99853	0.00147	37.96
45	97 632	159	0.99837	0.00163	37.01
46	97 473	176	0.99819	0.00181	36.07
47	97 297	195	0.99800	0.00200	35.13
48	97 102	215	0.99778	0.00222	34.20
49	96 887	236	0.99757	0.00243	33.28
50	96 651	257	0.99734	0.00266	32.36
51	96 394	283	0.99707	0.00293	31.44
52	96 111	310	0.99677	0.00323	30.54
53	95 801	340	0.99645	0.00355	29.63
54	95 461	373	0.99609	0.00391	28.74
55	95 088	411	0.99568	0.00432	27.85
56	94 677	450	0.99525	0.00475	26.97
57	94 227	488	0.99482	0.00518	26.09

年齢	生存数	死亡数	生存率	死亡率	平均余命
x	l_x	$_nd_x$	$_np_x$	$_nq_x$	e_x
58	93 739	525	0.99440	0.00560	25.23
59	93 214	568	0.99391	0.00609	24.36
60	92 646	620	0.99331	0.00669	23.51
61	92 026	688	0.99252	0.00748	22.67
62	91 338	764	0.99163	0.00837	21.83
63	90 573	839	0.99074	0.00926	21.01
64	89 734	910	0.98986	0.01014	20.20
65	88 825	994	0.98881	0.01119	19.41
66	87 830	1 081	0.98769	0.01231	18.62
67	86 749	1 166	0.98655	0.01345	17.85
68	85 582	1 256	0.98532	0.01468	17.08
69	84 326	1 349	0.98401	0.01599	16.33
70	82 978	1 450	0.98253	0.01747	15.59
71	81 528	1 561	0.98085	0.01915	14.85
72	79 966	1 675	0.97905	0.02095	14.13
73	78 291	1 776	0.97732	0.02268	13.43
74	76 515	1 885	0.97537	0.02463	12.73
75	74 631	2 021	0.97293	0.02707	12.03
76	72 610	2 185	0.96991	0.03009	11.36
77	70 426	2 377	0.96624	0.03376	10.69
78	68 048	2 594	0.96188	0.03812	10.05
79	65 454	2 819	0.95693	0.04307	9.43
80	62 635	3 046	0.95138	0.04862	8.83
81	59 589	3 279	0.94498	0.05502	8.25
82	56 311	3 504	0.93778	0.06222	7.70
83	52 807	3 714	0.92968	0.07032	7.18
84	49 094	3 900	0.92055	0.07945	6.69
85	45 194	4 043	0.91053	0.08947	6.22
86	41 150	4 116	0.89998	0.10002	5.78
87	37 034	4 127	0.88856	0.11144	5.37
88	32 907	4 080	0.87601	0.12399	4.98
89	28 827	3 973	0.86217	0.13783	4.61
90	24 854	3 810	0.84671	0.15329	4.27

年齢 x	生存数 l_x	死亡数 $_nd_x$	生存率 $_np_x$	死亡率 $_nq_x$	平均余命 e_x
91	21 044	3 580	0.82990	0.17010	3.95
92	17 465	3 302	0.81095	0.18905	3.66
93	14 163	2 967	0.79047	0.20953	3.40
94	11 195	2 567	0.77068	0.22932	3.18
95	8 628	2 123	0.75399	0.24601	2.98
96	6 506	1 718	0.73592	0.26408	2.79
97	4 788	1 352	0.71757	0.28243	2.62
98	3 435	1 034	0.69896	0.30104	2.46
99	2 401	768	0.68011	0.31989	2.31
100	1 633	554	0.66104	0.33896	2.18
101	1 080	387	0.64176	0.35824	2.05
102	693	262	0.62229	0.37771	1.94
103	431	171	0.60267	0.39733	1.83
104	260	108	0.58291	0.41709	1.73
105	151	66	0.56303	0.43697	1.63
106	85	39	0.54307	0.45693	1.55
107	46	22	0.52305	0.47695	1.46
108	24	12	0.50301	0.49699	1.39
109	12	6	0.48296	0.51704	1.32
110	6	3	0.46295	0.53705	1.25
111	3	2	0.44302	0.55698	1.19
112	1	1	0.42318	0.57682	1.13

⑵－②　第22回完全生命表（厚生労働省）（女）

年齢 x	生存数 l_x	死亡数 $_nd_x$	生存率 $_np_x$	死亡率 $_nq_x$	平均余命 e_x
0 週	100 000	63	0.99937	0.00063	86.99
1	99 937	12	0.99988	0.00012	87.02
2	99 925	5	0.99995	0.00005	87.01
3	99 921	6	0.99994	0.00006	87.00
4	99 914	19	0.99981	0.00019	86.99
2 月	99 895	14	0.99986	0.00014	86.91
3	99 881	29	0.99971	0.00029	86.84
6	99 853	31	0.99969	0.00031	86.62
0 年	100 000	178	0.99822	0.00178	86.99
1	99 822	32	0.99968	0.00032	86.14
2	99 790	20	0.99980	0.00020	85.17
3	99 770	12	0.99988	0.00012	84.19
4	99 758	8	0.99992	0.00008	83.20
5	99 749	8	0.99992	0.00008	82.20
6	99 742	8	0.99992	0.00008	81.21
7	99 734	8	0.99992	0.00008	80.22
8	99 726	7	0.99993	0.00007	79.22
9	99 718	7	0.99993	0.00007	78.23
10	99 712	7	0.99993	0.00007	77.23
11	99 705	7	0.99993	0.00007	76.24
12	99 698	7	0.99993	0.00007	75.24
13	99 691	7	0.99993	0.00007	74.25
14	99 684	8	0.99992	0.00008	73.25
15	99 676	10	0.99990	0.00010	72.26
16	99 666	12	0.99988	0.00012	71.27
17	99 654	13	0.99987	0.00013	70.28
18	99 641	15	0.99985	0.00015	69.29
19	99 626	16	0.99984	0.00016	68.30
20	99 610	17	0.99983	0.00017	67.31
21	99 593	19	0.99981	0.00019	66.32
22	99 575	20	0.99980	0.00020	65.33
23	99 554	22	0.99978	0.00022	64.34
24	99 533	23	0.99977	0.00023	63.36

年齢 x	生存数 l_x	死亡数 $_nd_x$	生存率 $_np_x$	死亡率 $_nq_x$	平均余命 e_x
25	99 510	24	0.99976	0.00024	62.37
26	99 486	25	0.99975	0.00025	61.39
27	99 461	27	0.99973	0.00027	60.40
28	99 434	28	0.99971	0.00029	59.42
29	99 405	30	0.99970	0.00030	58.44
30	99 375	31	0.99969	0.00031	57.45
31	99 345	32	0.99968	0.00032	56.47
32	99 313	34	0.99966	0.00034	55.49
33	99 279	36	0.99963	0.00037	54.51
34	99 243	39	0.99961	0.00039	53.53
35	99 204	41	0.99959	0.00041	52.55
36	99 163	42	0.99957	0.00043	51.57
37	99 121	45	0.99954	0.00046	50.59
38	99 075	50	0.99950	0.00050	49.61
39	99 025	56	0.99943	0.00057	48.64
40	98 969	62	0.99937	0.00063	47.67
41	98 907	68	0.99931	0.00069	46.70
42	98 839	73	0.99926	0.00074	45.73
43	98 766	79	0.99920	0.00080	44.76
44	98 687	85	0.99913	0.00087	43.80
45	98 602	94	0.99905	0.00095	42.83
46	98 509	104	0.99895	0.00105	41.87
47	98 405	114	0.99884	0.00116	40.92
48	98 291	124	0.99874	0.00126	39.96
49	98 167	134	0.99864	0.00136	39.01
50	98 034	145	0.99852	0.00148	38.07
51	97 889	159	0.99838	0.00162	37.12
52	97 730	174	0.99822	0.00178	36.18
53	97 557	189	0.99807	0.00193	35.24
54	97 368	202	0.99792	0.00208	34.31
55	97 166	215	0.99779	0.00221	33.38
56	96 951	226	0.99767	0.00233	32.45
57	96 726	237	0.99755	0.00245	31.53

年齢	生存数	死亡数	生存率	死亡率	平均余命
x	l_x	$_nd_x$	$_np_x$	$_nq_x$	e_x
58	96 489	250	0.99741	0.00259	30.61
59	96 239	268	0.99721	0.00279	29.68
60	95 970	291	0.99696	0.00304	28.77
61	95 679	318	0.99667	0.00333	27.85
62	95 361	346	0.99638	0.00362	26.94
63	95 015	372	0.99609	0.00391	26.04
64	94 643	399	0.99578	0.00422	25.14
65	94 244	433	0.99540	0.00460	24.24
66	93 811	471	0.99498	0.00502	23.35
67	93 340	511	0.99453	0.00547	22.47
68	92 829	554	0.99403	0.00597	21.59
69	92 275	603	0.99346	0.00654	20.72
70	91 672	662	0.99278	0.00722	19.85
71	91 010	729	0.99200	0.00800	18.99
72	90 281	802	0.99112	0.00888	18.14
73	89 480	874	0.99023	0.00977	17.30
74	88 606	954	0.98923	0.01077	16.46
75	87 652	1 053	0.98798	0.01202	15.64
76	86 599	1 180	0.98637	0.01363	14.82
77	85 419	1 332	0.98441	0.01559	14.02
78	84 087	1 505	0.98211	0.01789	13.23
79	82 582	1 699	0.97943	0.02057	12.46
80	80 883	1 909	0.97639	0.02361	11.71
81	78 974	2 143	0.97286	0.02714	10.99
82	76 831	2 409	0.96864	0.03136	10.28
83	74 422	2 701	0.96370	0.03630	9.59
84	71 720	3 004	0.95812	0.04188	8.94
85	68 716	3 310	0.95184	0.04816	8.30
86	65 407	3 622	0.94462	0.05538	7.70
87	61 784	3 938	0.93627	0.06373	7.12
88	57 847	4 253	0.92648	0.07352	6.57
89	53 594	4 531	0.91546	0.08454	6.05
90	49 063	4 757	0.90305	0.09695	5.56

年齢	生存数	死亡数	生存率	死亡率	平均余命
x	l_x	$_nd_x$	$_np_x$	$_nq_x$	e_x
91	44 306	4 918	0.88900	0.11100	5.11
92	39 389	5 025	0.87243	0.12757	4.68
93	34 364	5 024	0.85381	0.14619	4.29
94	29 340	4 876	0.83380	0.16620	3.94
95	24 464	4 598	0.81204	0.18796	3.63
96	19 866	4 132	0.79202	0.20798	3.36
97	15 734	3 594	0.77161	0.22839	3.11
98	12 140	3 025	0.75083	0.24917	2.88
99	9 115	2 464	0.72970	0.27030	2.68
100	6 652	1 941	0.70825	0.29175	2.50
101	4 711	1 477	0.68649	0.31351	2.33
102	3 234	1 085	0.66446	0.33554	2.17
103	2 149	769	0.64217	0.35783	2.03
104	1 380	525	0.61967	0.38033	1.90
105	855	345	0.59699	0.40301	1.78
106	510	217	0.57415	0.42585	1.67
107	293	132	0.55121	0.44879	1.57
108	162	76	0.52821	0.47179	1.48
109	85	42	0.50518	0.49482	1.39
110	43	22	0.48217	0.51783	1.31
111	21	11	0.45924	0.54076	1.23
112	10	5	0.43642	0.56358	1.16
113	4	2	0.41378	0.58622	1.10
114	2	1	0.39136	0.60864	1.04
115	1	0	0.36921	0.63079	0.98

【巻末資料2】

保険税務関連通達類（抜粋）

(1)　保険料の税務関連

　　法人税法基本通達

　　　　9－3－4《養老保険に係る保険料》

　　　　9－3－5《定期保険及び第三分野保険に係る保険料》

　　　　9－3－5の2《定期保険等の保険料に相当多額の前払部分の保険料

　　　　　　　　　　　が含まれる場合の取扱い》

　　　　9－3－7の2《払済保険へ変更した場合》

(2)　役員退職金関連

　　法人税法施行令

　　　　第70条《過大な役員給与の額》第2号（退職給与）

　　法人税法基本通達

　　　　9－2－27の2《業績連動給与に該当しない退職給与》

(3)　保険契約の権利の評価関連

　　所得税法基本通達

　　　　36－37《保険契約等に関する権利の評価》

(1)　保険料の税務関連

（養老保険に係る保険料）

9－3－4　法人が、自己を契約者とし、役員又は使用人（これらの者の親族を含む。）を被保険者とする養老保険（被保険者の死亡又は生存を保険事故とする生命保険をいい、特約が付されているものを含むが、9－3－6に定める定期付養老保険等を含まない。以下9－3－7の2までにおいて同じ。）に加入してその保険料（令第135条《確定給付企業年金等の掛金等の損金算入》の規定の適用があるものを除く。以下9－3－4において同じ。）を支払った場合には、その支払った保険料の額（特約に係る保険料の額を除く。）については、次に掲げる場合の区分に応じ、それぞれ次により取り扱うものとする。（昭55年直法2－15「十三」により追加、昭59年直法2－3「五」、平15年課法2－7「二十四」、令元年課法2－13により改正）

(1)　死亡保険金（被保険者が死亡した場合に支払われる保険金をいう。以下9－3－4において同じ。）及び生存保険金（被保険者が保険期間の満了の日その他一定の時期に生存している場合に支払われる保険金をいう。以下9－3－4において同じ。）の受取人が当該法人である場合　その支払った保険料の額は、保険事故の発生又は保険契約の解除若しくは失効により当該保険契約が終了する時までは資産に計上するものとする。

(2)　死亡保険金及び生存保険金の受取人が被保険者又はその遺族である場合　その支払った保険料の額は、当該役員又は使用人に対する給与とする。

(3)　死亡保険金の受取人が被保険者の遺族で、生存保険金の受取人が当該法人である場合　その支払った保険料の額のうち、その2分の1に相当する金額は(1)により資産に計上し、残額は期間の経過に応じて損金の額に算入する。ただし、役員又は部課長その他特定の使用人（これらの者の親族を含む。）のみを被保険者としている場合には、当該残額は、当該役員又は使用人に対する給与とする。

（定期保険及び第三分野保険に係る保険料）

９－３－５　法人が、自己を契約者とし、役員又は使用人（これらの者の親族を含む。）を被保険者とする定期保険（一定期間内における被保険者の死亡を保険事故とする生命保険をいい、特約が付されているものを含む。以下９－３－７の２までにおいて同じ。）又は第三分野保険（保険業法第３条第４項第２号《免許》に掲げる保険（これに類するものを含む。）をいい、特約が付されているものを含む。以下９－３－７の２までにおいて同じ。）に加入してその保険料を支払った場合には、その支払った保険料の額（特約に係る保険料の額を除く。以下９－３－５の２までにおいて同じ。）については、９－３－５の２《定期保険等の保険料に相当多額の前払部分の保険料が含まれる場合の取扱い》の適用を受けるものを除き、次に掲げる場合の区分に応じ、それぞれ次により取り扱うものとする。（昭55年直法２－15「十三」により追加、昭59年直法２－３「五」、令元年課法２－13により改正）

⑴　保険金又は給付金の受取人が当該法人である場合　その支払った保険料の額は、原則として、期間の経過に応じて損金の額に算入する。

⑵　保険金又は給付金の受取人が被保険者又はその遺族である場合　その支払った保険料の額は、原則として、期間の経過に応じて損金の額に算入する。ただし、役員又は部課長その他特定の使用人（これらの者の親族を含む。）のみを被保険者としている場合には、当該保険料の額は、当該役員又は使用人に対する給与とする。

�() 1　保険期間が終身である第三分野保険については、保険期間の開始の日から被保険者の年齢が116歳に達する日までを計算上の保険期間とする。

　2　⑴及び⑵前段の取扱いについては、法人が、保険期間を通じて解約返戻金相当額のない定期保険又は第三分野保険（ごく少額の払戻金のある契約を含み、保険料の払込期間が保険期間より短いものに限る。以下９－３－５において「解約返戻金相当額のない短期払の定期保険又は第三分野保険」という。）に加入した場合において、当該事業年度に支払った保険料の額（一の被保険者につき２以上の解約返戻金相当額のない短期払の定期保険又は第三分野保険に加入している場合にはそれぞれについて支払った保険料の額の合計額）

が30万円以下であるものについて、その支払った日の属する事業年
度の損金の額に算入しているときには、これを認める。

（定期保険等の保険料に相当多額の前払部分の保険料が含まれる場合の取扱い）
９－３－５の２　法人が、自己を契約者とし、役員又は使用人（これらの
　者の親族を含む。）を被保険者とする保険期間が３年以上の定期保険又
　は第三分野保険（以下９－３－５の２において「定期保険等」という。）
　で最高解約返戻率が50％を超えるものに加入して、その保険料を支払っ
　た場合には、当期分支払保険料の額については、次表に定める区分に応
　じ、それぞれ次により取り扱うものとする。ただし、これらの保険のう
　ち、最高解約返戻率が70％以下で、かつ、年換算保険料相当額（一の被
　保険者につき２以上の定期保険等に加入している場合にはそれぞれの年
　換算保険料相当額の合計額）が30万円以下の保険に係る保険料を支払っ
　た場合については、９－３－５の例によるものとする。（令元年課法２
　－13により追加）
⑴　当該事業年度に次表の資産計上期間がある場合には、当期分支払保
　　険料の額のうち、次表の資産計上額の欄に掲げる金額（当期分支払保
　　険料の額に相当する額を限度とする。）は資産に計上し、残額は損金
　　の額に算入する。
　　㈨　当該事業年度の中途で次表の資産計上期間が終了する場合には、
　　　次表の資産計上額については、当期分支払保険料の額を当該事業年
　　　度の月数で除して当該事業年度に含まれる資産計上期間の月数（１
　　　月未満の端数がある場合には、その端数を切り捨てる。）を乗じて
　　　計算した金額により計算する。また、当該事業年度の中途で次表の
　　　資産計上額の欄の「保険期間の開始の日から、10年を経過する日」
　　　が到来する場合の資産計上額についても、同様とする。
⑵　当該事業年度に次表の資産計上期間がない場合（当該事業年度に次
　　表の取崩期間がある場合を除く。）には、当期分支払保険料の額は、
　　損金の額に算入する。
⑶　当該事業年度に次表の取崩期間がある場合には、当期分支払保険料
　　の額（⑴により資産に計上することとなる金額を除く。）を損金の額
　　に算入するとともに、⑴により資産に計上した金額の累積額を取崩期

間（当該取崩期間に1月未満の端数がある場合には、その端数を切り上げる。）の経過に応じて均等に取り崩した金額のうち、当該事業年度に対応する金額を損金の額に算入する。

区分	資産計上期間	資産計上額	取崩期間
最高解約返戻率50%超70%以下	保険期間の開始の日から、当該保険期間の100分の40相当期間を経過する日まで	当期分支払保険料の額に100分の40を乗じて計算した金額	保険期間の100分の75相当期間経過後から、保険期間の終了の日まで
最高解約返戻率70%超85%以下		当期分支払保険料の額に100分の60を乗じて計算した金額	
最高解約返戻率85%超	保険期間の開始の日から、最高解約返戻率となる期間（当該期間経過後の各期間において、その期間における解約返戻金相当額からその直前の期間における解約返戻金相当額を控除した金額を年換算保険料相当額で除した割合が100分の70を超える期間がある場合には、その超えることとなる期間）の終了の日まで (注)　上記の資産計上期間が5年未満となる場合には、保険期間の開始の日から、5年を経過する日まで（保険期間が10年未満の場合には、保険期間の開始の日から、当該保険期間の100分の50相当期間を経過する日まで）とする。	当期分支払保険料の額に最高解約返戻率の100分の70（保険期間の開始の日から、10年を経過する日までは、100分の90）を乗じて計算した金額	解約返戻金相当額が最も高い金額となる期間（資産計上期間がこの表の資産計上期間の欄に掲げる(注)に該当する場合には、当該(注)による資産計上期間）経過後から、保険期間の終了の日まで

(注)1　「最高解約返戻率」、「当期分支払保険料の額」、「年換算保険料相当額」及び「保険期間」とは、それぞれ次のものをいう。

　　　イ　最高解約返戻率とは、その保険の保険期間を通じて解約返戻率（保険契約時において契約者に示された解約返戻金相当額につい

て、それを受けることとなるまでの間に支払うこととなる保険料
の額の合計額で除した割合）が最も高い割合となる期間における
その割合をいう。

ロ　当期分支払保険料の額とは、その支払った保険料の額のうち当
該事業年度に対応する部分の金額をいう。

ハ　年換算保険料相当額とは、その保険の保険料の総額を保険期間
の年数で除した金額をいう。

ニ　保険期間とは、保険契約に定められている契約日から満了日ま
でをいい、当該保険期間の開始の日以後1年ごとに区分した各期
間で構成されているものとして本文の取扱いを適用する。

2　保険期間が終身である第三分野保険については、保険期間の開始
の日から被保険者の年齢が116歳に達する日までを計算上の保険期
間とする。

3　表の資産計上期間の欄の「最高解約返戻率となる期間」及び
「100分の70を超える期間」並びに取崩期間の欄の「解約返戻金相
当額が最も高い金額となる期間」が複数ある場合には、いずれもそ
の最も遅い期間がそれぞれの期間となることに留意する。

4　一定期間分の保険料の額の前払をした場合には、その全額を資産
に計上し、資産に計上した金額のうち当該事業年度に対応する部分
の金額について、本文の取扱いによることに留意する。

5　本文の取扱いは、保険契約時の契約内容に基づいて適用するので
あるが、その契約内容の変更があった場合、保険期間のうち当該変
更以後の期間においては、変更後の契約内容に基づいて9－3－4
から9－3－6の2の取扱いを適用する。

　なお、その契約内容の変更に伴い、責任準備金相当額の過不足の
精算を行う場合には、その変更後の契約内容に基づいて計算した資
産計上額の累積額と既往の資産計上額の累積額との差額について調
整を行うことに留意する。

6　保険金又は給付金の受取人が被保険者又はその遺族である場合で
あって、役員又は部課長その他特定の使用人（これらの者の親族を
含む。）のみを被保険者としているときには、本文の取扱いの適用
はなく、9－3－5の(2)の例により、その支払った保険料の額は、

　　　　当該役員又は使用人に対する給与となる。

（払済保険へ変更した場合）

９－３－７の２　法人が既に加入している生命保険をいわゆる払済保険に
　変更した場合には、原則として、その変更時における解約返戻金相当額
　とその保険契約により資産に計上している保険料の額（以下９－３－７
　の２において「資産計上額」という。）との差額を、その変更した日の
　属する事業年度の益金の額又は損金の額に算入する。ただし、既に加入
　している生命保険の保険料の全額（特約に係る保険料の額を除く。）が
　役員又は使用人に対する給与となる場合は、この限りでない。（平14年
　課法２－１「二十一」により追加、令元年課法２－13により改正）

　　㊟１　養老保険、終身保険、定期保険、第三分野保険及び年金保険（特
　　　　約が付加されていないものに限る。）から同種類の払済保険に変更
　　　　した場合に、本文の取扱いを適用せずに、既往の資産計上額を保険
　　　　事故の発生又は解約失効等により契約が終了するまで計上している
　　　　ときは、これを認める。

　　　２　本文の解約返戻金相当額については、その払済保険へ変更した時
　　　　点において当該変更後の保険と同一内容の保険に加入して保険期間
　　　　の全部の保険料を一時払いしたものとして、９－３－４から９－３
　　　　－６までの例（ただし、９－３－５の２の表の資産計上期間の欄の
　　　　㊟を除く。）により処理するものとする。

　　　３　払済保険が復旧された場合には、払済保険に変更した時点で益金
　　　　の額又は損金の額に算入した金額を復旧した日の属する事業年度の
　　　　損金の額又は益金の額に、また、払済保険に変更した後に損金の額
　　　　に算入した金額は復旧した日の属する事業年度の益金の額に算入す
　　　　る。

⑵　役員退職金関連

法人税法施行令

第70条（過大な役員給与の額）　法第34条第２項（役員給与の損金不算入）
　に規定する政令で定める金額は、次に掲げる金額の合計額とする。

　一　省略

　二　内国法人が各事業年度においてその退職した役員に対して支給した
　　退職給与（法第34条第１項又は第３項の規定の適用があるものを除
　　く。以下この号において同じ。）の額が、当該役員のその内国法人の
　　業務に従事した期間、その退職の事情、その内国法人と同種の事業を
　　営む法人でその事業規模が類似するものの役員に対する退職給与の支
　　給の状況等に照らし、その退職した役員に対する退職給与として相当
　　であると認められる金額を超える場合におけるその超える部分の金額

法人税法基本通達

（業績連動給与に該当しない退職給与）

9－2－27の2　いわゆる功績倍率法に基づいて支給する退職給与は、法
　　第34条第５項《業績連動給与》に規定する業績連動給与に該当しないの
　　であるから、同条第１項《役員給与の損金不算入》の規定の適用はない
　　ことに留意する。（平29年課法2－17「十二」により追加）

　㊟　本文の功績倍率法とは、役員の退職の直前に支給した給与の額を基
　　　礎として、役員の法人の業務に従事した期間及び役員の職責に応じた
　　　倍率を乗ずる方法により支給する金額が算定される方法をいう。

(3)　保険契約の権利の評価関連

所得税法基本通達

（保険契約等に関する権利の評価）

36－37　使用者が役員又は使用人に対して支給する生命保険契約若しくは
　　損害保険契約又はこれらに類する共済契約に関する権利については、そ
　　の支給時において当該契約を解除したとした場合に支払われることとな
　　る解約返戻金の額(解約返戻金のほかに支払われることとなる前納保険
　　料の金額、剰余金の分配額等がある場合には、これらの金額との合計
　　額）により評価する。

【巻末資料３】

保険数表

(1) 返戻率50％以下　①　生活障害保障保険

経過年数	1	2	3	4	5	6
死亡・生活障害保険金	100,000,000	100,000,000	100,000,000	100,000,000	100,000,000	100,000,000
保険料	1,543,400	1,543,400	1,543,400	1,543,400	1,543,400	1,543,400
保険料累計	1,543,400	3,086,800	4,630,200	6,173,600	7,717,000	9,260,400
解約返戻金	200,000	1,140,000	2,040,000	2,910,000	3,730,000	4,510,000
損金算入保険料	1,543,400	1,543,400	1,543,400	1,543,400	1,543,400	1,543,400
損金算入保険料累計	1,543,400	3,086,800	4,630,200	6,173,600	7,717,000	9,260,400
資産計上累計	0	0	0	0	0	0
含み益	200,000	1,140,000	2,040,000	2,910,000	3,730,000	4,510,000
返戻率	12.96%	36.93%	44.06%	47.14%	48.33%	48.70%
含み益率	12.96%	36.93%	44.06%	47.14%	48.33%	48.70%

経過年数	15	16	17	18	19	20
死亡・生活障害保険金	100,000,000	100,000,000	100,000,000	100,000,000	100,000,000	100,000,000
保険料	1,543,400	1,543,400	1,543,400	1,543,400	1,543,400	1,543,400
保険料累計	23,151,000	24,694,400	26,237,800	27,781,200	29,324,600	30,868,000
解約返戻金	8,210,000	8,050,000	7,700,000	7,130,000	6,330,000	5,260,000
損金算入保険料	1,543,400	1,543,400	1,543,400	1,543,400	1,543,400	1,543,400
損金算入保険料累計	23,151,000	24,694,400	26,237,800	27,781,200	29,324,600	30,868,000
資産計上累計	0	0	0	0	0	0
含み益	8,210,000	8,050,000	7,700,000	7,130,000	6,330,000	5,260,000
返戻率	35.46%	32.60%	29.35%	25.66%	21.59%	17.04%
含み益率	35.46%	32.60%	29.35%	25.66%	21.59%	17.04%

7	8	9	10	11	12	13	14
100,000,000	100,000,000	100,000,000	100,000,000	100,000,000	100,000,000	100,000,000	100,000,000
1,543,400	1,543,400	1,543,400	1,543,400	1,543,400	1,543,400	1,543,400	1,543,400
10,803,800	12,347,200	13,890,600	15,434,000	16,977,400	18,520,800	20,064,200	21,607,600
5,240,000	5,920,000	6,540,000	7,100,000	7,520,000	7,860,000	8,100,000	8,220,000
1,543,400	1,543,400	1,543,400	1,543,400	1,543,400	1,543,400	1,543,400	1,543,400
10,803,800	12,347,200	13,890,600	15,434,000	16,977,400	18,520,800	20,064,200	21,607,600
0	0	0	0	0	0	0	0
5,240,000	5,920,000	6,540,000	7,100,000	7,520,000	7,860,000	8,100,000	8,220,000
48.50%	47.95%	47.08%	46.00%	44.29%	42.44%	40.37%	38.04%
48.50%	47.95%	47.08%	46.00%	44.29%	42.44%	40.37%	38.04%

21	22	23
100,000,000	100,000,000	100,000,000
1,543,400	1,543,400	1,543,400
32,411,400	33,954,800	35,498,200
3,880,000	2,140,000	0
1,543,400	1,543,400	1,543,400
32,411,400	33,954,800	35,498,200
0	0	0
3,880,000	2,140,000	0
11.97%	6.30%	0.00%
11.97%	6.30%	0.00%

(1) 返戻率50%以下 ② 重大疾病保障保険

経過年数	1	2	3	4	5	6
重大疾病保険金	100,000,000	100,000,000	100,000,000	100,000,000	100,000,000	100,000,000
死亡給付金	1,450,000	2,750,000	4,000,000	5,180,000	6,300,000	7,330,000
保険料	2,211,300	2,211,300	2,211,300	2,211,300	2,211,300	2,211,300
保険料累計	2,211,300	4,422,600	6,633,900	8,845,200	11,056,500	13,267,800
解約返戻金	0	1,280,000	2,710,000	4,080,000	5,380,000	6,600,000
損金算入保険料	2,211,300	2,211,300	2,211,300	2,211,300	2,211,300	2,211,300
損金保険料累計	2,211,300	4,422,600	6,633,900	8,845,200	11,056,500	13,267,800
資産計上累計	0	0	0	0	0	0
含み益	0	1,280,000	2,710,000	4,080,000	5,380,000	6,600,000
返戻率	0.00%	28.94%	40.85%	46.13%	48.66%	49.74%
含み益率	0.00%	28.94%	40.85%	46.13%	48.66%	49.74%

経過年数	15	16	17	18	19	20
重大疾病保険金	100,000,000	100,000,000	100,000,000	100,000,000	100,000,000	100,000,000
死亡給付金	10,980,000	10,550,000	9,910,000	9,030,000	7,890,000	6,460,000
保険料	2,211,300	2,211,300	2,211,300	2,211,300	2,211,300	2,211,300
保険料累計	33,169,500	35,380,800	37,592,100	39,803,400	42,014,700	44,226,000
解約返戻金	10,980,000	10,550,000	9,910,000	9,030,000	7,890,000	6,460,000
損金算入保険料	2,211,300	2,211,300	2,211,300	2,211,300	2,211,300	2,211,300
損金保険料累計	33,169,500	35,380,800	37,592,100	39,803,400	42,014,700	44,226,000
資産計上累計	0	0	0	0	0	0
含み益	10,980,000	10,550,000	9,910,000	9,030,000	7,890,000	6,460,000
返戻率	33.10%	29.82%	26.36%	22.69%	18.78%	14.61%
含み益率	33.10%	29.82%	26.36%	22.69%	18.78%	14.61%

7	8	9	10	11	12	13	14
100,000,000	100,000,000	100,000,000	100,000,000	100,000,000	100,000,000	100,000,000	100,000,000
8,280,000	9,110,000	9,820,000	10,400,000	10,840,000	11,130,000	11,260,000	11,210,000
2,211,300	2,211,300	2,211,300	2,211,300	2,211,300	2,211,300	2,211,300	2,211,300
15,479,100	17,690,400	19,901,700	22,113,000	24,324,300	26,535,600	28,746,900	30,958,200
7,720,000	8,740,000	9,640,000	10,400,000	10,840,000	11,130,000	11,260,000	11,210,000
2,211,300	2,211,300	2,211,300	2,211,300	2,211,300	2,211,300	2,211,300	2,211,300
15,479,100	17,690,400	19,901,700	22,113,000	24,324,300	26,535,600	28,746,900	30,958,200
0	0	0	0	0	0	0	0
7,720,000	8,740,000	9,640,000	10,400,000	10,840,000	11,130,000	11,260,000	11,210,000
49.87%	49.41%	48.44%	47.03%	44.56%	41.94%	39.17%	36.21%
49.87%	49.41%	48.44%	47.03%	44.56%	41.94%	39.17%	36.21%

21	22	23
100,000,000	100,000,000	100,000,000
4,690,000	2,560,000	0
2,211,300	2,211,300	2,211,300
46,437,300	48,648,600	50,859,900
4,690,000	2,560,000	0
2,211,300	2,211,300	2,211,300
46,437,300	48,648,600	50,859,900
0	0	0
4,690,000	2,560,000	0
10.10%	5.26%	0.00%
10.10%	5.26%	0.00%

(2) 返戻率50％超70％以下　生活障害定期保険

経過年数	1	2	3	4	5	6
死亡・生活障害保険金	100,000,000	100,000,000	100,000,000	100,000,000	100,000,000	100,000,000
保険料	2,712,800	2,712,800	2,712,800	2,712,800	2,712,800	2,712,800
保険料累計	2,712,800	5,425,600	8,138,400	10,851,200	13,564,000	16,276,800
解約返戻金	610,000	2,730,000	4,830,000	6,910,000	8,960,000	10,980,000
損金算入保険料	1,627,680	1,627,680	1,627,680	1,627,680	1,627,680	1,627,680
損金算入保険料累計	1,627,680	3,255,360	4,883,040	6,510,720	8,138,400	9,766,080
資産計上累計額	1,085,120	2,170,240	3,255,360	4,340,480	5,425,600	6,510,720
含み益	-475,120	559,760	1,574,640	2,569,520	3,534,400	4,469,280
返戻率	22.49%	50.32%	59.35%	63.68%	66.06%	67.46%
含み益率	-17.51%	10.32%	19.35%	23.68%	26.06%	27.46%

経過年数	15	16	17	18	19	20
死亡・生活障害保険金	100,000,000	100,000,000	100,000,000	100,000,000	100,000,000	100,000,000
保険料	2,712,800	2,712,800	2,712,800	2,712,800	2,712,800	2,712,800
保険料累計	40,692,000	43,404,800	46,117,600	48,830,400	51,543,200	54,256,000
解約返戻金	26,640,000	27,990,000	29,230,000	30,340,000	31,320,000	32,140,000
損金算入保険料	2,712,800	2,712,800	2,712,800	2,712,800	2,712,800	2,712,800
損金算入保険料累計	25,952,443	28,665,243	31,378,043	34,090,843	36,803,643	39,516,443
資産計上累計額	14,739,557	14,739,557	14,739,557	14,739,557	14,739,557	14,739,557
含み益	11,900,443	13,250,443	14,490,443	15,600,443	16,580,443	17,400,443
返戻率	65.47%	64.49%	63.38%	62.13%	60.76%	59.24%
含み益率	29.25%	30.53%	31.42%	31.95%	32.17%	32.07%

経過年数	29	30	31	32	33	34
死亡・生活障害保険金	100,000,000	100,000,000	100,000,000	100,000,000	100,000,000	100,000,000
保険料	2,712,800	2,712,800	2,712,800	2,712,800	2,712,800	2,712,800
保険料累計	78,671,200	81,384,000	84,096,800	86,809,600	89,522,400	92,235,200
解約返戻金	27,820,000	24,850,000	20,910,000	15,720,000	8,920,000	0
損金算入保険料	4,446,860	4,446,860	4,446,860	4,446,860	4,446,860	4,446,907
損金算入保険料累計	70,000,853	74,447,713	78,894,573	83,341,433	87,788,293	92,235,200
資産計上累計額	8,670,347	6,936,287	5,202,227	3,468,167	1,734,107	0
含み益	19,149,653	17,913,713	15,707,773	12,251,833	7,185,893	0
返戻率	35.36%	30.53%	24.86%	18.11%	9.96%	0.00%
含み益率	24.34%	22.01%	18.68%	14.11%	8.03%	0.00%

7	8	9	10	11	12	13	14
100,000,000	100,000,000	100,000,000	100,000,000	100,000,000	100,000,000	100,000,000	100,000,000
2,712,800	2,712,800	2,712,800	2,712,800	2,712,800	2,712,800	2,712,800	2,712,800
18,989,600	21,702,400	24,415,200	27,128,000	29,840,800	32,553,600	35,266,400	37,979,200
12,970,000	14,930,000	16,860,000	18,750,000	20,440,000	22,090,000	23,680,000	25,200,000
1,627,680	1,627,680	1,627,680	1,627,680	1,627,680	1,627,680	1,627,680	2,079,803
11,393,760	13,021,440	14,649,120	16,276,800	17,904,480	19,532,160	21,159,840	23,239,643
7,595,840	8,680,960	9,766,080	10,851,200	11,936,320	13,021,440	14,106,560	14,739,557
5,374,160	6,249,040	7,093,920	7,898,800	8,503,680	9,068,560	9,573,440	10,460,443
68.30%	68.79%	69.06%	69.12%	68.50%	67.86%	67.15%	66.35%
28.30%	28.79%	29.06%	29.12%	28.50%	27.86%	27.15%	27.54%

21	22	23	24	25	26	27	28
100,000,000	100,000,000	100,000,000	100,000,000	100,000,000	100,000,000	100,000,000	100,000,000
2,712,800	2,712,800	2,712,800	2,712,800	2,712,800	2,712,800	2,712,800	2,712,800
56,968,800	59,681,600	62,394,400	65,107,200	67,820,000	70,532,800	73,245,600	75,958,400
32,810,000	33,280,000	33,540,000	33,560,000	33,280,000	32,640,000	31,580,000	30,010,000
2,712,800	2,712,800	2,712,800	2,712,800	2,712,800	3,579,830	4,446,860	4,446,860
42,229,243	44,942,043	47,654,843	50,367,643	53,080,443	56,660,273	61,107,133	65,553,993
14,739,557	14,739,557	14,739,557	14,739,557	14,739,557	13,872,527	12,138,467	10,404,407
18,070,443	18,540,443	18,800,443	18,820,443	18,540,443	18,767,473	19,441,533	19,605,593
57.59%	55.76%	53.75%	51.55%	49.07%	46.28%	43.12%	39.51%
31.72%	31.07%	30.13%	28.91%	27.34%	26.61%	26.54%	25.81%

(3)　返戻率70％超85％以下　介護・障害保障型定期保険（災害保障タイプ）

経過年数	1	2	3	4	5	6	
災害死亡保険金	100,000,000	100,000,000	100,000,000	100,000,000	100,000,000	100,000,000	
死亡・介護保障額	1,380,000	2,760,000	4,140,000	5,520,000	6,900,000	8,270,000	
保険料	1,633,100	1,633,100	1,633,100	1,633,100	1,633,100	1,633,100	
保険料累計	1,633,100	3,266,200	4,899,300	6,532,400	8,165,500	9,798,600	
解約返戻金	440,000	2,060,000	3,670,000	5,280,000	6,900,000	8,270,000	
損金算入保険料	653,240	653,240	653,240	653,240	653,240	653,240	
損金算入保険料累計	653,240	1,306,480	1,959,720	2,612,960	3,266,200	3,919,440	
資産計上累計額	979,860	1,959,720	2,939,580	3,919,440	4,899,300	5,879,160	
含み益	-539,860	100,280	730,420	1,360,560	2,000,700	2,390,840	
返戻率	26.94%	63.07%	74.91%	80.83%	84.50%	84.40%	
含み益率	-33.06%	3.07%	14.91%	20.83%	24.50%	24.40%	

経過年数	15	16	17	18	19	20	
災害死亡保険金							
死亡・介護保障額	100,000,000	100,000,000	100,000,000	100,000,000	100,000,000	100,000,000	
保険料	1,633,100	1,633,100	1,633,100	1,633,100	1,633,100	1,633,100	
保険料累計	24,496,500	26,129,600	27,762,700	29,395,800	31,028,900	32,662,000	
解約返戻金	15,860,000	15,520,000	15,140,000	14,680,000	14,070,000	13,250,000	
損金算入保険料	1,633,100	1,633,100	1,633,100	1,633,100	1,633,100	2,411,960	
損金算入保険料累計	14,371,272	16,004,372	17,637,472	19,270,572	20,903,672	23,315,632	
資産計上累計額	10,125,228	10,125,228	10,125,228	10,125,228	10,125,228	9,346,368	
含み益	5,734,772	5,394,772	5,014,772	4,554,772	3,944,772	3,903,632	
返戻率	64.74%	59.40%	54.53%	49.94%	45.34%	40.57%	
含み益率	23.41%	20.65%	18.06%	15.49%	12.71%	11.95%	

7	8	9	10	11	12	13	14
100,000,000	100,000,000	100,000,000	100,000,000				
9,650,000	11,030,000	12,410,000	13,780,000	100,000,000	100,000,000	100,000,000	100,000,000
1,633,100	1,633,100	1,633,100	1,633,100	1,633,100	1,633,100	1,633,100	1,633,100
11,431,700	13,064,800	14,697,900	16,331,000	17,964,100	19,597,200	21,230,300	22,863,400
9,650,000	11,030,000	12,410,000	13,780,000	14,390,000	14,910,000	15,330,000	15,660,000
653,240	653,240	653,240	653,240	1,306,472	1,633,100	1,633,100	1,633,100
4,572,680	5,225,920	5,879,160	6,532,400	7,838,872	9,471,972	11,105,072	12,738,172
6,859,020	7,838,880	8,818,740	9,798,600	10,125,228	10,125,228	10,125,228	10,125,228
2,790,980	3,191,120	3,591,260	3,981,400	4,264,772	4,784,772	5,204,772	5,534,772
84.41%	84.43%	84.43%	84.38%	80.10%	76.08%	72.21%	68.49%
24.41%	24.43%	24.43%	24.38%	23.74%	24.42%	24.52%	24.21%

21	22	23	24	25	26
100,000,000	100,000,000	100,000,000	100,000,000	100,000,000	100,000,000
1,633,100	1,633,100	1,633,100	1,633,100	1,633,100	1,633,100
34,295,100	35,928,200	37,561,300	39,194,400	40,827,500	42,460,600
12,150,000	10,720,000	8,870,000	6,520,000	3,610,000	0
3,190,820	3,190,820	3,190,820	3,190,820	3,190,820	3,190,820
26,506,452	29,697,272	32,888,092	36,078,912	39,269,732	42,460,600
7,788,648	6,230,928	4,673,208	3,115,488	1,557,768	0
4,361,352	4,489,072	4,196,792	3,404,512	2,052,232	0
35.43%	29.84%	23.61%	16.64%	8.84%	0.00%
12.72%	12.49%	11.17%	8.69%	5.03%	0.00%

(4)　返戻率85%超　①　一定期間災害保障重視型定期保険

経過年数	1	2	3	4	5	6
災害死亡保険金	100,000,000	100,000,000	100,000,000	100,000,000	100,000,000	–
死亡保障額（保険金）	3,871,200	7,781,200	11,730,100	15,718,600	19,747,000	100,000,000
保険料	4,206,599	4,206,599	4,206,599	4,206,599	4,206,599	4,206,599
保険料累計	4,206,599	8,413,198	12,619,797	16,826,396	21,032,995	25,239,594
解約返戻金	2,318,300	6,400,800	10,522,300	14,683,300	18,884,300	20,200,900
損金算入保険料	807,667	807,667	807,667	807,667	807,667	4,206,599
損金算入保険料累計	807,667	1,615,334	2,423,001	3,230,668	4,038,335	8,244,934
資産計上累計額	3,398,932	6,797,864	10,196,796	13,595,728	16,994,660	16,994,660
含み益	-1,080,632	-397,064	325,504	1,087,572	1,889,640	3,206,240
返戻率	55.11%	76.08%	83.38%	87.26%	89.78%	80.04%
含み益率	-25.69%	-4.72%	2.58%	6.46%	8.98%	12.70%

経過年数	15	16	17	18	19	20
災害死亡保険金	–	–	–	–	–	–
死亡保障額（保険金）	100,000,000	100,000,000	100,000,000	100,000,000	100,000,000	100,000,000
保険料	4,206,599	4,206,599	4,206,599	4,206,599	4,206,599	4,206,599
保険料累計	63,098,985	67,305,584	71,512,183	75,718,782	79,925,381	84,131,980
解約返戻金	29,777,900	30,223,500	30,432,500	30,357,400	29,944,100	29,129,800
損金算入保険料	4,206,599	4,206,599	4,206,599	5,906,065	5,906,065	5,906,065
損金算入保険料累計	46,104,325	50,310,924	54,517,523	60,423,588	66,329,653	72,235,718
資産計上累計額	16,994,660	16,994,660	16,994,660	15,295,194	13,595,728	11,896,262
含み益	12,783,240	13,228,840	13,437,840	15,062,206	16,348,372	17,233,538
返戻率	47.19%	44.90%	42.56%	40.09%	37.47%	34.62%
含み益率	20.26%	19.65%	18.79%	19.89%	20.45%	20.48%

7	8	9	10	11	12	13	14
–	–	–	–	–	–	–	–
100,000,000	100,000,000	100,000,000	100,000,000	100,000,000	100,000,000	100,000,000	100,000,000
4,206,599	4,206,599	4,206,599	4,206,599	4,206,599	4,206,599	4,206,599	4,206,599
29,446,193	33,652,792	37,859,391	42,065,990	46,272,589	50,479,188	54,685,787	58,892,386
21,494,100	22,784,000	24,073,600	25,351,500	26,422,300	27,429,500	28,344,500	29,138,600
4,206,599	4,206,599	4,206,599	4,206,599	4,206,599	4,206,599	4,206,599	4,206,599
12,451,533	16,658,132	20,864,731	25,071,330	29,277,929	33,484,528	37,691,127	41,897,726
16,994,660	16,994,660	16,994,660	16,994,660	16,994,660	16,994,660	16,994,660	16,994,660
4,499,440	5,789,340	7,078,940	8,356,840	9,427,640	10,434,840	11,349,840	12,143,940
72.99%	67.70%	63.59%	60.27%	57.10%	54.34%	51.83%	49.48%
15.28%	17.20%	18.70%	19.87%	20.37%	20.67%	20.75%	20.62%

21	22	23	24	25	26	27
–	–	–	–	–	–	–
100,000,000	100,000,000	100,000,000	100,000,000	100,000,000	100,000,000	100,000,000
4,206,599	4,206,599	4,206,599	4,206,599	4,206,599	4,206,599	4,206,599
88,338,579	92,545,178	96,751,777	100,958,376	105,164,975	109,371,574	113,578,173
27,838,400	25,964,600	23,362,000	19,820,400	15,045,800	8,628,300	0
5,906,065	5,906,065	5,906,065	5,906,065	5,906,065	5,906,065	5,906,065
78,141,783	84,047,848	89,953,913	95,859,978	101,766,043	107,672,108	113,578,173
10,196,796	8,497,330	6,797,864	5,098,398	3,398,932	1,699,466	0
17,641,604	17,467,270	16,564,136	14,722,002	11,646,868	6,928,834	0
31.51%	28.06%	24.15%	19.63%	14.31%	7.89%	0.00%
19.97%	18.87%	17.12%	14.58%	11.07%	6.34%	0.00%

(4)　返戻率85％超　②　100歳満了定期保険

経過年数	1	2	3	4	5	6
保険金	100,000,000	100,000,000	100,000,000	100,000,000	100,000,000	100,000,000
保険料	2,805,600	2,805,600	2,805,600	2,805,600	2,805,600	2,805,600
保険料累計	2,805,600	5,611,200	8,416,800	11,222,400	14,028,000	16,833,600
解約返戻金	1,366,000	3,155,000	4,945,000	6,737,000	8,530,000	10,324,000
損金算入額	454,788	454,788	454,788	454,788	454,788	454,788
損金算入累計額	454,788	909,576	1,364,364	1,819,152	2,273,940	2,728,728
資産計上累計額	2,350,812	4,701,624	7,052,436	9,403,248	11,754,060	14,104,872
含み益	-984,812	-1,546,624	-2,107,436	-2,666,248	-3,224,060	-3,780,872
返戻率	48.70%	56.20%	58.80%	60.00%	60.80%	61.30%
含み益率	-35.10%	-27.56%	-25.04%	-23.76%	-22.98%	-22.46%

経過年数	15	16	17	18	19	20
保険金	100,000,000	100,000,000	100,000,000	100,000,000	100,000,000	100,000,000
保険料	2,805,600	2,805,600	2,805,600	2,805,600	2,805,600	2,805,600
保険料累計	42,084,000	44,889,600	47,695,200	50,500,800	53,306,400	56,112,000
解約返戻金	26,074,000	41,788,000	44,115,000	46,429,000	48,730,000	51,009,000
損金算入額	977,190	977,190	977,190	977,190	977,190	977,190
損金算入累計額	9,433,830	10,411,020	11,388,210	12,365,400	13,342,590	14,319,780
資産計上累計額	32,650,170	34,478,580	36,306,990	38,135,400	39,963,810	41,792,220
含み益	-6,576,170	7,309,420	7,808,010	8,293,600	8,766,190	9,216,780
返戻率	62.00%	93.10%	92.50%	91.90%	91.40%	90.90%
含み益率	-15.63%	16.28%	16.37%	16.42%	16.44%	16.43%

経過年数	29	30	31	32	33	34
保険金	100,000,000	100,000,000	100,000,000	100,000,000	100,000,000	100,000,000
保険料	2,805,600	2,805,600	2,805,600	2,805,600	2,805,600	2,805,600
保険料累計	81,362,400	84,168,000	86,973,600	89,779,200	92,584,800	95,390,400
解約返戻金	69,536,000	71,231,000	72,834,000	74,340,000	75,754,000	77,059,000
損金算入額	2,805,600	2,805,600	2,805,600	2,805,600	2,805,600	2,805,600
損金算入累計額	28,599,720	31,405,320	34,210,920	37,016,520	39,822,120	42,627,720
資産計上累計額	52,762,680	52,762,680	52,762,680	52,762,680	52,762,680	52,762,680
含み益	16,773,320	18,468,320	20,071,320	21,577,320	22,991,320	24,296,320
返戻率	85.50%	84.60%	83.70%	82.80%	81.80%	80.80%
含み益率	20.62%	21.94%	23.08%	24.03%	24.83%	25.47%

7	8	9	10	11	12	13	14
100,000,000	100,000,000	100,000,000	100,000,000	100,000,000	100,000,000	100,000,000	100,000,000
2,805,600	2,805,600	2,805,600	2,805,600	2,805,600	2,805,600	2,805,600	2,805,600
19,639,200	22,444,800	25,250,400	28,056,000	30,861,600	33,667,200	36,472,800	39,278,400
12,116,000	13,908,000	15,695,000	17,477,000	19,212,000	20,940,000	22,659,000	24,371,000
454,788	454,788	454,788	454,788	977,190	977,190	977,190	977,190
3,183,516	3,638,304	4,093,092	4,547,880	5,525,070	6,502,260	7,479,450	8,456,640
16,455,684	18,806,496	21,157,308	23,508,120	25,336,530	27,164,940	28,993,350	30,821,760
-4,339,684	-4,898,496	-5,462,308	-6,031,120	-6,124,530	-6,224,940	-6,334,350	-6,450,760
61.70%	62.00%	62.20%	62.30%	62.30%	62.20%	62.10%	62.00%
-22.10%	-21.82%	-21.63%	-21.50%	-19.85%	-18.49%	-17.37%	-16.42%

21	22	23	24	25	26	27	28
100,000,000	100,000,000	100,000,000	100,000,000	100,000,000	100,000,000	100,000,000	100,000,000
2,805,600	2,805,600	2,805,600	2,805,600	2,805,600	2,805,600	2,805,600	2,805,600
58,917,600	61,723,200	64,528,800	67,334,400	70,140,000	72,945,600	75,751,200	78,556,800
53,265,000	55,489,000	57,674,000	59,812,000	61,896,000	63,921,000	65,872,000	67,747,000
977,190	977,190	977,190	977,190	977,190	977,190	2,805,600	2,805,600
15,296,970	16,274,160	17,251,350	18,228,540	19,205,730	20,182,920	22,988,520	25,794,120
43,620,630	45,449,040	47,277,450	49,105,860	50,934,270	52,762,680	52,762,680	52,762,680
9,644,370	10,039,960	10,396,550	10,706,140	10,961,730	11,158,320	13,109,320	14,984,320
90.40%	89.90%	89.40%	88.80%	88.20%	87.60%	87.00%	86.20%
16.37%	16.27%	16.11%	15.90%	15.63%	15.30%	17.31%	19.07%

35	36	37	38	39	40	41	42
100,000,000	100,000,000	100,000,000	100,000,000	100,000,000	100,000,000	100,000,000	100,000,000
2,805,600	2,805,600	2,805,600	2,805,600	2,805,600	2,805,600	2,805,600	2,805,600
98,196,000	101,001,600	103,807,200	106,612,800	109,418,400	112,224,000	115,029,600	117,835,200
78,249,000	79,323,000	80,265,000	81,064,000	81,690,000	82,103,000	82,250,000	82,043,000
2,805,600	2,805,600	2,805,600	2,805,600	2,805,600	2,805,600	2,805,600	8,668,120
45,433,320	48,238,920	51,044,520	53,850,120	56,655,720	59,461,320	62,266,920	70,935,040
52,762,680	52,762,680	52,762,680	52,762,680	52,762,680	52,762,680	52,762,680	46,900,160
25,486,320	26,560,320	27,502,320	28,301,320	28,927,320	29,340,320	29,487,320	35,142,840
79.70%	78.50%	77.30%	76.00%	74.70%	73.20%	71.50%	69.60%
25.95%	26.30%	26.49%	26.55%	26.44%	26.14%	25.63%	29.82%

経過年数	43	44	45	46	47	48
保険金	100,000,000	100,000,000	100,000,000	100,000,000	100,000,000	100,000,000
保険料	2,805,600	2,805,600	2,805,600	2,805,600	2,805,600	2,805,600
保険料累計	120,640,800	123,446,400	126,252,000	129,057,600	131,863,200	134,668,800
解約返戻金	81,349,000	79,947,000	77,486,000	73,366,000	66,521,000	55,030,000
損金算入額	8,668,120	8,668,120	8,668,120	8,668,120	8,668,120	8,668,120
損金算入累計額	79,603,160	88,271,280	96,939,400	105,607,520	114,275,640	122,943,760
資産計上累計額	41,037,640	35,175,120	29,312,600	23,450,080	17,587,560	11,725,040
含み益	40,311,360	44,771,880	48,173,400	49,915,920	48,933,440	43,304,960
返戻率	67.40%	64.80%	61.40%	56.80%	50.40%	40.90%
含み益率	33.41%	36.27%	38.16%	38.68%	37.11%	32.16%

49	50
100,000,000	100,000,000
2,805,600	2,805,600
137,474,400	140,280,000
35,259,000	0
8,668,120	8,668,120
131,611,880	140,280,000
5,862,520	0
29,396,480	0
25.60%	0.00%
21.38%	0.00%

著者紹介

小山浩一

　　博士（政策学）／１級ファイナンシャル・プランニング技能士

日本団体生命保険、アクサ生命保険を経て独立。
以後、研究・執筆に注力する。
2017年３月　博士学位論文「生命保険加入行動の実証分析」により法政大博士(政策学)。

2020年10月、株式会社 資産とリスク研究所を設立。
　当研究所は研究調査を土台に資産（金融資産・人的資産・社会関係資産）や人間を取り巻くリスクへの対処を提言をする。あわせて研究者と実務家の緩やかな関係を築く機関である。

2020年11月現在
株式会社 資産とリスク研究所 代表取締役
一般社団法人 東京都食品福利共済会 相談役。
法政大学大学院政策創造研究科及び法政大学キャリアデザイン学部兼任講師。

主な著作物
・2020年１月〜「保険業の過去・現在と不明の未来」
　　　　　　　　　月刊『税経通信』（税務経理協会）連載中
・2019年10月〜「令和元年法令解釈通達以後の生命保険法人契約」
　　　　　　　　　旬刊『税務会計』（税務経営研究会）連載中

・2020年５月「リスク教育のためのリスクリテラシー測定尺度」
　　　　　　　金澤・田中・小山・内藤他共著　『日本リスク研究学会誌』　日本リスク学会
・2019年９月「生命保険募集人に関する新たな基準による推計」
　　　　　　　　　　　　　　　　　　　　　『保険学雑誌』　日本保険学会
・2019年３月　『中小企業と生命保険法人契約』　法令出版
・2016年12月　「生命保険加入への販売チャネルの影響」
　　　　　　　　　　　　　　　　　　　　　『保険学雑誌』　日本保険学会
・2016年３月　「家計保険における生命保険需要決定要因」
　　　　　　　　　　　　　　　　　　　　　『保険学雑誌』　日本保険学会
・2015年３月　「中小企業経営者の生命保険需要決定要因」
　　　　　　　　　　　　　　　　　　『イノベーション・マネジメント』
　　　　　　　　　　　　法政大学イノベーション・マネジメント研究センター
　　　　　　　　　　　　　　　　　　　　　　　　　　　　その他
　　　　　　　　　　　　　　　　　　　　　（共著表示以外は単著）

転換期の生命保険法人契約論
―新・中小企業と生命保険法人契約―

令和２年11月６日　印刷
平成２年11月12日　発行

著　者　　小山　浩一

発行者　　鎌田　順雄

発行所　　法令出版株式会社
〒162-0822
東京都新宿区下宮比町２−28−1114
TEL03（6265）0826　FAX03（6265）0827
http://e-hourei.com

印　刷：モリモト印刷㈱